트렌드와 심리

대중문화 읽기

김헌식 지음

울력

울력에서 펴낸 지은이의 책
『대중문화 심리 읽기』(2007)

ⓒ 2010 김헌식

트렌드와 심리 : 대중문화 읽기
_____

지은이 | 김헌식
펴낸이 | 강동호
펴낸곳 | 도서출판 울력
1판 1쇄 | 2010년 3월 10일
1판 2쇄 | 2011년 3월 10일
등록번호 | 제10-1949호(2000. 4. 10)
주소 | 152-889 서울시 구로구 오류1동 11-30
전화 | (02) 2614-4054
FAX | (02) 2614-4055
E-mail | ulyuck@hanmail.net
값 | 13,000원
_____

ISBN | 978-89-89485-79-7 03330

제2부 일상 문화와 경제 심리

제3부 놀이성과 대중예술 미학

서문

2007년에 출간한 『대중문화 심리 읽기』는 몇 가지 원칙을 중요하게 고려했다. 우선 하급문화와 고급문화의 경계를 허무는 중간 매개물 삼아 대중문화를 분석 대상으로 했다. 고급문화와 하급문화의 구분은 무의미할 뿐만 아니라, 만약 그것을 인정해도 각자의 상보적인 역할이 더 바람직하다는 관점을 분석 과정에서 일관되게 유지하려 했다.

두 번째는 문화주의의 기호와 선호의 우선 행태나 문화 운동의 가치 당위성을 인정하면서도 다양한 '사고 틀'을 바탕으로 문화 현상을 탐색하려 했다. 여기에서 문화는 단지 일상 문화나 공연 예술 문화만을 뜻하는 것은 아니었다. 그것은 정치, 경제, 사회, 미디어와 국제적인 문제까지도 함께 포괄하고 있었다.

세 번째, 사고의 틀을 강조하면서 인과 관계의 완결성을 추구했다. 이를 통해 단순 정보의 나열이나 감각적 호기심을 충족하는 접근법에서 거리를 두려 했다. 이 과정에서 심리학적 개념을 적극 포용하고자 했다. 다만 행태 심리학의 개별적이고 중립적인 태도 혹은 과학적인 태도가 갖고 있는 한계는 우려되었다. 이 한계에서 벗어나기 위해 적극적인 해석 작업과 가치 부여를 부가하려고도 했다. 그 가운데 인문학적 사고와 사회과학적 기술記述을 통해 수사학에 의존하는 문화 분석과 거리를 두었다. 왜냐하면 수사학에 지나치게 의존할 경우, 실체 없이 성찰 자체에 머물거나 문장 표현이나 범주화 개념의 조탁이 읽는 사람에게 관념적 쾌락을 주는 것에 그칠 수 있기 때문이다.

이러한 원칙들은 이 책에서도 동일하게 적용된다. 다만, 일상 문화와 경제 현상 그리고 소비 행위의 트렌드 영역이 대폭 늘어났다. 이것이 자본주의 상품 구조와 거리를 두고 접근했던 『대중문화 심리 읽기』와 다른 점이다. 확장한 이유는 자본주의와 문화 현상은 상품을 매개로 결합되어 있어 자본주의 상품 구조와 유행을 통해 대중적 심리를 읽어내는 작업도 필요하기 때문이다. 근본적으로 부정할 수 없는 상황에서 대안을 모색하려면, 이미 대세가 되어 버린 문화 현상들을 외면할 수는 없다. 그렇지 않다면, 심지어 대응조차 할 수도 없고, 대안을 모색할 수도 없을 것이다. 오히려 외면은 그나마 가진 영역조차도 빼앗기게 만들 것이다.

하지만 근본적으로 앞에서 언급한 원칙들을 계속 견지하려 했다. 문화적 현상을 분석하고 일정한 원칙에 따라 문화 담론을 재구성하는 것은 단순히 분석이나 가치 판단을 그 목적으로 하고 있기 때문이 아니다. 더구나 비평을 위한 분석이나 대중 혹은 시민을 계몽하기 위한 효과적인 수단을 확보하기 위한 것도 아니다. 행복한 삶을 만들기 위한 문화적 생산과 노동과 그 쓰임을 현실에서 올바로 자리 매김하고, 궁극적으로 더 나은 사회 구조를 만들기 위한 것이다. 달리 말하면, 요즘 유행하는 행복 경제학의 목표와 통하는 면이 있다. 다만, 행복 경제학의 논리들은 역설적으로 너무 국민 경제학적이다. 마음의 메커니즘이 빠져 있기 때문에 주류 경제학과 비슷한 오류를 낳는다. 주류 경제학의 가장 치명적인 오류 가운데 하나는 심리, 특히 마음이 만들어 내는 문화적 현상을 간과하는 것이다. 근래에 각광받고 있는 행태 경제학도 주류 경제학을 비판하지만, 아직 실험 심리학의 틀을 완전히 벗어나지 못하고 있다.

무엇보다도 문화 현상은 개별 행위자가 아니라 집단을 구성하는 행위자들에 의해 만들어진다. 그것은 창작하는 자와 향유하는 자, 생산하는 자와 소비하는 자가 하나의 동일성을 갖고 피드백 하는 가운데 생성되는 것이기 때문이다. 예컨대, 자본주의와 화폐 경제 이전에도 문화를 파는 자와 사는 자가 모두 하나의 관계를 이루었으며, 그 가운데 삶을 더 낫게 영위하려 했다. 문화는 모든 공공적 행위들의 정점에서 중요한 변수로 작용한다. 따라서 문화의 주체들을 분리하기보다 통합해 분석하는 데는 '경제적-심리적 시스템 사고economical-psychological systems thinking'가 필요하다. 상호 주체들에게 어떤 인과적 영향 관계가 존재하는지 동태적으로 분석하는 것은 문화와 사회, 경제가 끊임없이 요동치기 때문이다. 문화 심리는 고정되어 있는 것이 아니라 살아 움직인다. 조지 소로스가 『금융시장의 새로운 패러다임』에서 말했듯이, 경제 이론이 예측에 실패하는 것은 인간의 동기가 움직이기 때문인데, 그 동기의 결집이 바로 문화 현상이다. 소소한 개인의 동기들이 거대한 행동을 움직이는 현상은 토머스 셸링의 『미시동기와 거시행동』에서 논파된 바 있다. 소소

한 일상과 편린의 문화 현상들을 미미하게라도 살펴보는 이유
는 그러한 '요동'을 미세하게 따라가려는 심산이다.

이번 책을 통해 선을 보이는 꼭지들은 그간 시간 날 때마다 틈
틈이 분석한 내용들이다. 전체 내용을 세 부분으로 나누어 보았
는데, 콘텐츠와 미디어, 일상 문화와 경제 심리, 놀이성과 대중
예술 미학 등이다. 문화 콘텐츠라는 용어는 좁은 영역에 한정되
기 때문에 '문화'를 떼어버리고, 콘텐츠라는 범주로 확장했다.
대중문화의 많은 현상이 미디어를 중심으로 일어나기 때문에
콘텐츠와 미디어를 묶었다. 일상 문화는 상품 경제와 밀접하게
연결된다. 사람들이 욕구하는 것들은 일상 문화에 산재하며, 그
것은 상품으로 반영되거나 경제적 현상을 만들어 낸다. 이 때문
에 일상 문화와 경제 현상을 분리하지 않고 그 둘을 연결하는
심리적 현상에 최대한 초점을 맞추고자 했다. 놀이성과 대중 예
술 미학에서는, 현실에서 결코 무시할 수 없는 엔터테이너를 둘
러싼 문화 심리적 관점과 대중문화의 놀이적 요소에 주안점에
두었다. 대중문화 속의 미학이 가지는 기본적인 심리 속성을 간
과하면 대중들을 무교양한 것으로 만드는 일이 자행된다. 고급
예술 콘텐츠를 예로 들며 비교하기 때문이다. 이는 엘리트 예술
가들이 대중문화 콘텐츠를 제작할 때 실패하게 되는 주요 원인
이 되기도 한다. 무엇보다 공통적으로 다루고 있는 것은 한국적
현실과 문화 현상이다.

전반적으로, 이 책에서 다루고 있는 내용들은 기존의 이론적
논의들에 얽매이는 위에서부터의 분석 방식을 채택하고 있지
않다. 그 이유는 각각의 현상의 관찰과 분석을 통해 밑에서부터

이론적 구성을 도모하기 위해서이다. 그러나 성과는 정말 미미하고 하잘것없다. 마음과 욕망 그리고 사회 경제적 구조 사이의 순환 고리들을 찾기 위해서는 앞으로도 많은 개별 분석이 필요할 것이다. 개인적으로는, 그 외의 많은 소주제들도 이후에 계속 묶어 낼 수 있기를 바란다.

제1부

콘텐츠와 미디어

해적의 대중적 매력과 잭 스패로우 리더십

1. 해적의 매력? — 사람들은 왜 해적에 빠져들까

해골이 그려져 있고 사람 뼈가 X자 모양으로 교차하는 깃발. 이 상징 기호는 해적들에 대한 사람들의 두려움, 죽음을 암시한다. 하지만 해적은 사람들의 선망의 대상이 되기도 한다. 왜 해적을 바라보는 사람들의 태도는 이중적인 것일까?

해적은 언제부터 있었는지 살펴보자.

로마의 사학자 폴리비우스가 해적이라는 단어를 처음 언급했을 때가 기원전 140년이었다. 해적은 동서고금을 막론하고 항상 있어 왔다. 장보고는 청해진에 본영을 설치하고 해적을 소탕했다. 시도 때도 없이 침입해 약탈을 일삼던 왜구도 해적이었다. 16세기에 포르투갈인으로서 아시아, 아프리카를 떠돌았던 페르낭 멘데스 핀투는 편력기에서 자신이 17번이나 해적선 등의 노예가 됐다고 기록했다. 1588년, 영국 함대 사령관으로서 스페인의 무적함대를 무찌른 드레이크는 영국인에게는 영웅이었지만, 자국의 선박들을 약탈당한 스페인의 입장에서 볼 때는 해적이었다.

오랫동안 해골이 그려진 깃발이 펄럭이는 해적선은 그야말로 공포의 대상이었다. 그들은 사람을 납치, 살인하고 보물을 강탈하는 무법자들이었으니 당연한 것이다.

각 국가의 해양 경계선이 뚜렷하고 해군이나 해병대가 철통같이 바다를 지키는 지금도 해적은 있다. 국제법에도 사적 목적을 위해 약탈과 폭행을 자행하며 선박의 항해를 위협하는 집단을 해적이라고 칭하고 있다.

현대판 해적은 어떠한 모습일까?

'현대판 해적'들이 전 세계의 바다를 무대로 횡행하고 있는데, 더 이상 이들은 큰 돛을 단 배가 아니라 소형 쾌속정과 로켓 추진 수류탄, 아카보 소총 등으로 무장하고 있다. 해적 활동을 감시하는 '국제해사국' 통계에 따르면, 1993년부터 2003년까지 해적의 공격은 3배로 늘었다. 특히 전 세계 화물 수송의 4분의 1 이상이 몰리는 말라카 해협과 인도네시아 해역의 해적은 가장 악명이 높다. 최근에는 아프리카 동부의 소말리아 해역에서 해적 활동이 급증하고 있다.

대중문화 속 해적

보물과 약탈, 납치 등이 단골 소재로 등장하는 해적들의 이야기는 특히 스티븐슨의 『보물섬』 이후로 수많은 소설, 만화, 영화 속에서 반복되었다. 해적들은 황금에 대한 사람들의 욕망을 대리 배설한다. 그렇다면 오늘날, 영화에서는 해적을 어떻게 그리고 있을까. 어떤 영화는 해적을 환상적이라 할 만큼 미화시켜 놓았고, 또 어떤 영화는 필요 이상으로 폄하해 놓았다.

우리는 그런 작품들을 통해 해적들의 모습을 알고 있다. 그들은 대부분 애꾸눈이거나, 한쪽 팔이 갈고리로 되어 있고, 혹은 상어에게 한쪽 다리를 먹혀서 외다리로 목발을 짚고 다닌다.

조니 뎁이 연기한 〈캐리비안의 해적〉 속의 캡틴 잭 스패로우는 전혀 다른 모습이다. 그는 눈에 힘주고 걸걸한 목소리로 호령하지 않는다. 악한이라고 볼 수도 없다. 게으른 사기꾼이지만, 오히려 낭만적이며 정의롭기까지 하다. 또 유머 넘치고 삶에 대한 낙관적 태도로 가득 차 있다. 이 영화의 가장 큰 매력은 조니 뎁이 창조한 새로운 캐릭터를 보는 것이다.

선과 악이 절대적으로 구분되고, 선한 주인공이 항상 멋지고 우월하다는 설정은 너무 전형적이고 현실적이지 못하다. 또한 악인이 항상 혐오해야만 하는 대상으로 존재하는 것도 아니다. 악인은 오히려 약하고 우습거나 이상적인 모델이 되기도 한다.

미야자키 하야오의 〈붉은 돼지〉에는 극적 재미를 위해 바보 같은 해적들이 등장한다. 〈우주선장 하록〉은 국가와 제도를 넘어선 반권력적인 이상적 모델을 보여 준다. 하록 선장은 아르카디아 호를 타고 은하를 누비는 우주 해적으로 자유를 사랑하고, 자신의 신념에 따라 싸운다. 얼굴 표정은 차갑지만 알고 보면 마음은 따뜻한 남자로 카리스마 넘치는 캐릭터다. 하록 선장에서 볼 수 있듯이, 해적은 현대인이 꿈꾸는 이상적인 모델로 등장하는 것이다.

해적은 영원한 대중의 이상향?

해적은 그 이름 하나로 이미 충분히 멋스러운 존재인 것이다.

사람들은 해적 앞에서 벌벌 떤다. 그들에게 무서운 것이라고는 없어 보인다. 더구나 멋진 주인공 해적은 주체적이고 자율적인 낭만적 존재로 보인다. 해적은 항상 많은 보물을 가지고 있는 존재로 여겨지며, 보물에 대한 상상을 통해 그들을 선망하게 된다. 스티븐슨의 소설 『보물섬』의 해적 잭은 이러한 상상을 채워주는 존재이다. 그 외에도 수많은 영화에서 해적은 보물과 밀접했다. 하지만 정작 그들은 보물을 갖고 풍족한 생활을 누리지 못하고, 서로 죽이거나 몰래 보물을 묻고는 비명횡사했다.

더구나 그들은 평소에 추위와 배고픔에 시달린다. 언제나 약탈에 성공하는 것도 아니다. 약탈할 물건이 많은 배일수록 자체 무장을 더욱 강화한다. 쉽지 않은 싸움이다. 육지와 달리 바다는 사람의 공간이 아니다. 인간에게는 더욱 위험한 공간이다. 아무리 해적이라도, 불가항력적인 자연의 힘은 언제나 위협적이다. 언제나 파도가 일렁이는 바다는 변화 없는 변화 속에서 인간의 삶을 뒤바꾸어 놓는다.

해적을 옹호하는 사람들은 바다 생활의 고통이나 불안을 견딜 만큼 해적 생활이 가치 있다는 심리를 가지고 있다. 강대국이나 부유한 계층, 착취 자본에 대한 저항으로 해석하기도 한다. 한편으로는 바다를 호령하는 남아들의 멋진 세계, 가슴을 요동치게 만드는 꿈과 모험의 상징으로 해석하기도 한다.

해적의 매력 중 하나는 어떤 국가 권력으로부터도 독립되어 있으며, 신출귀몰하며, 기존의 억압적인 체제를 교란한다는 점이다. 여기에서 국가 권력은 일방적으로 개인을 구속하고 억압하는 대상이다.

그러나 비호감의 해적은 분명 있다.『피터 팬』의 후크 선장은 분명 나쁘다. 선량한 사람들에게 피해를 준다. 예컨대 사람을 납치해 몸값을 뜯거나 노예로 팔아먹는 '납치·인질 산업' 종사자가 해적이라는 말도 타당하다.

2007년, 프랑스, 독일, 이탈리아 세 나라가 이라크에서 납치된 자국민 아홉 명을 구하기 위해 21개월 동안 들인 돈이 무려 4,400만 달러(약 420억 원)나 되며, 한 사람을 구하는 데 1,000만 달러를 쓴 적도 있다고 한다.

더 이상 서양만의 일이 아니다. 2006년 4월 4일, 한국인 8명과 외국인 17명이 탄 동원호가 소말리아 군벌에게 납치됐다. 서해에 침입해서 몰래 싹쓸이해 가는 중국 꽃게 해적, 조기 해적도 있다. 서해는 물론이고 소말리아 근해까지 한국의 함정이 해적 소탕을 위해 출동하는 것이 현실이다.

구약성경에 나오는 십계명 중 하나는 도적질하지 말라는 것이다. 사람이 사는 곳에는 늘 도적질이 있었으니, 도적질은 인간 본성의 어두운 그림자이다. 해적은 분명 밝지만은 않다.

2. 잭 스패로우 리더십

영화〈캐리비안의 해적〉의 잭 스패로우는 해적의 철학이 싸움을 열심히 하다가 도망가는 것이라며, 해적의 현실적인 한계를 솔직히 말한다. 그것이 그의 전부일까. 그에게는 현실적인 생존을 모색하는 현대인의 갈등과 고민도 담겨 있다. 애니메이션〈붉은 돼지〉나〈코난〉에서는 해적이 우스운 캐릭터이지만,

대개 그들은 잔인하고 난폭하게 그려진다. 스티븐슨의 소설『보물섬』의 해적 선장 애꾸눈 잭과『피터 팬』의 후크를 볼 때, 해적은 악당 중의 악당이다. 또한 해적하면 손이나 다리가 없거나 애꾸눈이다. 갈고리에 의족, 얼굴의 흉터는 해적 깃발과 함께 위압적인 악당의 기운을 뿜어낸다. 물론 악당형 해적만 있는 것은 아니다.

드라마 〈해신〉에서 염장(송일국)은 비극적 사랑의 주인공으로서 더욱 사랑을 받았다. 태어날 때부터 해적이었던 태생적 한계 때문에 결국 악당으로 좌절하는 캐릭터였다. 물론 이러한 캐릭터는 복합적이라기보다는 일면적이었다. 이제 해적의 캐릭터는 복합적이며 다면적이다. 그것은 자본주의 사회에서 생활하는 현대인의 다중적인 캐릭터와 닮았다.

〈캐리비안의 해적 3〉은 그야말로 해적 캐릭터의 전시장이라고 할 수 있는데, 단연 돋보이는 캐릭터는 잭 스패로우다. 심지어 그는 기존의 해적 캐릭터를 모두 뒤집은 21세기 캐릭터의 총아라고 평가하고 싶다.

잭 스패로우는 약탈과 폭력을 일삼는 해적과 다르다. 그는 오로지 살아남기 위해 폭력을 사용할 뿐이다. 또한 그 폭력도 부드러운 폭력이다. 아울러 그의 손짓은 여성의 몸짓과 닮았다. 경직되어 있거나 군림하는 모습이 아니라 부드럽고 유연하다. 여성성을 가미하고 있기 때문에 크로스 섹슈얼리티의 모습을 연상시킨다.

때에 따라서는 흐느적거리는 연체동물 같다. 거칠고 위압적인 해적과 다른 모습이다. 그 유연성은 사람을 대하는 면뿐만 아니라 싸움을 하는 데서도 알 수 있다. 돛대와 돛대 사이를 줄타기를 통해 오가며 중요한 결투와 위기 탈출을 이루어 낸다.

비록 해적이지만, 주인공이라면 으레 의협심이나 정의감에 투철할 것 같다. 영화는 우악스러운 괴력의 소유자이거나 현란한 무예의 소유자라는 설정을 통해 영웅적인 모습을 부각시키지도 않는다. 인위적으로 신념이나 가치를 내세우지도 않는다.

심지어 그의 해적관은 열심히 싸우다가 도망가는 것이다. 해적의 현실적인 한계를 솔직히 말한다. 의로운 해적이지만, 권력과 가진 자들에 대한 분노를 내쏟지도 않는다. 자신의 해적 행위를 의로운 행위로 합리화하지도 않는다. 비열한 것 같지만 용감하고, 기회주의적인 듯하지만 정의롭다.

삶의 태도는 고단수다. 농담을 즐기고 항상 낙천적인 사고방식을 통해 위험에서 벗어난다. 삶을 달관한 자만이 할 수 있는 경지다. 해적 선장으로서 신화적인 명성을 가지고 있지만, 그것에 연연해하지 않는다. 해적 선장인데도 자신의 배 한 척 없다. 배라고는 조각배에 그 흔한 부하도 없다. 배와 부하는 있다가도 없고, 없다가도 있다. 주류에 있는 것 같은데, 항상 비주류에 있다. 그럼에도 항상 그를 경외하거나 두려워하는 사람들은 존재하고, 결정적일 때 그를 찾는다.

잭 스패로우의 매력은 해적의 매력을 강화시킨다. 외롭고 춥고 배고프고 위험한 바다에 노출되어 있지만, 권력과 제도에서 벗어나 자유롭고 낭만적이다. 망망대해를 통해 자신의 꿈을 이루어 가는 사람으로 보이기도 한다. 다른 해적들은 많은 보물을 손에 넣지만, 정작 자신은 물질적 소유욕에서 자유롭다. 바다를 무대로 신출귀몰하며 기존의 권력을 교란한다.

요컨대 잭 스패로우의 리더십은 유연성이 핵심이다. 상황 대응의 사고적 유연성이며, 사람을 다루는 유연성이고, 세계를 바라보는 가치관의 유연성이다. 절대적 가치를 신봉하지 않고 상황에 맞게 고쳐 나간다. 여기에 어떠한 상황에서도 낙천적이고 긍정적인 자세를 가지고 있다. 유머와 재치를 통해 어려운 상황을 타개한다. 경직된 해적들의 분위기를 부드럽게 전환시키면서 자신에게 유리한 상황을 만들어 간다.

호령이나 명령을 통해 사람들을 통솔하지 않는다. 항상 나긋나긋하게 말하지만, 그의 말은 위력을 지닌다. 권위주의적이지 않으면서 권위를 획득한다. 그러나 그 권위는 절대적이지 않다. 자발적 동의에 따른 권위이고, 당면한 과제 해결에 필요한 권위이다.

처음부터 예측이나 지레짐작으로 일을 망치지 않는다. 우선 부딪치고 본다. 생각하면서 행동하고, 행동하면서 생각한다. 이론이나 쓸데없는 명분에 얽매이지 않으며, 현실적인 논리에 따른다. 명성과 부에 얽매이지 않는다. 자신의 업적을 신화화하거나 부풀리지 않는다. 이를 통해 진정성을 확보한다. 기존의 권력이나 주류 질서에 영합하지 않는다. 새롭게 만들어 가고, 그것에서 벗어나 곧 새로운 질서를 만든다.

그렇다고 거창하고 가식적인 대의와 정의라는 이름으로 자신과 남을 구속하지 않는다. 조직과 권력에 연연해하지 않으니 오히려 그를 대단하게 여긴다. 강조하지 않아도 정의로워 보이는 이유다. 그리고 그는 어느새 해적들과 국가에서 신화가 되었다. 물론 〈캐리비안의 해적〉을 통해 대중의 영웅이자 지도자가 되었다.

정치인은 그의 리더십을 한번 고려해 볼 만하다. 물론 그래도 해적은 해적이고 정치인은 정치인일 뿐이다.

악플러의 심리

악플 지름신의 심리적 속성과 선플 운동의 한계

언젠가 욕설로 도배된 메일을 보낸 사람에게 진지하게 대화해 보자는 내용을 그가 보낸 메일과 함께 다시 보낸 적이 있었다. 그에게서 다시 답장이 왔는데, 무척 긴장하며 열어 보았다. 욕이 잔뜩 들어 있을 것 같기도 했다. 그러나 메일에 담겨 있는 내용은 예상과 다른 것이었다. 정중하게 사과하는 내용이었다. 자신이 욕설로 도배된 그러한 글을 보냈다는 것이 부끄럽다고 했다. 그는 내 글을 보고 순간적으로 흥분해서 일필휘지(?)했던 것이다. 이러한 순간적인 충동 심리는 악플에서도 여지없이 등장한다.

인터넷 공간에서 대인 지향적 행동을 지배하는 심리는 크게 두 가지다. 하나는 놀이성이고, 다른 하나는 정의감이다. 악플 달기는 하나의 놀이가 된다. 그 내용이 아무리 심각하거나 폭력적이라고 해도 즐김의 대상이 될 뿐이다. 이 정도에 이른 사람에게 악플은 소외와 배제의 처지에서 단순히 자신의 존재감을 추구하는 것이 아니라, 악플 다는 것 자체가 전적으로 즐거움이 된다.

이 즐거움에는 가학성 쾌감과 함께 권력적 우월 욕구의 심리가 개입한다. 다른 누군가를 공격하고 그것 때문에 당황하거나 괴로워하는 사람을 보고 쾌감을 느낀다. 또한 악플을 다는 자신이 마치 지성적으로 우월한 위치에 있는 것으로 자위한다.

이러한 놀이성보다도 치명적인 것이 정의감의 심리다. 이는 비단 인터넷의 악플뿐만 아니라 인류 사회에서 보편적으로 일어난다. 예를 들어, 종교 전쟁을 통해 수많은 사람을 죽인 이들은 그들이 옳은 정의의 편이라고 생각했다. 나치나 일제의 동조자들은 자신들이 정의를 실현한다고 생각하며 수없이 많은 사람들을 죽였다.

인터넷 공간에서 벌어지는 악플 범람이나 네카시즘[네트Net와 매카시즘McCarthyism의 합성어] 현상은 이러한 차원에서 비롯되는 현상이다. 공공의 적이라고 여겨지거나 그렇게 규정된 사람에게는 가차 없이 공격을 가해야 한다고 생각한다. 심지어 그들의 사생활이나 인격은 지켜줄 필요가 없다고 생각한다. 사회 정의를 위해서 말이다. 스스로 심판관이 되고, 하느님이 된다.

특히, 연예인들에게 악플이 많이 쏟아지는 것도 마찬가지다. 악플러들은 연예인들이 별다른 노력 없이 부와 명예를 누리고, 세상의 주목을 받는다고 여긴다. 또한 연예인은 실체와 관계없이 절대적인 권력자처럼 보인다. 사생활은 문란하고, 일상은 허영과 사치에 물들어 있다고 여기기도 한다.

이런 인식에 따르면, 연예인에 대한 공격은 공공의 적에 대한 공격쯤이 된다. 악플을 다는 사람들은 정의의 사자가 되는 것이다. 이 때문에 수많은 연예인들이 무고하게 고통 받고 자살 충동에 이른다. 이는 신인의 경우에 심각하게 작용한다.

더구나 비극적인 것은 악플 다는 이들 누구도 해당 당사자를 직접 만나 보지 않았다는 것이다. 매체를 통해서 전달되는 단편적인 이미지와 보도 내용을 기준으로 그 대상을 전적으로 판단하고, 부정적인 편견에 따라 악플을 달아 버린다. 정의라는 이름으로 그 같은 행동은 정당화된다.

그렇다면 악플이 상대방에게 어떠한 충격을 주는지 모르는 것일까? 그들은 잘 알고 있다. 잘 알고 있다고 여긴다. 그렇기 때문에 악플이 정의를 위한 라이플rifle이라고 쉽게 간주하는 것이다.

한편, 악플을 다는 사람들이 따로 정해져 있다고만 볼 수는 없다. 누구라도 인터넷 심리에 휘말리면 쏠림에 따라 악플러가 될 수 있다. 일종의 '악플 지름신'이 존재한다. 순간적인 흥분 상태에서 지름신이 강림하고, 이때 악플을 질러 버리는 것이다. 여기에 정치적 이유나 사회 역사적 명분이 뒷받침될 뿐이다. 이러한 순간적인 흥분을 제어하지 못하면 그것이 악플 중독증으로 이어진다.

악플 중독증은 악플에 대해서 스스로 무감각해지는 현상이다. 욕을 입에 달고 사는 사람은 그것이 욕인지 모르는 것과 같다. 그것은 스스로 순간순간 받는 스트레스를 날려버리는 수단일 뿐이다. 악플도 순간순간의 무료와 스트레스를 날리기 위한 수단으로 애용된다. 하지만 비대면의 익명성의 공간에서 그것은 칼이 되고 총이 된다. 살해당한 사람은 있는데, 살인자는 없는 것이 이 악플러가 지배하는 인터넷 공간이다.

그런데 악플러들은 항상 새로운 구성원으로 순환된다. 이 때문에 자신들을 악질 악플러라고 생각하는 이는 거의 없다. 그럼에도 악플이 끊임없이 재생산되는 것은 인터넷 지름신이나 쏠림 심리에 휘말리기 때문이다. 이 때문에 악질 악플러는 많지 않고, 악플러의 실체를 찾기는 쉽지 않다.

물론 네티즌을 모두 악플러로 규정하여 척결 대상으로 삼는 것도 타당하지 않다. 반드시 보장되어야 할 표현의 자유에 의무가 따라야 하지만, 악플러들에게는 그것이 결핍되어 있을 뿐이다.

개인적인 분풀이나 감정 표현은 댓글 저널리즘도 아니고, 여론 형성도 아니며, 정의를 지키는 행동은 더더욱 아니다. 세상의 끔찍한 만행은 모두 정의의 이름으로 행해졌다는 점을 상기할 필요가 있으며, 악플이 정의의 이름으로 정당화될 수도 없다. 정의를 실현한다는 이유로 상대방을 무차별적으로 공격하며 쾌감을 느끼는 행위도 합리화될 수 없기는 마찬가지다.

선플 운동이 일부 시민 단체를 중심으로 펼쳐진 바 있다. 선플 운동이 대중적으로 확산되려면 악플러의 심리에 상응하는 심리적 효과가 부여되어야 한다.

선플에 놀이성의 효과가 있어야 하며, 심리적 즐거움을 동반해야 한다. 또한 선플이 도덕적·윤리적 정의감을 충만하게 해야 한다. 단순히 의무감이나 책임이라는 형태로 부담감을 주는 것이라면, 선플 달기는 지속되기가 힘들다.

○○녀 심리

수년 전부터 무수한 '○○녀'가 등장하고 있다. 고양이녀…
떨녀…딸녀…시청녀…엘프녀…된장녀…그리고 간석동녀에 대
사관녀, 건어물녀, 떡실신녀, 4차원 엉뚱녀, 시비녀가 나왔다. 그
러한 여성들은 관념적인 존재가 아니라 바로 우리 이웃의 여성
들이다. 이런 여성들은 순식간에 포털의 무대에 내세워져, 순식
간에 모든 것이 발가벗겨진다.

간석동녀의 사례를 보면, 2007년 8월말 피서객들로 북적되는
모습을 보여 주기 위해 여름 해수욕장을 취재하던 공중파 방송
뉴스에 한 여성의 인터뷰가 나간 후 포털을 비롯해 몇몇 인터
넷 사이트에서 이 여성의 사진과 동영상이 나돌았다.

이 여성이 사는 지역이 간석동이기 때문에 간석동녀라는 것
이었다. 인터뷰 때 자막에 나온 주소지와 이름이 검색 순위에
올랐다. 잠깐 뉴스에 나온 여성의 외모를 네티즌들이 평가하기
시작했다.

여성의 사진과 동영상을 놓고 외모가 어떻다느니, 목소리가
어떻다느니 점수를 매기기 시작했다. 뉴스 프로그램에서 인터
뷰를 했을 뿐이었다. 스스로를 상품화시키기 위해 오락 프로그

램에 나온 것도 아니었다. 그녀의 사진 밑에는 그녀의 얼굴, 몸
매에 대한 감상평이 줄을 이었다. 신체의 특정 부위에 대한 평
가도 난무했다.

실체와는 상관없이 사진 혹은 영상에 비춰진 모습만을 보고
성형 여부부터 시작해 과거 사진은 물론 미니홈피의 일기 등이
공개되기도 했다. 각종 패러디에 동영상, 만화, 분석 글들이 덧
붙여지기도 했다. 네티즌 수사대의 빈번한 출동 덕분이었다.

누가 시키지도 않았는데 정말 환상의 협업 시스템이 예술 작
품 만들듯이 하는 것은 놀랍기만 하다. 간석동녀 뒤에 다시 인
형녀, 동대문녀와 같은 비슷한 유형의 사진들이 돌았다.

○○녀에도 유형이 있다. 대사관녀와 개똥녀 같이 공공장소
나 기관에서 문제를 일으키는 유형, 된장녀-귀족녀 같이 포괄
적으로 그 행태를 문제 삼는 유형, 고양이녀, 엘프녀와 같이 외
모 때문에 부각된 유형, 특이한 행동 때문에 화제가 된 유형(떨
녀: 대학로에서 온몸을 떠는 춤으로 화제가 되었다), 동대문녀와 간석
동녀 같이 일방적으로 사진이 품평되는 유형, 이외에도 동호회
에 사진을 올렸다가 요상한 사이트의 목록에 올라가는 유형 등
이다.

이들의 대략적인 공통점은 외모가 뛰어나다는 것이다. 그리
고 여성을 비꼬고 놀리며 비하하는 심리가 담겨 있다는 것이다.
대개 평균 이하의 여성은 대상에서 제외된다.

이 미모 문제 때문에 그간 ○○녀의 탄생과 유행은 연예인 데
뷔를 위한 수단이라는 비난이 만만치 않게 있었다. 즉, 조작 의
혹도 꾸준하게 있어 왔다. '○○녀' 열풍이 연예계 데뷔를 염두

에 둔 의도적인 띄워 주기라는 지적이 많았다. 사람들의 호기심을 교묘히 이용한 고도의 마케팅 전략이라는 것이다.

대표적인 사례가 바로 '시청녀'이다. 시청녀는 자신이 봉사활동 단체에서 일하고 있는 평범한 사람이라며, 월드컵으로 얻게 된 유명세가 괴롭다고 호소했다. 그러나 시청녀가 '모바일 섹시 화보'를 찍었다는 사실이 밝혀지면서 연예계 진출을 위한 전략이었다는 지적이 일었다. MBC 〈뉴스후〉라는 프로그램에서는 과연 '시청녀'가 네티즌들이 스스로 발굴해 낸 스타인지, 아니면 철저한 마케팅에 따른 것인지, 혹은 언론과 인터넷의 피해자인지를 파헤치기도 했다.

일본에서 유행하던 단백질 인형을 닮은 '단백질 소녀' 역시 인터넷을 통해 유명세를 탄 후 모바일 화보가 덩달아 화제가 됐다. 거리에서 춤을 추는 동영상으로 유명했던 '떨녀' 역시 연예계 진출을 극구 부인하다가 화보를 촬영하며 연예계에 데뷔했다.

한때 느닷없이 '쌩얼 미녀'가 검색 순위 상위권을 휩쓸며 인터넷을 들썩이게 했다. '쌩얼 미녀'는 그동안 각종 게시판에 퍼진 사진을 통해 '화장발이 아닌 맨 얼굴(쌩얼)이 예쁜 사람이다'는 반응을 불러일으켰다. 하지만 '쌩얼 미녀'는 소속사가 의도적으로 인터넷에 사진을 퍼뜨렸다는 사실이 밝혀지면서 논란을 불러일으켰다. '쌩얼 미녀'는 화제를 불러일으키기 이전부터 노래와 연기 수업을 받으며 데뷔 훈련을 받아온 것으로 알려졌다.

그러나 'ㅇㅇ녀 신드롬'은 많은 일반 여성들에게 고통을 준다. 최근 〈미녀들의 수다〉(KBS)의 루저녀도 그러했듯이, 대상이 되는 본인은 물론 지인이나 가족까지 네티즌에게 시달림을 받아 고통스러움을 호소한다. 누리꾼들은 하루 만에 여성의 미니 홈피 주소, 사진, 이름, 집 주소까지 찾아내기 때문이다.

대개의 경로는 이렇다. 디지털 카메라로 촬영하여 ○○녀라고 이름 붙이면, 누리꾼(네티즌)들은 벌떼처럼 달라붙어 ○○녀의 신상 정보를 캐낸다. ○○녀는 가상의 공간에서 철저하게 까발려지고 소비된다. 새로운 ○○녀가 탄생할 때쯤이면 과거의 ○○녀는 기억에서 사라진다.

남는 것은 그들의 상처다. 왜 이런 ○○녀 현상이 일어나는가?

우선, KBS 방송문화연구소에서 실시한 인터넷 여론 조사 결과에 따르면, 만 15세 이상 남녀 1,200여 명 가운데 남성 42%, 여성 40%가 "여성에 대해서만 이런 현상이 나타나는 이유"로, "여성의 외모와 노출을 부각하는 '성적 상품화' 때문"이라고 답했다. 이러한 ○○녀를 만드는 이들이 남성이라는 점을 문제점으로 꼬집고 있는 것이다. '○○녀 시리즈' 이면에 남성 우월주의가 숨어 있다고 비판하는 것도 같은 맥락에서 비롯한다.

심지어 ○○녀는 남성들이 자행하는 사이버 폭력의 놀이 대상이라는 비판도 제기된 바 있다. 인터넷 공간의 비대면성과 이미지 중심의 놀이성 때문이라는 것이다. 무심코 한 '펌질'이 이러한 현상을 부추긴다고도 말할 수 있다. 요컨대, 마초적 문화가 인터넷이란 매체의 즉흥성과 만나 빚어낸 현상이 바로 "○○녀 열풍"이라는 것이다. 개인적으로는 사실 못 먹는 감 찔러나 보자는 심리도 존재한다. 실제 현실에서는 여성들에게 제대로 말조

차 걸지 못하는 남성들의 자기 위안이자 퇴행이라는 것이다.

모호한 마초주의, 성 상품화에만 함몰되는 일부 네티즌들, 특히 남성들에게 원인을 돌리는 경향도 있다. 일견 맞지만, 전적으로 타당한 것은 아니다. 정작 중요한 것은 항상 싸움을 붙이고 논란을 일으키면서 따로 재미를 보는 이들에게 주목해야 한다는 점이다. 이렇게 ○○녀가 확산되는 중심에는 사이트의 허브라고 할 수 있는 포털이 있다. 포털은 결정적인 확산의 매개체 역할을 하고 있다. 이를 통해 방문자 수 혹은 페이지뷰 수가 증가하면 광고 수입으로 이어진다. 그렇다면, 외면이 오히려 ○○녀 창궐의 대안이 될까.

이제 '○○녀 신드롬'을 움직이는 심리에 대해서 살펴보자.

인터넷을 움직이는 것은 '재미'다. ○○녀의 생산과 유통, 소비에도 재미가 작용한다. 사생활을 침해하건 상대방을 비난하건 그것은 재미에 따른다. 어떻게 욕하는가도 재미의 대상이 된다. 그것 때문에 당사자가 어떠한 심경에 처하는가는 별로 중요한 문제가 아니다. 일단 욕을 먹는 여성은 나쁘거나 문제가 있는 대상이라고 자기 최면을 걸기 때문이다. 재미는 그 자체가 놀이와 같다. 사실상 인터넷은 개구쟁이, 나아가 악동들이 끊임없이 재미있는 놀잇감을 찾아 헤매는 공간이다. 마치 그들은 극장에서 영화를 보며 팝콘을 씹어대듯 즐긴다. 인터넷은 여성을 재미있는 놀이의 프레임에 따라 소비도 하고 생산도 하는 공간이다. 그러한 놀이의 공간성을 지배하고 있는 것은 남성성이다. 외모도 마찬가지다. 얼굴만 예쁘고 머리는 빈 가벼운 여성이라고 상정하는 것, 아니 그렇게 '규정'하는 것도 욕하는 사람의 행위를 정당화하기 위한 심리가 반영된 결과이다.

근본적으로 그러한 심리는 이분법적으로 선악을 구분하고, 그에 따라서 상대방을 마치 악의 무리 혹은 척결의 대상으로 삼음으로써 자신을 정의의 편으로 만든다.

여기에 우월의 심리가 투영되기도 한다. 그 대상자보다 자신이 우월하다는 것이다. 현실적으로 다른 이들보다 우월하지 않은 이들이 인터넷이라는 익명의 공간에서 익명성을 추구한다. 이것은 현실적 무력감을 극복하기 위한 수단이 되기도 한다. 자신이 자신의 기대치나 사회적 기대치를 채우지 못할 때 여자를 화풀이 대상으로 삼거나 야유의 대상으로 삼아 자신을 위안하는 것이다.

'○○녀'를 만드는 네티즌들은 자신이 세상에서 의미 있다는 것을 이런 방식으로 찾는다. 일종의 자기 성취욕을 달성하려는 심리가 작용하는 것으로 볼 수 있다. 자신이 선택한 ○○녀가 인기를 얻는 것에 만족감을 느끼기도 하고, 그것이 사람들의 입에 오르내리는 것에 강한 쾌감을 느끼기도 한다. 그것은 발명품이자 새로운 창조 행위가 된다. 때로는 이를 통해 자기과시의 형태로 나타나기도 한다. 그것을 상품화하는 UCC 플랫폼이 자기과시 심리에 고무되는 네티즌들을 경쟁시키면서 ○○녀 담론을 증폭시키고 수익을 챙겨간다는 사실을 잊거나 외면한다. 무엇보다도 그들은 남성 우월주의에 따라 여성을 상품화시키는 강자나 승자가 아니다. ○○녀를 만들어 내는 이들은 이른바 현실에서 뒤처진 루저들이다. 권력에 대한 놀이는 정작 그것을 갖지 못 한 패배자, 거세된 자들이 하는 것과 같다.

한국 에로 영화 변화의 궤적

김홍도와 신윤복이 춘화도를 적나라하게 그린 것을 생각하면, 그들이 지금 살아 있다면 아마도 진한 포르노는 아니어도 적어도 에로 영화는 만들지 않았을까. 해리 포터 시리즈의 3편 〈해리 포터와 아즈카반의 죄수〉를 만든 알폰소 쿠아론은 에로 영화 감독 출신이고, 〈신데렐라〉의 봉만대 감독도 에로 명장이었다. 장국영이나 주윤발도 에로 영화의 주인공이었으며, 이성재와 박화요비는 공중파 방송을 통해 자신들이 에로 영화 마니아라고 밝히기도 했다. 이제 에로 영화가 '옳다, 그르다'가 아니라 에로 영화를 움직이는 구체적인 심리들을 살펴보는 것이 낫지 않을까.

항상 자신의 도덕적 순결성을 강조하기 위해서 우리는 에로 영화를 쉽게 집어 들지 못한다. 에로 선호의 욕망을 인정한다고 해도 차이는 있다. 이는 비디오 빌리는 형태에서 드러난다. 번개파는 돈을 던지다시피 내고 잽싸게 빌려 나간다. 여기에 야성파처럼 들어오자마자 "죽이는 거 없어요"라며 대놓고 야한 것을 찾는 유형, 샌드위치파같이 액션 영화 2개에 에로 영화 1개씩 샌드위치처럼 끼워 대여하거나 꿩 대신 닭이라는 식으로 재킷 사진이 아주 야한 것은 못 빌리고 〈원초적 본능〉처럼 조금 야한 작품을 빌려 간다. 물론 들었다 났다 하는 눈치파도 많다. 물론 자신은 절대 빌리지 않고, 빌려오는 것만 보는 더부살이형도 있다.

에로는 개인적인 선택만의 문제는 분명 아닐 것이다. 정치 사회적 메커니즘이 각 개인의 욕망과 충돌하는 지점에 에로 영화가 있기 때문이다.

다 아는 이야기일 것 같은데, 라이히Wilhelm Reich가 이런 말을 했다. "성적인 금기를 규정할수록 사람들은 자기 무력감에 빠지고, 독재 권력은 그들을 다루기 쉬워진다." 성적인 욕망에서 자유로운 사람은 없다. 성적인 욕망에 대한 도덕적·윤리적 기준이 높아질수록 사람들은 그것을 따라가지 못하는 자신들을 자학하기에 이른다. 성적 욕망을 갈구하며 에로 비디오를 찾는 자신을 자학하는 것과 같은 심리다. 그렇지만 성적인 욕망에 대해서 관대한 사회라면 사람들은 자학할 필요가 없다. 성적인 욕망은 엄격한 억제의 대상이 아니고, 또 그것을 발산하는 자신을 낮게 평가할 이유가 없기 때문이다. 즉, 스스로 자의식이 높아지고, 이는 정치적 표현과 사회적 참여로 이어진다는 말이다. 이러한 영향 때문인지 일부 진보 운동가들은 68혁명을 성생활 혁명으로 이어가려고 했다. 자신이 진보적이라고 여기는 이들은 이러한 논거에 따라 개방적인 성생활을 합리화한다. 물론 전적으로 핑계인 경우도 있다. 혹은 상대방을 성적 보수주의자로 몰아붙이면서 소기의 목적을 달성하고자 하는 음흉한 목적에 악용되기도 한다.

프로이트는 『문명 속의 불만』에서 문명은 에로스를 억압하는 가운데 형성되었다고 했다. 이를 박정희 정권도 충분히 알았나 보다. 에로스 혹은 섹슈얼리티를 강하게 억압했으니 말이다. 따라서 사람들은 자신을 불순한 짐승쯤으로 각인시켰다. 그러나 정치적 관심을 돌리는 데도 성적 통제가 효과 있음을 안 이들이 있었다. 이른바 3S(Screen, Sports, Sex) 정책을 구사한 신군부였다. 광주민중항쟁을 짓밟고 등장한 신군부는 유화 정책으로 통금 해제, 두발 자유화와 3S 정책을 취했다. 에로 영화는 3S 중 하나였고, 이런 사회적 분위기를 바탕으로 쏟아져 나왔다. 이른바 영상의 대중적 혁명이 신군부에서 이루어지니 참 아이러니했다. 그러나 그것은 엄격한 의미에서 해방은 아니었기에 여전히 라이히의 말은 타당했다.

1982년 정인엽 감독의 〈애마부인〉, 김수형의 〈산딸기〉, 박호태의 〈빨간 앵두〉 등이 경쟁적으로 쏟아졌다. 이때부터 에로 영화들이 때 아닌 전성기를 누리기 시작한다. 그렇다고 그 전에 에로 영화들이 아예 없다고는 할 수 없다.

빨치산 규복과 점례의 사랑을 다룬 김수용 감독의 〈산불〉(1967), 궁녀 자옥(윤정희)의 사랑과 복수를 다룬 신상옥 감독의 〈내시〉(1968), 구속적 사랑을 벗어나 자유를 찾는 박종호의 〈벽속의 여자〉(1969), 정조관에 얽힌 사랑의 갈등을 다룬 정소영 감독의 〈성숙〉(1974), 여기에 사랑의 정체성을 찾는 김호선 감독의 최고의 흥행작 〈겨울여자〉(1977), 그리고 〈죽음보다 깊은 잠〉(1979)이 있었다. 가볍지 않은 주제 의식을 논외로 하고 애써 넣자면 〈별들의 고향〉(1974), 〈영자의 전성시대〉(1975)도 에로 영화에 포함할 수 있다. 이런 작품은 그 뒤에 많은 에로 영화의 모티프가 된 것이 사실이기 때문이다. 1960년대가 토속적이고 전통적인 방식의 에로틱한 테마를 보여 주었다면, 1970년대는 대개 순결하고 지고지순한 여성의 사랑과 비극을 중심에 두었다.

여하튼 한국 영화사상 가장 많은 속편을 만들어 낸 〈애마부인〉(정인엽 감독, 1982)과 토속적 에로티시즘의 대표작으로 꼽히는 〈뽕〉(이두용 감독, 1985), 이보희 주연의 〈무릎과 무릎 사이〉(이장호 감독, 1984)들이 80년대 흥행작들이다. 〈앵무새 몸으로 울었다〉(정진우 감독, 1982), 〈안개마을〉(임권택 감독, 1982), 〈서울에서 마지막 탱고〉(박용준 감독 1985), 〈매춘〉(유진선 감독, 1988)도 대표작들이다. 물론 이러한 영화들을 다시 본다면 하품만 할 수도 있다.

80년대 초반만 해도 영화에서 지금과 같은 성의 묘사는 꿈도 꾸지 못했다. 여성의 가슴이 노출만 되어도 바로 검열에 걸렸다. 물론 지금은 가슴을 노출해도 삭제는커녕 15세 관람가다. 아직 헤어누드는 허용하지 않고 있지만 말이다. 80년대 에로 영화는 토속적인 작품들이 고전 작품이나 역사적 인물, 야담을 기반으로 전성기를 누리기도 했다. 〈어우동〉, 〈뽕〉, 〈산딸기〉, 〈변강쇠〉 등이 대표적이다. 어우동이나 옹녀 같은 여자들이 에로티시즘의 여걸로 등장했다. 여기에서 80년대를 아우르는 에로스타의 탄생이 당연지사인 듯 파생되었다.

70년대 김두한, 시라소니의 이대근은 80년대를 통해 주먹과 의리의 사나이에서 정력 센 희극적인 남성의 상징이 되었다. 〈뽕〉이후 〈변강쇠〉(1986), 〈가루지기〉, 〈고금소총〉, 〈대물〉(1988) 등에

연달아 출연해 입지를 굳혔다.

1986년 서울극장에서 개봉한 〈변강쇠〉는 관객 10만 7,982명을 동원했고, 흥행에 성공해 3편까지 만들어졌다. 근래 이대근은 이 영화가 에로 영화가 아니라고 주장하기도 했다. 〈뽕〉과 함께 〈변강쇠〉는 성을 해학적으로 다룬 고전물이라는 것. 〈심봤다〉는 자연주의를 아울렀다는 평가를 받았고, 그에게 백상예술제 남우주연상을 안겨 주었다. 또한 〈뽕〉의 이미숙, 〈변강쇠〉의 원미경, 〈산딸기〉의 오수비 등이 대표적인 에로 스타가 되었다.

물론, 고전적이고 해학적인 에로물만 80년대를 휩쓴 것은 아니다. 82년에 개봉된 〈애마부인〉은 한국 역사상 최대의 노출 신으로 기억되는 영화인데, 그 이전에는 에로 영화가 없었다고 평가하는 이도 있다. 3월 27일 자정, 서울극장에서는 〈애마부인〉을 한국 영화사상 처음으로 심야 상영했고, 당시 1,500석인 극장에 5,000여 명이 한꺼번에 몰렸다. 아수라장 그 자체. 매표소가 박살나고 경찰까지 출동했다. 통금 해제도 한몫해서 수많은 젊은이들을 심야 극장으로 모았다. 이후 〈애마부인〉은 한국 영화사상 최다인 무려 13편의 속편이 제작되었다. 1대 애마 안소영은 풍만한 가슴과 게슴츠레한 눈으로 여성의 섹슈얼리티를 드러냈고, 동물(말)까지 등장시켜 그야말로 이목집중의 대상이었다. 제작사는 "애마부인"의 '마'를 말(馬)이 아닌 삼(麻)으로 표기함으로써 검열을 피하기도 했다. 단관 개봉으로 40만 명 관객을 동원했는데, 이는 지금의 멀티플렉스에서는 적어도 500만 명은 넘었을 것이라고 한다.

고전 해학이 아닌 단순 에로물들은 매매춘 문제를 다룬 〈매춘〉이나 〈야시장〉 시리즈를 통해 80년대 에로 영화의 막차를 타기에 이른다. 이들 사이에 이황림 감독의 〈애란〉이나 정지영 감독의 〈꽃배암〉과 같은 작품도 있다.

〈야시장〉 시리즈 이후 〈어쭈구리〉 시리즈로 이어지는 연작물의 계보는 90년대가 끝나갈 무렵 하나의 유행처럼 에로 영화계를 풍미했다. 시리즈 자체가, 영화의 인기를 증명하듯, 마케팅 기법으로 사용되기도 했다. 아도르노의 유사 개별화는 에로 시장에도 어김없이 적용되었다. 90년대 〈젖소 부인 바람났네〉는 공전의 히트를 기록했고, 〈만두부인 속터졌네〉, 〈자라부인 뒤집어졌네〉와 같이 셀 수 없을 만큼 폭발적으로 유사한 이름의 비디오물이 봇물 터져 나오듯 했다. 요컨대 90년대 초반에는 돈 많고 여유로운 유한마담들이 등장하는 젖소부인 유의 영화가 유행했다. 90년대 중반에 한때 〈무엇에 쓰는 물건인고〉, 〈에로춘향〉, 〈옥보단〉 같은 해학성 짙은 사극풍의 에로 영화가 다시 유행하기도 했다.

90년대 말에 이르러서는 사회 현상, 광고나 영화 제목을 패러디한 작품들이 범람했다. 패러디 에로물이 너무 많아지다 보니 베스트를 뽑기도 했다. 영화 전문 케이블 캐치온 플러스에서 실시한 2005년 패러디 에로물 인기 조사에서 1위는 드라마 〈굳세어라, 금순아〉를 베낀 〈곧 세우마 금순아〉였다. 2위는 〈해리포터와 아즈카반의 죄수〉를 흉내 낸 〈해리포터와 아주까만 여죄수〉, 3위는 영화 〈내 여자 친구를 소개합니다〉를 모사한 〈내 여

자 친구는 소, 개입니다〉, 그 외에 4위는 〈꼴리는 밤이 오면〉, 5
위 〈반지하 제왕〉, 6위 〈목표는 형부다〉, 7위 〈니 이모를 찾아서〉,
8위 〈굶은 악마〉, 9위 〈그녀를 먹으면 간첩〉, 10위 〈매트릭스 3:
내 몸 로션〉 등이었다.

다른 인터넷 조사 결과도 흥미롭다. 1위에 영화 〈박하사탕〉을
패러디한 〈박아사랑〉, 2위는 〈연필부인 흑심 품었네〉, 3위는 영
화 〈번지점프를 하다〉를 패러디한 〈번지점프 "중"에 하다〉, 그
외 4위는 〈털밑 썸딩〉, 5위 〈용의 국물〉, 6위는 〈니 애라메?〉 등
이었다.

이러한 패러디는 몇 가지 범주를 가진다. 영화와 노래 제목,
CF 광고, TV 프로그램 패러디가 이에 속한다. 영화의 경우 〈공
동경비구역 JSA〉는 〈공동섹스구역 JSA〉, 〈공동정사구역 JSA〉, 혹
은 〈공동경비구멍〉으로 바뀌었다. 〈박하사탕〉는 〈박하사랑〉을
거쳐 〈박아사탕〉으로 변했다. 〈인정사정 볼것없다〉는 〈인정상 사
정할 수 없다〉로 고쳤다. 〈나도 아내가 있었으면 좋겠다〉는 〈나
도 아내가 입었으면 좋겠다〉로, 〈주유소 습격사건〉을 패러디해
〈여탕습격사건〉, 〈기숙사 습격사건〉, 〈구멍가게 습격사건〉, 〈자
취방 습격사건〉으로 변했다.

〈낙타는 길에서 쉬지 않는다〉는 〈만득이 아내는 집에서도 쉬
지 않는다〉로 바뀌었고, 〈간첩 리철진〉이 〈여간첩 리철순〉으로
바뀐 것은 양호했다. 〈죽거나 혹은 나쁘거나〉는 〈먹거나 혹은
먹히거나〉, 〈하거나 혹은 아프거나〉가 되었으며, 〈마스크 오브
조로〉는 〈마스크 오브 조루〉, 〈쉬리〉는 〈싸리〉, 〈브레이브하트〉
는 〈브레이브히프〉, 〈글라디에이터〉는 〈글래머에이터〉가 되었

다. 영화 〈마파도〉를 패러디한 〈아파도…할래〉는 2005년 상반기에 영화 전문 사이트에서 1위를 차지하기도 했다. 그 외에도 〈귀신이 산다〉는 〈귀신이 싼다〉, 〈그놈은 멋있었다〉는 〈그놈은 맛있었다〉, 〈황혼에서 새벽까지〉는 〈황홀해서 새벽까지〉, 〈라이언 일병 구하기〉는 〈라이언 일병과 하기〉, 〈올드보이〉는 〈올누드보이〉로 바뀌었다.

노래 제목의 경우에는 〈울트라매니아〉를 〈울트라팬티야〉로, 〈가시나무〉를 〈가시나無〉(부제: 처녀는 없다)로 바꾸었다. CF 광고의 경우에는 〈사랑은 움직이는 거야〉를 〈침대는 움직이는 거야〉로 〈20살의 티티엘〉을 〈20살의 찌찌엘〉로 바꾸었다.

TV 프로그램을 패러디한 것으로는, 〈용의 눈물〉을 〈용의 국물〉로, 〈허준〉을 〈헉! 준〉으로 바꾸는가 하면, 〈허준의 동의보감〉을 〈허전의 색정보감〉으로, 〈꼬꼬마 텔레토비〉를 〈꼬꼬마 에로토비〉로 패러디했다. 특히, 드라마에서는 〈우리가 정말 사랑했을까〉를 〈우리가 정말 사정했을까〉로, 〈발리에서 생긴 일〉을 〈발기해서 생긴 일〉, 〈발리에서 생긴 놈〉으로, 그리고 〈미안하다 사랑한다〉를 패러디한 〈미안하다 사정했다〉도 발매되었다. 진지하고 무게감 있는 역사 다큐 〈이제는 말할 수 있다〉는 한 음절이 들어가 〈이제는 말과 할 수 있다〉로 변하면서 전혀 다른 함의를 내포하게 되었다.

광고 카피로 대히트를 쳤던 〈선영아 사랑해〉는 〈선영아 나랑해〉로 바뀌었다. 그 외에도 〈선영아 그만해〉, 〈선영아 오늘도?〉, 〈선영아 같이해〉 등이 있었다.

그러나 이러한 패러디물이 과연 진정성을 가지고 있었는지는 의문이다. 다만, 〈용의 국물〉처럼 에로와 코미디물을 혼합하거나 극장 상영을 목표로 '절제된' 에로물을 만들기도 했다.

패러디 외에 자주 쓰이는 방법은, (자극을 손쉽게 하는) 사회적인 이슈들을 소재로 하는 방법이다. 〈빨간 보자기〉는 "빨간 ○○ vs 빨간 보자기"라는 광고 카피가 말해 주듯이, 10대 포르노물로 충격을 주었던 〈빨간 마후라〉를 모방한 것이다. 물론 〈빨간 보자기〉는 〈빨간 마후라〉와는 내용상 아무 관련이 없다. 백지영 비디오 파문 이후에는 〈백지영의 고백〉이라는 에로물이 나왔는데, 백지영이 아닌 백지은이라는 배우가 출연했다. 〈은빛의 잿빛 고백〉 등 마치 연예인의 성생활을 담은 듯한 내용을 암시했다. 일종의 성 체험과 연예인들의 섹스 스캔들을 엮은 것 같은 에로물들이 나오기도 했다. 몰래 카메라가 사회문제로 대두될 때는 〈충격 몰카현장〉, 〈모텔성인장〉, 〈에로피디수첩〉 등의 에로물이 제작되었다.

하지만 이러한 패러디 에로물들은 이름만 재미있을 뿐 정작 내용면에서는 차별화되지 못했다. 내용이 이름을 받쳐주지 못해 여전히 엉성하다는 평가를 듣던 에로 영화. 그러나 2000년 전후 '클릭 엔터테인먼트'가 기존의 판도를 깨기 시작했다. 플롯은 엉성할지라도 나름의 스토리와 영상 미학을 추구했던 작품들이 등장했고, 봉만대 감독, 이필립 감독은 기존의 에로 영화와는 차별화된 영상적인 실험도 했다. 여기에 하소연, 이메일, 은빛, 정희빈, 이규영처럼 스타성을 지난 여배우들을 배출했다. 이들은 고급 지향의 에로 영화를 표방했다. 이러한 영화들은 노골적인 에로 영화가 아니라 예술성을 가진 영화라는 분위기를 풍기기에 충분했다. 에로 영화 빌리기에 눈치를 많이 보던 이들에게 금상첨화였는데, 제목부터 에로 영화답지(?) 않았다. 〈가족〉, 〈연어〉, 〈바다 위의 자전거〉, 〈굿바이〉, 〈눈물〉 등이 그 예다. 특히 2000년대 초반 〈이천년〉, 〈연어〉, 〈귀공녀〉 등을 연출한 봉만대 감독은 이후 〈맛있는 섹스 그리고 사랑〉, 〈동상이몽〉을 통해 에로티시즘 영화감독의 입지를 굳혔고, 또 그것을 바탕으로 영화 〈신데렐라〉를 만들기에 이른다. 안타깝게도, 에로 영화감독 출신이라는 것을 너무 의식한 때문인지 지나치게 예술성에 치중해 대중적 미학을 놓치고 말았다.

또한 다큐멘터리, TV 시사 프로그램 형식을 섞기도 하고, 퓨전 방식도 사용했다. 에로 영화에 액션, 스릴러 장르를 결합시켰다. 이는 IMF 이후에 방송과 CF 출신이 들어오면서 스타일이 많이 바뀌었던 데에서 비롯했다. 소재 면에서도 동성애, 양성애, 그룹 섹스 등을 등장시키는가 하면, 스와핑 또는 누드라는 단어를 사용한 작품들도 많이 제작되었다.

그러나 2000년대 중반에 들어서면서 에로 영화는 위기를 맞았다. 3만여 개에 이르던 전국 비디오 대여점이 5,000개로 줄어드는 등 이미 비디오 시장은 크게 위축되어 있었고, 온라인에서 새로운 영역을 확장하려 했지만 여건이 넉넉하지 않았기 때문이다. 요컨대, 디지털 환경은 아날로그에 더 익숙한 에로물을 외면했다.

2005년 4월 7일, 법원은 포털을 통해 에로 비디오를 공급하는 것은 위법이라는 판결을 내린다. 사실 이는 에로 영화계 처지에서는 사망 선고나 다름이 없었다. 어느새 에로 비디오 업계의 주요 수입원이 포털 사이트였기 때문이다. 신작을 내지 못하는 업체가 많아질 수밖에 없었다.

매체는 인터넷을 비롯해 다변화되고 있다. 애써 에로 영화관을 찾거나, 에로 비디오를 사거나 빌리지 않아도 된다. 인터넷 성인 방송, 인터넷 영화관, 케이블 TV 등이 성인물 공급 채널로 자리를 잡았다. 또한 인터넷의 각 사이트는 생존을 위해서 노출 경쟁에 나서고 있는 만큼 기존의 에로 작품으로는 상대를 할 수 없는 지경에 이르렀다. 시시해졌다는 말이다. 일반인들이 스스로 제작하는 콘텐츠가 유료 매체를 휩쓸기 시작했다. 일종의 소비자 참여 UCC가 연출 위주의 에로물을 몰아내는 데 일조하기도 했다. 더구나 에로 영화가 노출할 수 있는 부분은 너무나 제한되어 있다. 엄선된 여배우들, 좋은 화질, 우회적 상상력의 자극으로 승부는 거는 것은 한계가 있었다.

비디오를 만든다 해도 에로 비디오 판매 물량이 1만 개에서 500개 수준으로 크게 떨어졌다. 이는 영화 부가 시장의 규모와 관련있다. 2007년 영화 부가 시장은 매우 위축되었다. 4만여 개에 달하던 비디오 · DVD 대여점이 10분의 1 수준에도 못 미치는 3,500개로 줄어들었다. 불법 다운로드뿐만 아니라 인터넷이나 매체의 다양화가 낳은 현상이었다.

이러한 에로 영화계의 침체에서 벗어나기 위해 한국의 에로 영화 제작자들은 일본으로 진출하고 있다. 일본은 노출에 대한 제약이 한국만큼 심하지 않기 때문이라고 한다. 결과적으로, 국가 제도와 규율이 있는 한 한국에서 에로의 진화는 불가능하다는 말일까.

에로 영화 마니아들은 노출이 많다고 절대 좋은 에로 영화가 아니라는 점을 강조한다. 인터넷에서 아무리 발가벗고 노골적인 행위를 보여 준다고 해도 에로티시즘은 단순히 노출에서 나오지 않는다는 말일 게다. 에로의 강점이 여기에 있을 수도 있다. 어려움이 크다는 것은 이해하지만, 결국 제대로 만들지 않기 때문에 사람들이 외면하는 것이라고 보아야 하지 않을까.

왜 한국에서는 스타크래프트만 인기 끄나

다른 나라와 달리 왜 한국에서는 유독 스타크래프트만 인기를 끌까? 이 때문에 다른 게임 분야에서 세계 경쟁력을 잃고 있다는 평가도 많이 나왔다. 이를 문화 심리 관점에서 분석해 본다.

1) 한국인은 경쟁적인 문화를 가지고 있다. 1등주의를 강조한다. 오죽하면 〈개그콘서트〉의 "나를 슬프게 하는 세상"에서 박성광이 "1등만 기억하는 더러운 세상"이라고 외친 말이 크게 유행했을까? 게임도 즐기는 것 자체나 과제의 완수보다 승리가 중요하다. 많은 사람들과 겨루어서 승리하는 것은 더욱 의미가 있다. 따라서 단순히 한국이라는 나라뿐만 아니라 세계에서 몇 위를 하는가가 매우 중요한 문제다. 이는 스타크래프트의 가장 큰 특징이기도 하다. 스타크래프트는 배틀넷 시스템 때문에 출시 당시에는 상상도 할 수 없었던 엄청난 인기를 끌게 되었다. 이를 통한 상호 작용성과 익명성을 통해 멀티플레이를 보장해 흥미를 유발했다.

1-1) 한국은 외부의 시선이나 사회적 평가에 민감한 사회 문화적 요인을 가지고 있다. 인정받고 싶은 욕망이 크다. 스타크

래프트가 자극한 것은 이런 경쟁심과 인정 욕망이었다. 스타크래프트는 배틀넷을 통해 한 모든 게임의 결과를 ID에 기록하게 하고, 이 기록을 통해 자신의 성적이 계속 체크되도록 함과 동시에 여기에 랭킹을 매기는 시스템을 도입했다. 그 결과 게이머들은 자신의 성적에 집착할 수밖에 없었고, 승률이나 점수가 높아갈수록 게임에 강하게 빠지게 되었다.

2) 한국인, 특히 젊은이들의 또래 문화가 스타크래프트의 성격과 맞아떨어지는 면이 있다. 공동체적 문화도 강하다. 한국의 젊은이들은 또래들끼리 뭉쳐서 논다. 혹은 집단주의적 문화가 강하다. "흩어지면 죽고 뭉치면 산다"는 말이 한국에서 많이 통용되는데, 이는 한국인들이 열강 사이에서 살아남은 나름의 생존법이다. 이 같은 코드가 스타크래프트에도 작용하고 있다. 한국에는 놀이하는 과정에서 팀을 이루어 대결하는 놀이 문화가 많다. 스타크는 장기의 온라인 판이라는 지적도 이와 같은 맥락에서 볼 수 있다. 배틀넷이 가져다준 또 다른 효과는 길드의 형성이었다. 혼자 익히기는 어려우나 서로 만나 토론하고 숙달하면서 빠르게 발전하는 전략과 전술을 따라가기 위해서 길드가 조직되었다. 말 그대로 기술을 연마하는 수공업 조직인 셈이다. 한편, 배틀넷은 게임 외의 채널을 통해 채팅을 비롯해 게임 관련 정보를 교환할 수 있도록 하여 거대한 게임 공동체를 만들어 냈다. 이런 것들을 통해 강력한 동질성의 문화를 만들어 내거나 강화했다.

2-1) 여기에도 인정 욕망이 강하게 작용한다. 강성한 길드는

다른 길드의 경쟁심과 인정 욕망을 촉발한다. 1998년 프로게이머 신주영이 나왔을 당시 슬기방(SG길드)은 모든 게이머들이 들어가고 싶어 하는 최고의 길드였다. 1999년 'NC길드'에서 불과 두 명의 길드원을 뽑는데 무려 200명에 가까운 지원자가 몰려들 정도였다. 이른바 명문 길드에 들어가고 싶은 욕구, 그래서 인정받고 싶은 욕구, 이것이 스타크래프트를 길드 문화의 원산지이자 스타크래프트 자체를 성공으로 이끈 핵심적인 요인이었던 것이다.

3) 급속한 도시화가 이루어지면서 이러한 또래 문화를 가진 청소년들이 놀 만한 공간이나 수단이 없어졌다. 시간적 제약도 많다. 야외의 놀이는 주로 낮에 이루어지는 경우가 많다. 하지만 스타크래프트는 공간과 시간에 관계없이 다른 이들과 즐길 수 있다. 빈약한 청년층의 놀이 문화를 급속하게 채웠다. 대학생의 경우 스타크래프트 이전에는 술집이나 당구장을 많이 찾았지만, 술집은 비용이 많이 들어가고 당구장은 육체적인 소모가 많다.

4) 한국에서 스타크래프트가 인기를 끄는 이유는 속도에 있다. 한국에서는 이미지나 디자인은 전략 시뮬레이션에서 부차적이다. 제일 중요한 것은 속도다. 스타크래프트의 다른 버전이 실패한 이유는 디자인에 신경을 쓰다 보니 속도를 놓쳤기 때문이다. 스타크는 디자인 때문에 성공한 것이 아니다. 현실감 있게 죽어 나가는 모습에 열광하는 등의 요소가 있다. 기호는 단순하다. 그래픽보다는 액션 영화의 실감나는 파괴 요소가 중요하다.

5) 한국은 일찍부터 초고속 통신망(1998)을 구축해서 다른 나라보다 속도감 있는 게임들을 즐길 수 있는 인프라가 구축되었다. 특히 세계에서 유례를 찾아볼 수 없는 PC방의 등장은 이러한 속도감 있는 스타크래프트 게임을 더욱 즐기도록 만들었다.

6) 가장 중요한 흥행 요인 중의 하나는 바로 스타크와 방송의 결합이다. 일찍부터 한국에서는 게임 방송이라는 초유의 프로그램을 만들었다. 물론 스타크를 방송할 때와 그렇지 않을 때의 시청률은 엄청난 차이를 보인다. 이러한 방송을 통해 스타크는 더욱 대중성을 갖게 되었다.

6-1) 1998년 케이블 TV 만화 채널인 〈투니버스〉가 최초의 방송을 시도한 이래, 경인방송(iTV)이 그해 11월부터 본격적으로 방송을 실시하면서 게임을 몰라도 재미로 즐길 수 있게 되었다. 말 그대로 스타크래프트만의 문화를 만들어 낸 것이다.

6-2) 조기 프로화도 큰 요인이 되었다. 2000년, 스타크래프트는 또 다른 도전을 선언했다. 프로화를 공식적으로 선언한 것이다. 1999년 11월에 골뱅스GolbanX와 여러 프로 구단이 결성되었고, 문화관광부 산하에 '21세기 프로게임협회' 까지 결성되었다. 아마도 스타크래프트의 힘은 당분간 계속 지속될 것이다.

7) 게임 리그를 통해 스타크는 대중의 '우상' 을 만들어 내었다. 이른바 게이머 팬문화다. 우상이 존재하는 곳에서 우상의 존재 기반은 대중적 주목을 받기 마련이다. 프로 게이머의 스타화라고 할 수 있는데, 임요환, 이윤열, 홍진호 같은 플레이어들

은 이제 어지간한 연예인은 부럽지 않을 정도의 수입과 팬 카페를 거느리고 있다. 프로 게이머의 일반적인 처우는 열악하지만, 임요환의 카페 회원 수는 대략 40만에 육박한다. 그들은 공중파에도 출연하는 등 연예인 뺨치는 인기를 누리고 있다. 현재, 스타크는 온게임넷 등 여러 TV 채널에서 스타 위주로 많이 방송된다.

프로 게이머의 탄생은 1998년 세계프로게이머대회(PGL)에서 신주영이 챔피언을 차지하고 난 뒤부터다. 당시 신주영은 1천만 원 이상의 상금을 받았다. 이후 프로 리그가 생겨났고, 프로 게임협회까지 만들어졌다.

8) 일찍부터 기업에서는 이러한 게임 문화에 투자를 하게 되었고, 마케팅의 한 방편으로 이용하면서 적극적으로 상품화하기에 이른다. 스타크 대회의 우승 상금이 어마어마하기 때문에 주목을 받지 않을 수 없었다.

9) 게이머가 일상화되는 현상도 한 요인이다. 게임을 전문적으로 하는 게이머라는 새로운 용어가 확산되었고, 게이머는 욕망의 대상이 되었다. 게이머는 따로 존재하는 것이 아니라 나도 될 수 있다는 가능성이 열리게 되었다. 게이머를 꿈꾸는 수많은 젊은이들을 양산하면서 스타크의 인기는 더욱 치솟았다.

게이머를 꿈꾸는 이들은 끊임없이 전략과 스타일을 개발해야 했고, 그러면서 스타크 문화는 더욱 활성화되었다. 직접 게이머로 활동하지 않아도 게임 리그나 방송을 통해 많은 이들이

성원을 보냈고, 대중의 주목은 더욱 커졌다.

10) 컴퓨터의 사양도 중요하게 작용한다. 아무리 재미있는 게임이라도 집 컴퓨터에서 돌리기에 벅차면 게임할 사람은 그리 많지 않다. 마니아가 아니라면 말이다. 더구나 컴퓨터 관련 업체는 게임용 컴퓨터를 따로 구별해 공급하기 시작했고, 이러한 PC를 대량으로 갖춘 PC방은 게임 전용룸이 되다시피 했다.

11) 그밖에도 강력한 시나리오가 있다. 스타크래프트는 젤나가Xel-Naga로부터 탄생한 두 종족인 프로토스Protoss와 저그Zerg, 그리고 지구의 강대국연합(UPL: United Poser League)으로부터 쫓겨난 인류 종족인 테란Terran의 싸움에서 시작된다. 시나리오는 완벽한 스토리 구조를 가지고 있다. 한 편의 신화로서 스타크래프트의 세계를 지배하고 있는 것이다. 즉, 잘 짜인 스토리텔링은 이용자의 몰입도를 크게 강화했는데, 그러한 이야기 구조가 한국인의 정서에 맞는다는 것이다. 그 결과 게이머는 강한 현실감을 느낀다.

또한 쉬운 난이도와 순차적인 실력의 향상, 다양한 전술과 전략, 즉 지적 요소를 자극하고 있다는 점이다. 스타크래프트에 대한 전략집만 해도 수없이 많이 나와 있다. 스타크래프트는 이처럼 무한대에 가까운 전략과 전술을 통해 지적 요소를 자극하는 한편, 경쟁심과 그에 따른 성취감을 자극함으로써 이 시대의 최고의 게임이 될 수 있었다.

광고와 문화 심리

　광고가 대중문화에 어떤 영향을 미치는지 살펴보려 한다. 이렇게 화두를 던지면, 사람에 따라 의문이 생길 수 있다. 대중문화와 광고를 분리할 수 있는지 의문이 일어날 수 있기 때문이다. 견해에 따라서는 광고가 대중문화 자체라고 볼 수도 있다. 하지만 광고는 상품 판매를 목적으로 이루어지는 일련의 행위이고, 대중문화는 문화적 현상을 말한다. 광고 자체가 대중문화는 아니다. 광고는 대중문화의 부분집합이다. 요컨대, 상품을 판매하기 위한 광고가 뜻하지 않게 하나의 대중문화 현상을 만들기 때문이다. 따라서 광고를 둘러싼 대중들의 문화적 현상을 대중문화의 범주에서 말할 수 있을 것이다. 그러나 광고가 대중문화에 단순히 영향만 미치는 것도 아니다. 오히려 광고가 대중문화의 영역을 지배하는 경우도 있기 때문이다.

　대중문화와 광고의 영향 관계를 논의하는데 세 가지 관점이 있을 수 있다. 우선 광고가 대중문화를 반영한다는 관점과 광고가 대중문화를 창조한다는 관점이 있을 수 있다. 광고의 대중문화 반영설은, 인간은 기본적으로 새로운 문화를 받아들이는 데 소극적이라는 전제에 따른다. 따라서 광고가 새로운 문화를 만들기보다는 반영하는 데 그친다는 것이다. 이와는 반대로 문화 창조설에서는 광고가 문화를 만들어 내고, 이를 통해 사람들의 인식이나 행동을 바꾼다고 본다.

여기에 이 두 가지 관점을 절충시킬 수도 있다. 즉, 광고가 대중문화를 반영하기도 하고, 창조하기도 한다는 것. 여기에 광고가 대중문화를 통해 사람들의 일상생활에 영향을 미치기는 하지만, 광고와 대중문화는 별개라고 보는 관점도 있을 수 있다. 한 가지 더 덧붙이자면, 광고가 대중문화를 예속화한다는 관점도 있을 수 있다. 이런 관점에서는 특히 자본의 위력을 우려한다.

여기에서는 광고와 대중문화의 관계를 능동적인 관계로 설정할 수 있을 것이다. 즉, 상호 영향 관계에 대한 주목이다. 자크 라캉은 문화적 현상을 거울 단계와 상상 단계로 분석했다. 사람들은 타자의 거울을 통해 자신의 정체성을 만들고, 그것을 바탕으로 상상을 통해 상징들을 만들고 연출하고 표현한다고 보았다. 이 속에서 문화가 탄생한다. 광고는 하나의 반영물로서, 비유하자면 거울이다. 그러나 단순히 거울로만 존재하는 것은 아니다. 사람들은 끊임없이 광고에 영향을 미친다. 광고는 자본가와 기업가의 이해관계를 반영하기 위해서만 존재하는 것이 아니다. 대중들의 호응을 받지 못하는 광고는 이내 사라진다. 대중은 광고라는 기호와 상징을 통해 스스로 주체를 형성한다. 따라서 대중문화는 광고에 영향을 미치고, 광고는 대중문화에 영향을 미친다.

광고와 대중문화는 사람들의 보편적이고 일반적인 상식, 가치 체계에 기반한다. 많은 사람들을 대상으로 하기 때문에 그 내용은 이해하기 쉬워야 한다. 대중문화는 한 시대의 문화적 정체성을 형성한다. 대중은 광고를 통해서 정보를 얻는 데만 그치지 않고, 문화적 정체성을 확인하고 받아들인다. 설정 상황이나 분위기를 선망하고 모방하며 동일시하면서 자신의 욕망을 확장시키는 것은 대중문화와 광고의 공통점이다. 대중문화는 대중들의 꿈을 반영한다. 광고도 사람들의 꿈을 반영해 내려 한다. 광고는 단순히 소비를 부추기는 데 그치는 일방향적인 모습만을 갖지는 않는다. 광고와 대중문화 콘텐츠 모두 대중 스스로가 자신의 문화적 욕구들을 실현하기 위해서 선택하는 면이 있다. 따라서 이러한 공통 요소 때문에 대중문화적 요소들이 광고에 끊임없이 녹아들어가게 된다.

광고와 대중문화는 주제나 기법, 양식 그리고 음악이나 캐릭터를 서로 빌려 주고 빌려 오기도 한다. 광고는 성공한 영화와 드라마, 음악을 통해 인기를 누리는 배우나 가수를 이용한다. 영화와 방송 프로그램은 광고를 통해 성공한 모델들을 기용한다. 인기 있는 대중음악이 광고의 배경 음악으로 사용되기도 한다. 또한 인기 있는 광고가 방송이나 영화에 등장하기도 한다. 특히 각종 오락 프로그램에는 광고를 패러디한 개그 코너들이 활발하게 선보인다. 이러한 개그 코너들을 통해 대중적인 인기를 모은 개그맨들은 다시 광고에 출연하거나 광고 컨셉을 제공한다.

새롭고 놀라운 컴퓨터 그래픽, 애니메이션 기법, 음악, 만화, 영화나 뮤지컬 방식 등 대중문화의 모든 기법과 양식은 광고에 수렴된다. 광고는 스킨스쿠버, 수상 스키, 래프팅, MTB, 윈드서핑, 인라인, 서바이벌 게임, 패러글라이딩과 같은 레포츠의 붐을 받아들였고, 이를 대중적으로 크게 확산시켰다. 대중적으로 인기를 끄는 작품이나 노래를 적극적으로 받아들일 뿐만 아니라 재창조하는 것도 광고이다.

〈홍도야 우지 마라〉를 차용한 이동 통신사의 광고는 첨단 기업의 이미지와 감각적인 스타일을 추구했다. 1930년대 악극 〈사랑에 속고 돈에 울고〉의 주제가에 노래체 형식을 가미한 광고였다. 〈순풍산부인과〉의 출연자들을 그대로 출연시킨 광고나, 노래 〈사노라면〉을 접목시킨 드링크 광고, 노래 〈아빠와 크레파스〉를 결합시킨 광고도 마찬가지다. 특히 광고 음악에서 대중음악은 빼놓을 수 없는 핵심 요소이다. 음악은 정서적 감응을 불러일으키고, 짧은 시간 내에 정서적으로 설득시키는 데 탁월하기 때문이다.

클레이메이션claymation은 진흙과 애니메이션의 합성어다. 진흙을 이용한 애니메이션 기법의 작품을 말한다. 1920년대 미국 영화에서 클레이메이션이 처음으로 등장했다. 초보적 표현 단계에서 완전한 애니메이션으로 정립된 것은 1950년대 전후이다. 70년대 말에 점토 애니메이션의 대중화가 이루어진다. 〈월레스 앤 그로밋〉이나 〈치킨 런〉과 같은 작품은 세계적으로 크게 성공했다. 이러한 클레이메이션은 국내에서도 광고에 사용되었다. 클레이메이션을 이용한 "또 하나의 가족" 캠페인은 휴대폰, TV, 냉장고 등 첨단 제품을 "가족 간의 정"이란 스토리에 맞춘 수작으로 평가받았다.

키치 광고에서 빈번하게 사용하는 것은 복고스타일의 대중문화다. 사실, 이러한 광고는 옛날 자체를 파는 것으로 보이지만, 가장 현대적인 감각을 파는 것이기도 하다. 하이브리드 혹은 퓨전 컬처라고 불리는 이유이다. 첨단과 최신이라는 강박적 대중문화에 지친 사람들에게 활력소를 제공하기도 한다. 일종의 새것 콤플렉스에서 벗어나 시간 여행을 통해 과거의 편안한 기억들을 되돌아보게 만든다. 이러한 광고는 '추억' 트렌드를 만들어 내고, 추억 상품들을 다시 생산하고 소비하게 만든다.

티저 광고는 처음에는 회사명과 상품명을 밝히지 않고 구매 욕구를 유발시키는 광고였는데, 이제 영화나 드라마, 대중가요 홍보 시에 필수적인 요소가 되었다. 티저 동영상뿐만 아니라 티저 포스터가 하나의 필수 수단이 되었다. 또한 영화와 드라마 내용에서 이러한 기법을 사용하기도 한다.

그렇다고 광고가 대중문화에 항상 긍정적인 역할을 할까? 엽기적인 광고는 낯설고 도발적인 것에 대해서 원초적으로 탐닉하는 광고의 기본적인 속성을 반영한다. 하지만 상업화시키면서 본래의 창조적인 정신이 위축되는 경우도 있다. 또한 대중의 정서와 맞지 않기 때문에 유화시킨다. 이는 대중화 과정에서 빚어지는 광고의 장점이자 근본적인 한계이기도 하다.

한편으로, 광고와 대중문화의 경계는 더 희미해지고 있다. 영화와 광고를 접목시킨 하이브리드 장르인 무버셜movercial은 광고와 영화의 묘미를 같이 보여 준다. 재난 영화나 액션 영화의 한 장면을 연상시키는 자동차 광고, 멜로 영화 같은 주인공들의 사랑 이야기를 담은 이동 통신사 광고는 무버셜의 전형이라고 할 수 있다. 예컨대, "우리 이대로 사랑하게 해주세요"라고 외치는 광고의 주인공은 영화의 극적인 장면을 보여 주는 것과 같다.

광고 영화는 자본과 예술의 동거라고 말할 수도 있다. 그러나 한쪽에서는 비판이 있는 것도 사실이다. 광고 영화가 자본에 고용된 혹은 예속된 예술이라고 보는 것이다. 그러나 광고 영화에 대한 수요가 존재한다면 광고 영화는 이 수요자를 위해서 존재할 수밖에 없다. 이 때문인지 이러한 광고 영화에는 내로라하는 흥행 영화감독들이 참여하기도 한다.

물론 광고에 대중문화가 종속될 가능성도 충분히 있다. 그 대표적인 예가 PPL(Product Placement)일 것이다. 영화의 주요장면에 상품을 배치해서 관객에게 잠재적 영향을 미치기 위한 광고 기법이고, 1940년대 필름 느와르에서 시작된 이래 거대한 시장으로 성장했다. 대중적으로 크게 알려진 사례는 1982년 영화 〈E.T.〉로 보아야 하지 않을까 싶다. 리스즈 피스Reese's Pieces 사의 사탕이 사용되었는데, 이 제품은 66%의 판매 신장률을 보였다. 〈위험한 청춘Risky Business〉에서 톰 크루즈가 쓰고 나온 선글라스는 매출이 세 배나 뛰었다. 비슷한 현상이 영화 〈터미네이터〉 개봉 뒤에도 있었다. 톰 크루즈가 영화 〈탑건〉에서 입었던 재킷도 날개 돋친 듯이 팔렸다. PPL은 극장 광고보다 효과가 뛰어나기 때문에 광고주들이 필사적으로 영화 속의 소품에 자신들의 상품을 끼워 넣으려고 한다. 물론 제작진(감독, 작가)은 영화의 완성도나 작품성을 해치기 때문에 반대한다. 성공의 전제 조건이 있다. 경쟁이 치열하지 않은 상품군은 짧은 노출로도 매우 효과적이다.

영화 〈미녀는 괴로워〉에서 여주인공 한나(김아중)의 집 인테리어가 특정 업체의 브랜드 제품으로 꾸며졌는데, 영화 개봉 뒤 평소보다 30%가량 매출이 늘었다. 영화만이 아니라 드라마에서도 간접 광고의 효과는 크다. 드라마 〈고맙습니다〉가 처음 방영된 2007년 3월 21일 이후 초코파이의 판매가 크게 늘어났다. 초코파이의 3~4월 매출액이 1~2월보다 39%나 증가했던 것이다. 수목 드라마 1위였던 이 드라마에서 초코파이는 치매에 걸린 '미스타 리'(신구)가 가장 좋아하는 간식이었다.

음반 기획사나 관계자들 사이에 '뮤직 타이업music tie-up 프로젝트'로 불리는 음반 간접 광고가 각광을 받고 있기도 하다. 음반 기획 단계에서부터 기업과 연계해 음악을 기업의 브랜드 마케팅 수단으로 활용하는 것이다. 가장 대표적인 사례로는 SG워너비다. SG워너비는 3집 타이틀곡 〈내 사람〉의 부제를 "파트너 포 라이프Partner For Life"로 정했다. 한 생명 보험 회사의 슬로건 "어 파트너 포 라이프A Partner For Life"와 광고 콘셉트 면에서 같다. SG워너비와 브라운아이드걸스가 함께 부른 캐럴송 〈머스트 해브 러브Must Have Love〉도 휴대 전화 제작 업체의 광고 카피 "머스트 해브Must Have" 시리즈와 노래 제목을 일치시켰다. 한편, 역량 있는 신인 가수들의 데뷔 수단으로 사용되기도 한다. "거리의 가수" 임정희는 MP3 플레이어 TV 광고를 통해 데뷔했는데, 데뷔곡 〈뮤직 이즈 마이 라이프Music is My Life〉가 MP3플레이어 회사의 광고 문구와 일치했다. 이러한 방식에 대해 대중음악을 자본에 종속시킬 것이라는 비판이 있는 것도 사실이다. 하지만 장기적으로 대중들이 좋은 음악을 접할 수 있는 기반이 될 것이라는 예측도 많다. 문제는 실력 있는 뮤지션과 좋은 음악이 전제가 되느냐 하는 것이다.

PPL이 활성화될수록 스타 마케팅이 활발할 수밖에 없다. 스타를 이용하는 것은 대중문화의 핵심적인 요소이다. 또한 광고에서도 스타를 빼놓고 생각할 수 없다. 스타는 사람들이 결핍하고 있는 부분을 충족시켜 준다. 스타를 통해 새로운 유행이 탄생하기도 하고 새로운 트렌드가 형성되기도 한다. 젊은 층이나 유행에 민감한 사람들일수록 스타의 스타일에 민감하게 반응한다. 스타에게서 강한 인상이나 감동을 받았을 때, 그것을 모방하고자 하는 심리가 일어난다. 이러한 점을 이용하는 것이 광고다. 인기 드라마나 영화에서 주인공이 착용했던 옷이나 신발, 장신구 등은 소비로 이어질 가능성이 많다. 그들이 출연한 작품들의 '잔상 효과'를 이용하기도 하고, 스타들 자체의 '후광 효과'에 기대기도 한다.

대중문화와 광고는 비슷하지만 다른 점이 분명히 존재한다. 이 때문에 광고와 대중문화가 영향을 주고받는다. 그것은 형식과 내용 측면에서 모두 살펴볼 수 있는 문제이다. 광고는 대중문화에서 보여 주는 내용보다 간결하고 완벽하다. 광고는 대중음악, 영화, 드라마, 애니메이션보다 훨씬 간결하고 명확하다.

광고는 대중문화보다 더욱 완벽하게 스타일을 추구하는 경향이 있다. 광고는 압축적이고 치밀하면서도 전달력이 더 뛰어날 수 있다. 짧은 시간 안에 대중들이 원하는 것 혹은 이상적인 모습을 보여 주어야 하기 때문이다.

짧거나 길거나 간에 혹은 압축적이거나 세밀하거나 간에 광고가 대중문화에 상승-시너지 효과를 주는 것은 분명한 사실이다. 이렇게 상승 효과를 주는 것은 광고와 대중문화가 모두 대중들의 심리를 중요하게 다루고 있기 때문이다. 이러한 심리적 요인의 중요성은 광고가 대중문화에 어떤 영향을 줄 수 있는지를 이해하는 데 핵심적이다.

광고는 소비 시장을 지속적으로 확장시켜야 한다는 태생적 임무를 가지고 있다. 초기 광고 산업은 소비를 효율적으로 창출하기 위해서 사람들의 반응에 관심이 많았다. 광고인들은 사람들의 본능을 제대로 이해하면 상품 구매를 이끌어 내는 데 문제가 없을 것으로 보았다. 사회적 지위, 아름다움, 성취, 자아 발전, 놀이와 재미에 대한 인간의 본능을 중요하게 여겼다. 광고는 특정한 제품을 사용하면 아름다움, 로맨스, 고상함을 얻을 수 있다고 말한다. 이는 대중문화 작품에서도 마찬가지로 나타나는 현상이다. 광고는 그러한 면들을 압축해 담아 대중에게 강한 임팩트를 주며 확산시키는 역할을 한다.

여기에서 중요한 것은 사람들의 심리이다. 알포트가 지적한 '사회적 자아'에 대해서 관심이 많아지면서 단순한 본능에 호소하는 것이 아니라 심리적 요인에 주목하게 되었다. 그것도 사회적인 차원에서 느끼는 심리, 즉 사회적 심리가 매우 중요해졌다. 이러한 사회 심리는 대중문화가 기반으로 하는 중요한 심리적 기제이기도 하다.

예컨대, 광고는 사람들이 대중 사회에서 겪게 되는 공포심이나 좌절감을 이용한다. 만약 개인이 산업 사회에서 불안을 느낀다면, 이것을 광고의 상품과 연결시킨다. 가공 식품에 대한 공포와 경계 심리는 유기농 제품의 광고로 이어졌다. 웰빙을 중요시하는 대중문화를 광범위하게 촉발시켰다. 인종 차별에 대해서 문제의식이 있다면, 그것에 반대하는 영화나 드라마, 대중음악이 나오는 것과 마찬가지다. 컬트 영화를 원용하는 광고 기법은 기존 주류 사회에 대한 불만과 저항을 담기 마련이다. 광고는 사회적 소수자의 대항 문화를 대중화시키는 핵심적인 트리거(방아쇠) 역할도 한다. 사람들이 사회적 차원에서 자아와 개체성에 따르는 개성을 중요시하는 심리를 간파하고 있기 때문이다.

사회적 심리는 사회 구성원들이 가지고 있는 가치 체계와도 밀접하게 연결되기 마련이다. 기존 관습에 얽매이는 여성은 소극적이고 타협적이며 집단적인 모습을 보인다. 반면에, 진보적인 여성은 자유롭고 개인주의적이며, 능동적인 삶의 태도를 보여 준다. 구습舊習의 여성은 단추를 모두 채우고, 길게 늘어뜨린 치마에 숙녀 같은 모습을 보인다. 진보적인 여성은 팔다리를 드러낸 옷을 입고 짧은 머리에 활달한 모습을 보여 준다. 기혼자이면서 조력자인 사람은 구습에 젖은 사람이 되고, 독신이면서 독립적인 생활을 하는 여성은 진보적으로 보인다.

이는 상품 소비의 근본적인 속성에서 비롯한다. 상품 소비는 자아감과 개인주의적인 요소를 기본으로 한다. 이러한 요소를 통해 광고는 대중문화를 상업적이면서도 다종하게 만든다. 이러한 신념과 가치가 만들어 내는 심리적 현상을 광고는 짧고 간결하게, 대중문화 작품들은 길고 세세하게 보여 주는 데서 차이가 날 뿐, 공통 배경은 같다.

　문화는 기본적으로 가치를 포함하고 있다. 이는 대중문화도 예외일 수 없으며, 광고도 마찬가지다. 그런데 이러한 가치는 고정적인 것이 아니다. 사람들의 가치는 끊임없이 변화할 수밖에 없다. 광고는 대중의 가치 체계를 반영하기도 하지만, 적극적으로 창출하기도 한다. 대중이 자신들이 원하는 가치들을 항상 알고 있는 것은 아니기 때문이다. 이러한 가치들은 대중문화 작품들의 중심 가치를 이루면서, 다시 수많은 문화적 현상을 이루어 낸다. 광고에 대중문화적 기법과 양식들이 수렴되거나 확산되는 이유는 바로 이것 때문이다. 물론 그것이 소비를 부추기는 데 목적이 있기 때문에 한계로 작용하는 경우가 상당하고, 따라서 그것을 우려하는 목소리가 큰 것도 현실이다. 무엇보다 광고는 방편이다. 그것 자체가 목적이 아니다. 자본주의 사회의 미디어 문화에서 광고는 없앤다고 없앨 수 있는 분야가 아니다. 아니 인류 역사상 광고가 없었던 적은 없으며, 다른 모습으로 존재했을 뿐이다. 광고에 대한 연구는 대중들이 이상적으로 바라는 유토피아를 추출할 수 있다는 점에 의미가 있고, 나아가 대중 민주주의의 정치적 담론이 시작되는 이미지의 시공간이기도 하다. 대중 민주주의라는 말을 탄 지도자가 할 수 있는 일은 말의 방향을 틀어 주는 것이다.

인디라이터의 심리

최근 인터넷에서 활발하게 활동하는 블로거들이 책을 묶어 내거나, 평범한 사람들이 자서전을 쓰기도 한다. 일반인을 상대로 한 글쓰기 교실이 늘고, 이와 관련된 책들도 속속 출간되고 있다. 이런 책들은 평범한 사람들이 스스로 쓴 것들이다. 이런 책들이 좋은 반응을 얻으면서 이른바 '인디라이터Independent Writer' 들이 예전보다 부쩍 관심의 대상이 되고 있다.

인디라이터는 전문 작가도 아니고, 어느 단체나 조직에 속해 있지도 않으면서 홀로 저술 작업을 하는 이들이다. 이 인디라이터를 위한 전문 강좌가 열리기도 하고, 특히 교보문고는 인디라이터 발굴을 위한 북 카페도 열었다. 〈오마이뉴스〉는 "전방위적 인디라이터 강좌"도 만들었다. 이러한 흐름을 특집으로 다루는 신문 매체도 많아졌다.

인디라이터의 활동 중 최근에 가장 활발해진 것 가운데 하나는 아무래도 자서전 쓰기이다. 흔히 자서전 하면 유명한 사람들의 이름을 떠올리기 마련이다. 힐러리나 오바마, 잭 웰치, 간디 등등 말이다. 하지만 최근의 자서전은 평범함을 생명으로 한다. 예컨대 누구의 엄마이거나 청소부라는 일상생활이 더 강조

63

된다. 유학에 성공한 사람들, 작은 점포로 자영업의 꿈을 이루 거나, 심지어 공모전 수상을 통해 입사에 성공한 청년도 자서전을 쓴다. 왜 이러한 현상이 일어나는 것일까?

우선 사회적인 요인을 생각할 수 있겠다. 〈개그콘서트〉(KBS)에서 "16년 동안, …해 오신~"으로 시작하는 "달인"이라는 꼭지는 전문가 시대의 종언을 담고 있다. 한 분야에서 오랫동안 실력을 닦은 달인, 즉 전문가라고 해서 막상 자세히 보니 곧 엉터리임이 드러난다.

비전문가라고 여겨지는 이들, 즉 생활의 달인을 다룬 텔레비전 프로그램이 인기를 끌고 있는 것은 고무적이다. UCC(사용자 제작물)도 전문가와 비전문가의 경계가 허물어지고 있음을 단적으로 나타내는 것이다. 이를 통해 누구라도 대중적인 인기를 끌 수 있는 사진 전문가, 작가, 영상 제작자로 데뷔할 가능성이 높아졌다.

그 다음으로는 인간의 본성이 사회의 변화와 맞물리는 점을 들 수 있다. 인간은 '의미'를 추구하는 존재이다. 스스로 의미 있는 존재라고 생각하고, 의미 있는 존재로 남고 싶어 한다. 의미 있다고 여겨지는 사고와 행동을 추구한다. 그것을 통해 무엇인가를 빚어내기도 한다.

이 과정에서 탄생하는 것이 '문화'다. 종교, 사상, 문학 그리고 건축과 예술품은 의미를 추구하는 과정에서 빚어진 산물이다. 그런데 인간은 그 의미 추구를 혼자만 담아 두려하지 않는다. 다른 이들과 소통하고 공유하면서, 다시금 의미를 확인하고 평가받으면서 자아 존중감을 높이려 한다. 또한 무엇인가 의미

있는 행동을 했다는 평가를 더 추구한다.

이 때문에 표현의 욕구는 표현할 매개체를 필요로 하게 된다. 그러나 과거에는 이러한 표현의 매개체는 전문가라는 이들이 독점했다. 하지만 이러한 기존 전문가들은 매개체를 가졌음에도 복잡다단하고 다양화된 사람들의 욕구를 제대로 반영하지 못하고 말았다.

오히려 복잡하고 다양해진 일상에서 전문가들은 따로 있는 것이 아니라 그 일상에서 열심히 살아가고 있는 이들이 바로 전문가인 것이다. 그들이 일상에서 겪는 수많은 경험과 그에 따른 성찰은 오히려 전문가의 수준을 넘어 버렸다. 이제 비전문가들도 자신들의 표현 매체를 확보할 수 있게 되었다.

인터넷 상에서 1인 미디어라 불리는 미니 홈피와 블로그는 그들의 일상 경험과 성찰을 담아내면서 수많은 이들과 소통하려 한다. 또한 인디라이터들의 출판물들도 마찬가지로 의미의 소통과 공유라는 맥락에서 이해할 수 있다. 이들의 전자책 출판도 활발해지고 있다. 이를 통해 무엇보다 읽는 사람이 쓰는 사람이고, 쓰는 사람이 읽는 사람이 된다.

물론 그들의 글쓰기는 전문가들보다 테크닉이 떨어질 수 있다. 하지만 그들의 열정과 진정성은 충분히 그것을 뛰어넘는다. 사람들이 원하는 것은 자신의 분야나 선망하는 분야에서 이미 앞서간 사람들의 진솔한 경험과 지혜다. 더구나 리얼버라이어티 쇼에서 알 수 있듯이, 대중들은 생것, 날것에 주목하고 있다.

인위적으로 꾸미거나 연출한 것이 아니라 그냥 그대로인 것을 원하는 것이다. 사투리 열풍이나 촌티가 대중문화 트렌드를 이룬 것도 같은 맥락이다. 전문가들이 팔아먹기 위해 작위적으로 제작한 콘텐츠가 아니라 진정성이 담긴 콘텐츠가 설득력을 얻는 것이다. 따라서 이러한 대중 심리 때문에 출판사나 매체 기획팀들이 인디라이터에 주목하고 있다. 단지 이러한 역설적인 상품성 때문에 주목하는 것은 물론 아니리라.

그들의 삶 하나하나가 우리의 역사이며 문화 콘텐츠이기 때문이다. 나를 되돌아보고 나를 쓴다는 것은 단지 과거와 현재의 자신에만 머무는 것이 아니라 미래의 다른 이들에게 새로운 가치를 주기도 한다. 무엇보다 우리 한 사람 한 사람의 이야기가 모여 거대한 스토리텔링이 되고, 방대한 문화 유산으로 축적된다는 자율적이고 주체적인 심리가 인디라이터 현상에 담겨 있기도 한 것이다.

리얼버라이어티 선호의 심리

1. '쌩' 리얼버라이어티 시대

여름철 납량 특집의 뿌리는 옛적 할머니의 입이었다. 여름밤 모깃불 옆에서 들려주는 할머니의 귀신 이야기는 오금이 저려 뒷간조차 못 가게 했다. 하지만 이런 구전 공포물은 곧 60~70년대 신문과 잡지의 납량 특집 면에 밀리기 시작했다. 납량 특집 면은 다양한 내러티브와 캐릭터를 가진 공포 이야기가 되풀이되는 할머니의 입을 대신했다. 매체에 실린 공포 이야기는 실화임을 강조하면서 귀 아닌 눈을 사로잡기 시작했지만, 여전히 매체를 보는 이들의 상상력에 의존해야 했다. 기껏 삽화나 연출 사진이 공포를 한껏 자극하는 정도였다.

이후 문자와 사진에 머물던 공포물은 〈월하의 공동묘지〉 (1967) 같은 한국형 원혼 영화를 통해 '텍스트'에서 '영상 기호'로 말을 갈아탄다. 그것은 가히 영상 충격이라고 해도 과언이 아니었고, 현대를 살아가는 동시대인들의 뇌리 속에 각인되어 있는 귀신 이미지는 모두 원혼 영화에서 태어났다. 한동안 하얀 소복 귀신들의 향연이 한 세대를 풍미했다. 그러나 공포 영화는 많은 사람이 즐겨 보기에는 공간적 접근성의 한계가 있었다. 이어 텔레비전의 보급으로 안방극장에도 소복 귀신들이 소름깨나 돋게 했다. 대표적 명작이 여러 번 리메이크 된 〈전설의 고향〉 (1977)이다. 이 드라마로 한풀이라는 한국적 공포 스토리가 사회·문화적으로 각인된다. 다종다양했던 귀신의 생김새는 하얀 소복 입은 여성으로 고착된다.

하지만, 매번 되풀이되는 캐릭터는 대중의 흥미를 끌기에는 식상한 것이 되어 버렸다. 80년대 이후 세계화 담론과 더불어 홍콩판 '할매 귀신'은 물론 '강시'가 상륙하고, 할리우드 표 괴물과 살인마, 좀비 등이 납량물을 채우기 시작했다. 한국적 공포물은 없고, 귀신도 수입하느냐는 애국적인 목소리도 나왔다. 그러나 사람들은 공포물에 국적을 묻지 않았다. 공포 자체가 중요했고, 공포 캐릭터는 관심이 적었다.

90년대 말 이후, 납량물은 제작진의 머리로만 만든 드라마·영화 속 허공의 공포에서 일상으로 걸어 나오기 시작했다. 일반인의 괴기 체험담을 재연하거나, 스타 공포 체험을 담은 TV 납량물이 쏟아졌다. 원혼 영화는 일상 속 '슬래시slash 시네마'로 대체되는 경향도 강해졌다. 슬래시는 '깊이 베다'라는 의미를 지니고 있다. 이런 영화에서는 인간의 몸을 얼마나 잔혹하고 다채롭게 파괴하는지가 공포 영화의 요건이 되었다. 그러나 대중성은 떨어졌다. 한국적 정서에는 아직 익숙하지 않았다. 더구나 TV에서는 슬래시 장면들이 걸러지면서 대중 납량물로는 결핍 판정을 받았다.

이제 영화에서 아무리 잔혹하고 기기묘묘한 살인마와 플롯이 나와도 사람들은 '쫄지' 않는다. 2009년에 공포 영화는 맥을 쓰지 못 했다. 2010년에도 그다지 나을 것 같지는 않다. 대신 관객은 무대로 향한다. 대학가에는 해마다 '공포 연극'이 각광 받고 있다. 이제 미디어를 매개물로 삼아 느끼는 것이 아니라 공포 상황으로 관객이 뛰어든다. 할머니가 들려주시듯 생생함이 느껴지는 것을 원한다. 많은 공포 체험 동호회도 이를 증명한다. '쌩' 리얼버라이어티 납량물이 오락 프로그램의 단골이다. '광장의 육체 접촉 시대'에는 공포도 몸과 피부로 직접 느껴야 성립되는 것일까.

2. 리얼버라이어티의 진화 심리학

〈패밀리가 떴다〉, 〈1박 2일〉, 〈무한도전〉과 같은 리얼버라이어티 프로그램이 인기 오락 프로그램의 상위권을 차지하고 있다. 한 여론 조사 전문 기관에 따르면, 리얼버라이어티 프로그램에 출연한 연예인에 대한 응답 가운데 78.9%가 호감도가 높아졌다고 대답했다. 리얼버라이어티 프로그램에 대한 대중적 선호가 그만큼 긍정적임을 알 수 있다. 다만 좀 더 생각해 볼 점도 있다.

흔히 국내 리얼버라이어티 쇼 프로의 기원을 외국에서 찾는데, 특히 미국에서 시작한 것으로 여기는 경향이 있다. 리얼버라이어티 프로의 시초는 유럽이었다. 1999년 네덜란드 상업 채널 베로니카Veronica가 만든 〈빅 브라더Big brother〉다. 〈빅 브라더〉는 조지 오웰의 소설 『1984』에 나오는 감시 체제를 가리킨다. 이와 비슷하게 〈빅 브라더〉 프로그램은 10명의 참가자를 100일 동안 28대의 카메라로 중계 방송했다. 전혀 꾸미지 않은 상황의 생생함 때문에 반응은 폭발적이었고, 수많은 나라로 수출했다. 이 성공에 따라 리얼리티 프로그램들이 생겨났다. 2000년 미국에서 제작된 〈서바이버 *Survivor*〉는 16명의 참가자가 상금 12억을 두고 생존 경쟁을 벌이는 프로였다. 이른바 경쟁형 리얼리티 프로그램의 시작이었다. NBC 〈어프렌티스 *Apprentice*〉는 부동산 재벌 도널드 트럼프가 출연자에게 임무를 제시하고, 완수해 최종 승리한 이를 그가 소유한 회사의 CEO로 고용했다. 〈프로젝트 런웨이〉는 경쟁을 통해 디자이너로 데뷔할 수 있는 기회를 주었고, 〈도전 슈퍼모델〉은 화장품 모델로 활동할 수 있는 계기를 제공했다. 이러한 프로그램들은 모두 일반인들을 주로 출연시켰다.

지금 한국에서 인기를 끄는 프로그램들은 리얼버라이어티 쇼 프로그램이다. 그럼 리얼버라이어티와 리얼리티 프로그램은 어떻게 다른 것일까? 리얼리티 프로그램은 연출되지 않은 생생한 모습만을 보여 준다. 하지만 리얼버라이어티 프로그램은 말 그대로 다채로운 내용을 보여 준다. 노래와 춤, 개그에 이어 토크쇼, 드라마 방식에 다큐의 형식이 가미되기도 한다. 전체 틀은 하나의 과제를 풀어가는 방식이기 때문에 퀴즈쇼이자 게임 프로그램이 된다. 이렇게 원래의 리얼리티 프로그램에는 일반인들이 많이 참여하지만, 한국에서 유행하고 있는 리얼버라이어티 프로그램에는 전문 예능인들이 독점 출연한다. 이렇게 다른 이유는 별 게 아닐 것이다. 일반인들이 높은 수준의 다채로운 볼거리를 매주 보여 주기는 힘들기 때문이다. 한국에서는 전문 예능인들이 자연스럽게 스스로 볼거리를 만들어 내도록 하는 리얼버라이어티 방식을 선택했던 것이다. 초기에 미국에서 유행한 〈아메리칸 아이돌〉이나 〈팝 아이돌〉을 모방한 〈서바이벌 스타 오디션〉 같은 프로그램들은 주목을 받지 못했다. 아마추어 엔터테이너들이 보여 줄 수 있는 콘텐츠에는 한계가 있었기 때문이다.

한국에서 본격적으로 리얼버라이어티 쇼 프로그램의 장을 연 것은 〈무한도전〉이다. 이른바 〈무도〉는 6명의 출연진이 야외에서 매주 일정한 과제를 수행하면서 자연스러운 웃음과 재미를 주었다. 이른바 미워할 수 없는 개구쟁이들이 만드는 상황을 통해 캐릭터 리얼버라이어티 프로그램의 효시가 되었다. 〈1박 2일〉은 〈무한도전〉의 야외 공간성을 확장해 야생 리얼버라이어티 쇼를 표방해 주목을 받았다. 출연자들이 전국 방방곡곡을 다니면서 보여 주는 야영지의 체험과 여정은 답답한 일상의 도시인들을 잠시나마 해방시켰다.

〈패밀리가 떴다〉는 〈1박 2일〉보다 한층 더 나아가 여성 출연자들도 적극적으로 영입하고, 연령도 다양화했다. 마치 가족들이 주말 여행 체험기를 전하는 것 같은 방식으로 리얼버라이어티의 포맷을 확장했다. 여기에 〈우리 결혼했어요〉는 가상 연예인 커플을 통해 결혼으로 벌어지는 다양한 상황을 생생하게 전달하면서 인기를 끌었다. 그것은 자신들의 아바타가 만들어 내는 진짜 같은 결혼 생활의 우연한 에피소드를 흥미진진하게 보려는 대중 심리 덕분에 가능했다. 이렇듯 리얼버라이어티는 끊임없이 진화하고 있다.

왜 이러한 프로그램들이 인기를 끄는 것일까? 시청자들은 이제 연출되거나 가식적인 내용을 보고 싶어 하지 않는다. 범람하는 가공된 것보다는 꾸미지 않은 자연스러운 상황을 즐기고 싶어 한다. 특히 많은 대중들이 연예인들의 소탈하고 인간적인 면에 더 관심을 보인다. 그들의 망가진 모습이나 실수를 더 진실하게 여긴다.

하지만 이런 프로그램에 정말 무대본, 비연출의 진실만 있는 것인지는 따져 봐야 한다. 현실보다 더 재미있는 현실을 보여주기 위해 대본이나 연출 혹은 출연자들이 인위적으로 만들어 내는 상황도 많다. 〈패밀리가 떴다〉가 대본과 설정 논란 때문에 시청률이 하락한 것은 이 때문이다. 제작진의 부정과 변명은 상황을 더 악화시켰다. 무엇보다 리얼리티 쇼 프로그램이 일반인들을 적극적으로 참여시키는 방송의 개방성을 지향했다면, 지금 리얼버라이어티 쇼 프로그램은 전문적인 예능인으로 한정하는 폐쇄성을 보인다. 무엇보다 그들이 수행하는 과제나 임무는 지엽적이고 흥미 위주의 것이다. 일부 출연자들의 독식 출연으로 다른 예능인들이 출연할 여지도 줄여 놓았다. 더구나 요즘 급속하게 식상해지고 있다. 리얼버라이어티 쇼는 그 말부터 허구적일 수 있다. 쇼는 연출하는 것이기 때문이다. 아무리 지금 인기가 있다고 해도 리얼버라이어티는 애초 리얼리티 프로그램의 생명인 진실성을 다시금 되새길 필요가 있다. 그런 면에서 〈1박 2일〉이 2009년 한 해 동안 매번 30%가 넘는 시청률을 기록한 것은 내용에서 공공성을 강화하고, 일반 시청자들의 참여를 확대했기 때문이라는 점을 재인식해야 한다. 이러한 점은 이후의 어떤 콘텐츠에서도 계속 유지되어야 할 것이다.

대중문화 속 순수한 어린이와 그 역설

'순수한 여배우'라는 칭호에 기분 나빠할 사람은 없다. 흔히 순수함은 선한 쪽이거나 도덕적·윤리적으로 우월한 것으로 평가받는다. 물론 그 이면의 모습도 있다. 우선, 대중문화에서 '순수함'은 호의적으로 선호되는 가치다. 순수라는 개념은 불순보다 긍정적인 가치로 보이기 때문이다. 나아가 '순수함'은 사회적 정의이고, 사회적 선善이다. 악한 존재는 선과 정의의 순수함을 부각시킨다. 특히, 어린이들에게는 악을 멀리하고 선을 가까이 하도록 한다. 어른들은 어린이가 항상 좋은 것, 옳은 것만을 보고 들어야 한다고 말한다. 어린이는 순수해야 한다. 따라서 그러한 내용을 담은 영화나 만화만을 보아야 한다고 말한다. 어린이용이라는 딱지는 순수 그 자체를 상징한다. 현실을 왜곡해서 순수한 면을 과장해도 문제가 되지 않는다. 어린이가 순수함을 잃는다는 것은 사회질서의 붕괴를 의미한다.

이러한 순수함의 논의로 어린이들에게 다가가는 것이 할리우드의 디즈니다. 디즈니가 상업적으로 성공할 수 있었던 것은 바로 이러한 '순수함'의 소멸에 대한 대중의 두려움을 심리적으로 활용한 전략 때문이다. 이제 그것이 어디 그들만의 논리일까. 그들은 그들이 내세운 순수함의 논리를 콘텐츠로 만들어 전 세계로 수출했고, 다른 나라와 대륙에도 많은 영향을 미쳐 그곳에 내재화시켰기 때문이다.

우선, 그 논리는 순수함이 사라져 이제는 찾아볼 수 없는 지경에 이르렀다고 한다. 예를 들면, 이런 말이다. "현대 사회는 순수성을 잃고 영악해져만 가고 있다." 특히 말세의 논리 중 하나는 어린이의 순수성 상실이다. 따라서 어린이만큼은 순수성을 찾아야 한다고 말한다. 어린이의 순수성은 어느새 인류의 희망이 된다.

순수성을 디즈니의 세계가 찾아주는 것으로 보인다. 디즈니랜드는 순수의 왕국이다. 돈을 내면 순수 공화국의 시민이 된다. 그런데, 디즈니 만화 영화를 보고, 그들의 캐릭터를 좋아하고, 소비하고, 소유하면, 순수성을 찾을 수 있는 것일까?

인류 역사 이래로 기성세대가 어린이, 나아가 청소년들이 문제없다고 한 적은 없다. 기성세대는 항상 새로운 세대에게 "요즘 아이들은"하며 혀를 차기 마련이다. 앞 세대의 눈에 새로운 세대는 모두 다 각종 범죄, 임신, 음주, 흡연, 성적인 일탈들로 얼룩져 있는 것으로 보인다. 항상 순수성을 잃은 이들이다. 기성세대들은 항상 그들이 순수성을 회복해야 한다고 주장한다.

이러한 상황에서 어린이들은 항상 죄의식을 갖게 된다. 순수하지 않기 때문이다. 그러한 죄의식을 벗어나려는 듯 디즈니 영화나 캐릭터를 순례하고 바라본다. 그것이 어린이들의 천부적 의무라고 여겨진다.

하지만 강조하면 할수록 순수함은 오히려 그 순수함에 갇히게 된다. 순수성을 강조하는 논리는 결국 사회에 대한 비판을 금기시한다. 사회를 비판적으로, 아니 삐딱하게 보는 이는 순수한 사람이 아니다. 늘 참고 부드러운 태도를 보이는 것이 순수함이다. 따라서 능동적인 의사 표현과 참여를 통해 스스로 주체가 되지 못하고, 수동적이고 적당히 타협하는 존재가 된다. 또한 특정 관점에서 의식적으로 행동하는 것은 결코 순수할 수가 없다. 순수함을 유지하기 위해서는 다양한 역사적·사회적 맥락을 버려야 한다. 이는 다른 형태의 정치적 이데올로기다. 정치적이 되지 말라는 것이 또 하나의 정치적 입장을 대변하는 것과 마찬가지다.

순수함은 현실을 왜곡하고 사회의 거짓을 진실로 만들면서 불만을 해소하는 데 사용된다. 사회적 갈등을 봉합한다. 아도르노는 정체성과 저항 의식을 잃어버린 사람들은 언제라도 대학살을 할 수 있는 이들과 맞서 싸울 수 있는 능력을 잃게 될 것이라고 했다.

디즈니 만화는 이러한 대학살을 다루지도 않을 뿐만 아니라 그것을 그리 심각하게 보지도 않는다. 심각하거나 적나라한 진실보다는 환상 속 순수의 공간에 지속적으로 머물도록 한다.

이러한 순수함을 지켜내면 선한 편이 되고, 복을 받으며, 성공한다는 순수함의 이데올로기 아닌 이데올로기를 만들어 낸다. 할리우드의 많은 순수한 영화와 만화들은 이렇게 어린이들에게 현실에는 존재할 수 없는 순수성이라는 환상을 제공하고, 이러한 환상을 통해서만 충족될 심리적 요소를 끊임없이 공급한다. 순수함을 통해 어린이들에게는 감성을 자극하고, 어른들에게는 마치 잃어버린 가치를 복원해 주는 것처럼 여기게 만든다. 할아버지와 할머니는 손자들에게 그러한 영화를 제공해 주면 자신들의 역할을 다한 것으로 생각하고 스스로 흡족해 한다.

〈인어공주〉(1989), 〈미녀와 야수〉(1991), 〈알라딘〉(1992), 〈라이온 킹〉(1994), 〈포카혼타스〉(1995), 〈노트르담의 곱추〉(1996), 〈헤라클레스〉(1997), 〈뮬란〉(1998)은 모두 순수함에 대한 열망과 그리움으로 충만해 있다.

마술적인 환상과 특수 효과, 밝은 음악이 버무려진 할리우드의 순수함은 순수의 감성을 건드리면서 어린이들에게 감동을 주는 데 그치지 않는다. 일종의 도덕적 행동 원칙이 된다. 순수함은 매우 강한 힘이 있기에, 순수하기만 하면 모든 문제들이 해결되는 듯이 결론 맺는다. 순수함은 악의 무리를 물리치고 한순간에 세상을 변혁시키는 원동력으로 비친다.

세상을 지키고 변화시키는 유일한 힘은 순수함이고, 심지어 어린이가 그 중심에 있다고 여기게 만든다. 현실적으로 무력한 존재가 그 공간에서는 유일하게 전지전능한 희망이 된다. 어린이가 주인공인 로봇 만화의 심리도 이러한 면과 연결된다.

로봇 만화에서는 대개 변신과 합체로 갑자기 거대한 로봇이나 비행체가 만들어진다. 그때마다 어린이들은 열광하기 마련이다. 작은 몸이 모여 큰 힘을 갖게 되고 어떠한 상대도 물리칠 수 있게 되니 신나는 일이기도 하다. 거대한 로봇을 조종하는 아이는 차가운 금속 기계의 영혼을 상징한다. 거대하고도 차가운 로봇을 움직이는 존재가 작은 아이라는 것은 역설적이다. 현실에서는 무기력한 아이가 만화 속에서는 막강한 힘을 지닌 로봇을 조종하고 있기 때문이다.

그러한 점은 대개 영웅의 탄생과 연결된다. 순수한 영웅이 승리하는 세상에 대한 갈망을 담고 있다. 현실이 엉망인 것은 순수함을 잃었기 때문이고, 꼬여만 가는 일상은 자신이 순수하지 않아서 현재 벌을 받아 불행하다고 여기도록 한다.

이러한 심리적 태도에서 이루어지는 복잡다단한 갈등과 충돌은 실제로 부딪쳐 해결하는 능력을 저하시킨다. 일정한 목적-갈등 해결을 위해서는 여러 가지 방안을 마련하거나 머리를 써야 한다. 이른바 전략을 짜야 하는 것이다. 이것은 순수해 보이지 않는다. 순수는 목적이나 의도를 가지기보다는 선한 마음으로 상대를 용인하고 포용하는 것으로 여겨지기 때문이다. 그렇지 못한 자신은, 순수함을 강조하는 논리의 관점에서 볼 때, 죄를 짓는 것이 된다. 결국 어린이들에게 순수함은 죄의식을 불어넣어 주는 원동력이 된다.

물론 영화 속의 순수함은 현실에서 상처받은 이들의 치료 공간이 되기도 한다. 상처를 받은 사람이 많을수록 순수함의 담론은 더욱더 각광을 받는다. 무엇보다 자신들의 순수함이라는 신념이 틀리지 않았다는 것을 확인시켜 주는 공간이 된다. 사람은 순수하고 선하게 살려는 존재이다.

그러나 현실과 이 순수의 공간은 너무나 다를 수밖에 없고, 그 괴리감은 다시 죄의식을 낳는다. 순수함에 얽매이는 사람은 언제나 현실 문제에 주저하게 된다. 어릴 적에 순수하게 자라야 한다고 교육받은 이들일수록 현실에서는 수동적이고 주체적이지 못한 사람이 된다. 예를 들어, 불의에 맞서 행동하지 못하는 일이 역설적으로 벌어질 수 있다. 이는 다시 죄의식으로 연결된다. 불의에 대항하지 못했기 때문이다.

경제 활동도 마찬가지다. 대개 순수함은 경제적 이익이나 부와 일정하게 거리를 둘 것을 주장한다. 돈을 생각하는 마음은 순수하지 않다고 주입하기 때문이다. 자본주의 사회에서 돈을 간과할 수 없음에도 불구하고, 순수함을 지향하는 반反경제적 논리는 돈을 필요로 하는 사람에게 죄의식을 불어넣는다. 즉, 돈을 많이 벌고자 하는 이들을 공격하고, 가난한 생활을 찬양하게 만들지만, 현실적으로 자신은 돈을 중요하게 여길 수밖에 없다는 사실에 괴로워한다. 아무리 빈곤이나 가난의 철학을 찬양한다고 해도 마음은 허허롭기만 할 뿐이다.

순수를 강조하는 대중문화 콘텐츠는 순수를 마치 종교처럼 받드는 이들을 기반으로 성업한다. 세상이 잘못되어 있다고 위안 삼도록 만든다. 세상에 자신을 맞추고자 하기보다는 세상을 자신에게 맞추려다 자신의 욕망을 공격한다. 그리고 자학하고 죄의식에 휩싸인다. 자신의 내면에서 솟아나는 금전에 대한 욕망을 넘어서 자신의 존재 자체에 대한 자학으로 이어진다.

한편, 이러한 순수는 과거를 그리워하게 만든다. 과거는 항상 순수하다고 여기기 때문이다. 반면에 현재는 항상 불순하고 타락했다고 여기게 한다. 하지만 현재는 항상 과거가 된다는 것을 잊게 만든다. 과거는 찬양의 공간, 아름다움의 나라처럼 보이지만, 과거에도 불순은 있었고, 갈등도 있었다. 과거는 안전한 공간일 뿐이다. 현실보다 허구가 더 생동감 있게 만든다는 보드리야르의 말처럼, 현재보다 과거는 더욱더 아름답고 환상적이다.

아니, 그렇게 믿고 싶은 것인지도 모른다. 현실이 너무나 참혹하기 때문이다. 디즈니의 문화 콘텐츠가 만들어 내는 공간은 마치 실제로 존재하는 것처럼 어린이들에게 환상을 만들어 내는데, 그렇지 않다는 점을 인식하기까지 상당히 많은 시간을 소요해야 하는 것이 어린이의 운명 아닌 운명이다.

순수의 콘텐츠는 어린이들에게 도피적인 환상, 빡빡하고 끝이 보이지 않는 부모의 규율과 학교의 통제에서 벗어나 아름다운 자신들의 세계를 보여 준다. 그러한 세계에서는 어린이들이 전적으로 주인공이 된다. 더구나 그러한 공간은 마술과 온갖 기이한 능력이 통하는 세상이다. 낭만적인 모험은 물론 고난과 성취, 사랑과 이별, 죽음이 강렬하게 한꺼번에 체험된다. 더구나 이국적이고 낯선 세계의 경험까지 제공한다. 그 가운데 온갖 사랑과 성공의 주인공을 자신과 동일시한다.

현실에서 무력한 어린이일수록 그러한 상상의 세계에 빠질 가능성이 높다. 순수하지 않은 사회에서 순수함을 절대적으로 꿈꾸는 상처받은 사람이 많을수록 순수함의 콘텐츠는 호황을 누리기 마련이다. 그러나 이러한 작품들을 만드는 이들은 순수한 의도를 가지고 있지 않다는 역설이 존재한다. 순수함은 상업적으로 대성공을 거두어야 의미가 있기 때문에, 순수함이라는 것을 선별하는 작업에 이미 순수함은 없는 것이다. 처음부터 순수함은 환상에서 시작해서 환상으로 끝난다. 다만 그것을 강조하거나 부각시키지 않는 것에 그 본질이 있다.

드메 신드롬

"드메 신드롬Deme Syndrome"하니 어렵게 느껴지지만, 간단하다. 연상녀와 연하남의 성적 사랑, 섹슈얼리티를 가리키기도 하지만, 폭넓게 연상녀-연하남이 커플을 이루는 풍조를 가리킨다. 19세기 초 파리 청년 드메가 연상의 여인에게만 사랑을 고백하고 다녔던 데서 유래한 말이라는데, 정확하지는 않다. 드메가 쫓아 다녔던 여인 중에는 쇼팽의 연인이면서 소설가였던 조르주 상드도 있었다. 나폴레옹 1세와 조세핀, 쇼팽과 상드가 각각 여섯 살 차이였다고 한다. 릴케와 루 살로메는 14살의 나이 차이가 나지만, 오랫동안 연인 관계였다.

드메 신드롬은 한국에서는 2000년을 전후로 연상의 여성과 결혼하는 남성이 늘어나면서 사용되기 시작했다. 그 예로 교사(김하늘)와 학생(김재원)의 사랑 이야기를 다룬 드라마 〈로망스〉를 꼽을 수 있다. 텔레비전 드라마, 영화, 대중가요 등에서 이러한 드메 커플을 반영하기 시작했다. "롤리타 신드롬"과는 상반되는 현상이다. 나이 많은 남성이 어린 여성에게 열광하는 것과 정반대이기 때문이다.

문희, 김정훈 주연의 영화 〈꼬마 신랑〉(1970)은 영화 속 드메 커플의 원조가 아닐까 싶다. 사실 연상녀-연하남 커플은 우리 나라에서는 낯선 말이 아니다. 역사적 혹은 경제적 이유 때문에 조혼 풍습이 있었기 때문이다. 1993년 장선우 감독의 〈화엄경〉 은 당시 열한 살이던 오태경을 선재동자 역에 출연시켜 요녀 마니(이혜영)와 키스신, 첫사랑인 이련(김혜선)과 정사신을 하도 록 했다. 물론 종교적 관점이기 때문에 허용되었다.

박철수 감독의 영화 〈녹색의자〉(2003)는 현실에서 도피한 유 부녀와 소년의 파격적 사랑을 다루었다. 〈올드미스다이어리〉 (예지원-지현우), 〈찜〉(김혜수-안재욱), 〈친절한 금자씨〉(이영애-김시 후), 〈정사〉(이미숙-이정재) 등이 연상 연하였고, 영화 〈섬〉과 〈거 미숲〉에도 드메 커플이 등장했다. 영화 〈바람 피기 좋은날〉에 서 극중 유부녀인 김혜수는 남편의 외도에 맞서 대학생 이민기 를 유혹해 불륜을 저지른다. 〈가족의 탄생〉에서 고두심-엄태웅 커플은 심한 경우였다. 고두심이 어머니로 보였기 때문이다. 김 정은이 학원 강사로 등장했던 〈사랑니〉에서 학원 강사 김정은 은 고교생을 사랑했다. 〈소년, 천국에 가다〉의 꼬마 박해일은 과부 염정아를 짝사랑했다.

드라마도 빼놓을 수가 없다. 〈열여덟 스물아홉〉(박선영-이중 문), 〈거짓말〉(배종옥-이성재), 〈오달자의 봄〉(채림-이민기), 〈여우 야 뭐하니〉(고현정-천정명), 〈사랑에 미치다〉(이미연-윤계상) 등이 드메 커플로 화제를 모았다. 〈소문난 칠공주〉에서 연상녀인 이 태란을 짝사랑하는 박해진의 드라마상 이름은 아예 '연하남' 이었다. 이외에도 〈행복한 여자〉(문정희-강지섭), 〈거침없이 하이 킥〉(박해미-정준하), 〈메리대구 공방전〉(이하나-지현우), 〈8월에 내리는 눈〉(추상미-조동혁), 〈황금신부〉(홍은희-김경식), 〈강남엄마 따라잡기〉(유준상-하희라) 등이다.

2006년, 〈발칙한 여자들〉의 유호정과 이기우의 나이 차이는 무려 12살이었다. 〈여우야 뭐하니〉에서 고현정과 천정명은 9살 차이였다.

2008년, 〈조강지처클럽〉에서 37살의 주부 나화신(오현경)은 남편의 외도로 이혼을 하고 의류 매장 점원으로 일하다가 본사로 발령을 받게 된다. 근무하다가 만난 본부장 구세주(이상우)가 연하이다. 그를 통해 나화신은 멋진 커리어우먼으로 변신하게 되는데, 둘은 10살 가까이 차이가 난다. MBC 주말극 〈천하일색 박정금〉은 김민종과 한고은, 배종옥의 '은근한 삼각라인'을 형성했다. 극중에서 아이를 잃어버린 박정금(배종옥)과 부모에게 버림받은 아픔이 있는 한경수(김민종)가 서로에게 비슷한 연민을 느끼며 애정 라인을 형성했다. 배종옥(44)과 김민종(37)은 실제로 7살 차이였다.

2009년, 〈내조의 여왕〉에서 지애(김남주)를 사랑한 태준(윤상현)은 두 살 어렸다.

케이블 채널에서는 드메 커플을 정면으로 다룬 '게임'도 등장하였다. 성공한 연상 여성에게 도전하는 연하남의 고군분투기가 벌어지는 서바이벌 게임이다. 영화, 드라마, 방송 프로만이 아니라 실제로도 연상연하 커플들이 늘어나고 있는데, 인식이 많이 바뀌었다는 것을 방증한다. 남자 친구가 어리다고 하면 90년대 초반에는 너무 어리지 않냐, 어떻게 애랑 노느냐고 했다. 2000년대에는 "와! 너 능력 있다. 너무 좋겠네!"라고 한다는 우스갯말도 있다.

최근 한 취업 포털이 실시한 남성 직장인 대상의 조사에서 '연상의 여자'를 좋아한다는 응답이 28%였다. '3~4살 연상'이 25.4%, '3~4살 연하'는 21.4%, '1~2살 연상' 18.0%, '1~2살 연하' 12.8% 순이었다. 통계청의 혼인 통계 자료도 연상녀-연하남 부부가 늘고 있음을 보여 준다. 10년째 연상녀-연하남 커플이 증가하고 있다. 2006년에는 100쌍당 13쌍에 가까웠다. 1995년 8.7%에 그친 연상녀-연하남 부부는 2006년에는 12.8%로 증가했다. 초혼 부부 가운데 남자가 연상인 경우는 71.9%로 10년 전보다 8% 줄었지만, 여자가 연상인 부부는 12.8%로 같은 기간에 4.1%나 증가했다. 드메 신드롬이 빚어낸 연상녀-연하남 부부에는 재혼 증가 현상이 한몫하기도 했다. 재혼녀와 초혼남이 증가하고 있기 때문이다.

드메 신드롬이 사회적으로 확산되는 이유는 무엇일까? 문제는 경제력이다. 여성들이 연상남을 선호하는 이유에는 의지할 수 있는 존재라는 측면도 있지만, 무엇보다 경제력이 자리하고 있었다. 그런데 여성들의 사회 진출이 늘어나면서 경제력과 사회적 지위를 갖춘 여성들이 애써 연상남을 선호할 이유가 없어지고 있는 것이다. 오히려 자신에게 부드럽게 대해 주는 남성을 더 선호할 수 있다. 여성의 입장에서 보면, 나이가 어린 남성은 권위적이지 않다. 여자들의 이상형이 마초 이미지에서 다정하고 부드러운 남자, 훈남으로 바뀌었기 때문에 더욱 그러하다.

『내 남자는 연하남』이라는 책을 쓴 일본의 여성 문제 전문가 하이시 가오리에 따르면, 연하남은 연상남에 비해 로맨틱하고,

열린 사고방식을 갖고 있으며, 젊은 감각을 지녀 유행에 뒤처지지 않도록 한다. 평등한 부부 관계를 만들 수 있고, 또한 여자보다 은퇴가 늦어 노년에 경제적 지원자가 된다는 말도 한다. 여성의 기대 수명이 높기 때문에 노년의 수명 균형이 맞는다는 지적도 있다. "드메 신드롬"은 이렇게 문화적 주체가 되려는 여성들의 움직임이 대중문화에 적극적으로 반영되고 있음을 보여 준다. 하지만 이렇게 여성들의 행동에서만 "드메 신드롬"이 비롯되고 있는 것은 아니다.

남성들의 입장에서 보면, 남성들은 의지할 수 있으면서 경제적으로 여유가 있는 여성을 찾고 있다. 이는 이제 남성들이 사회적으로 성공하기가 매우 힘들다는 점을 방증하고 있는 것은 아닐까? 초식남 현상은 바로 이러한 점을 보여 준다. 초식남과 같이 경제적 열세로 인해 결혼은 하지 못하고 연애만 하는 남성들이 증가하고 있으며, 결혼 상대자로 경제력을 뒷받침해 줄 수 있는 연상녀도 마다하지 않게 되는 것이다. 남성이 여성을 보호하고 지켜야 한다는 생각은 이제 허물어지고 있다. 나이는 숫자일 뿐 자기감정에 충실하면 될 것이다. 그러나 염두에 두어야 할 것은 아직도 연상남이 압도적으로 많다는 사실이다. 마음 같아서는 연하남과 살고 싶지만, 현실적으로 연하남이 따르지 않기 때문에 괴리가 있는 것도 사실이다. 경제력이 나아졌다지만 한 남성을 끝까지 책임질 만한 수준은 아니며, 지금은 직장생활을 하고 있지만 마음 편히 일을 하기에는 직장 환경이 버겁기도 하다. 더구나 진화 심리학의 관점에서 보았을 때, 대부분의 여성은 경제적 책임보다는 자아실현 차원에서 직장 생활을 영위한다.

또한 나이가 많은 노총각일수록 2세를 생각해서 20대 여성을 선호한다는 통계 조사도 있다. 어차피 사랑의 감정에 이해관계가 개입하는 것이 현실이다. 한편으로, 여성이 사회를 완전히 장악한 것처럼 "드메 신드롬"을 몰아가는 것은 기득권을 지키기 위한 또 다른 전략인지도 모른다.

아침 드라마는 왜 비도덕적인가

아침 드라마의 정체성

아침 드라마는 소프 오페라의 정체성과 일치하는 면이 있다. 아침 드라마는 소프 오페라에서 뻗어 나온 장르 아닌 장르이기 때문이다. 본래 소프 오페라soap opera는 낮 시간대에 가정주부를 대상으로 방송되는 연속 멜로드라마를 말한다. 말 그대로 하면, 비누 오페라라는 뜻을 지니고 있다. 소프트한 내용으로 인기를 얻었기 때문에 붙여진 이름으로 생각하는 경향도 있는데, 처음에 비누 회사에서 스폰서를 했기 때문에 붙은 이름이다.

한국의 아침 드라마는 일본의 아침 드라마를 모태로 하고 있다. 텔레비전 아침 드라마는 일본에서 1961년에 처음 선보였다. 태평양 전쟁 전후에 방송되었던 라디오 소프 오페라의 인기에 힘입은 바 컸다. 처음에 드라마 대본이 아닌 인기 연재소설을 원작으로 하여 제작되었다. 이미 대중적 인기를 얻은 작품을 토대로 하면 시청률 면에서 안정적일 수 있었기 때문이다.

라디오 소프 오페라의 영향을 받아서 드라마의 중간 중간에 내레이션이 삽입되었다. 이러한 면에서 한국에서 방영된 'TV 소설' 시리즈가 아침 드라마의 전형이라고 할 수 있다. 한국에서는 이러한 드라마를 2000년대에 들어서서 시청할 수 있었다.

일본 아침 드라마의 사회적 배경을 검토하면, 그것으로 한국 아침 드라마도 가늠할 수 있을 것이다.

일본에서 아침 드라마는 현대와 전통을 잇는 역할을 했다. 근대화로 인해 전통 사회는 변화할 수밖에 없었다. 여성도 여기에서 예외가 될 수 없었다. 향상된 여성의 지위로 인해 여성도 사회적 활동을 활발히 하게 되었다. 하지만 가정 안에서는 여전히 효와 희생정신, 인내, 모성이라는 전통적인 가치를 강조했다. 현대와 전통의 동거, 즉 하이브리드 형태를 보였다. 여성, 특히 기혼 여성들이 많은 고민을 했다. 이를 반영한 것이 아침 드라마였다.

현대적 가치와 전통적 가치, 그리고 현대적 세계관이 충돌하는 정점에 아침 드라마가 있었다. 중간에서 적절하게 균형점을 찾는 경우도 있었고, 그렇지 않은 경우도 있었다. 전통적인 가치관을 옹호하면서 새로운 변화를 비판적으로 보는 경우도 있었다. 혹은 갈등 관계만을 집중적으로 보여 주면서 흥미를 자아내다가, 결말은 유야무야되는 경우도 있었다. 그럼에도 아침 드라마는 비교적 모범적인 여성상을 보여 주려고 하였다.

'개인의 자아 발전이냐, 가족을 위한 희생이냐'라는 고민은 마치 여성이 숙명처럼 받아들여야 하는 과제로 보이기도 한다. 숙명이라는 단어만큼 드라마에서 극적인 긴장감을 주는 것도 드물다. 어쩌면 아침 드라마는 여성의 숙명에 대한 이야기인지도 모른다.

원래 아침 드라마의 목적은 자녀와 남편이 나가고 난 뒤 주부들에게 재미있는 프로그램을 제공해 주는 것이었다. 이 때문에 전업 주부들이 공감할 수 있을 만한 소재와 주제, 그리고 그들의 일상을 중심에 둘 수밖에 없었다.

아침 드라마는 주부들이 텔레비전 브라운관이라는 좁은 공간을 통해 사회를 바라보는 창 역할을 했다. 드라마 인기가 높을수록 삶의 교본이 되었다. 많은 사람들이 동의하는 것 혹은 자신이 타당하다고 여기는 드라마는 전적으로 선택의 지침이 되었다. 이는 드라마가 가진 절대적인 영향력을 말해 주는 것이다. 이럴수록 주부들은 드라마 속에서 이상적인 역할 모델을 찾게 된다. 이상적인 가족, 이상적인 인간관계들을 드라마에서 모색한다. 그것을 찾았을 때는 현실에서 실현해 보자 하는 마음을 갖기도 한다. 아침 드라마에서 보여 주는 이상적인 가족상은 결국 현실에서 이루어야 하는 가족이다.

드라마는 사람들의 '결핍 심리'에 파고들어 그 생존 기반을 마련한다. 시청자는 주인공에게 동일시와 감정이입을 하게 된다. 여주인공의 꿈이 반드시 시청하는 여성과 일치할 필요는 없다. 다만, 꿈을 가지고 그것을 어떻게 이루어 가는지가 중요하다. 많은 주부들이 자신의 꿈을 이루지 못 한 채 가정에 갇혀 있다고 생각하기 때문이다. 이 때문에 주인공이 억눌리거나 좌절당한 꿈을 역경에 굴하지 않고 이루어 가는 과정은 호응을 받는다.

현실에서 여성들은 자신의 일과 가정의 일 중 하나를 포기해야 하는 순간에 직면한다. 일은 욕망, 즉 꿈이 될 것이다. 하지만 여성들은 육아와 교육 그리고 집안일도 간과할 수 없는 현실에서 살고 있다. 현실에서는 두 가지를 다 잘하기가 버겁지만, 드라마에서는 직장 일도 잘하면서 가사와 육아도 잘하는 여성이 자주 보인다. 나도 할 수 있다는, 잘해 나갈 수 있다는 신념을 불러일으키기도 한다.

아침 드라마에서 중요한 것은 자유 의지이다. 자아가 있으면 자기 스스로 주체적으로 사고와 행동을 하려는 의지가 있다. 기존의 도덕 · 윤리 원칙들이 지배하는 가족은 자신의 자유 의지를 통해 꿈을 이루는 데 방해가 된다. 따라서 전통적 가치, 문화 규범, 가족이 자신에게 부과하는 온갖 불합리함과 억압을 극복하고 마침내 자신의 꿈을 이룬다는 설정은 주부들의 관심을 끌 수밖에 없다. 물론 이때 단골로 타파의 대상이 되는 것은 유교주의적인 가치관과 사고방식이고, 이에 바탕을 두고 있는 가족 제도 혹은 관계일 것이다. 그러나 전적으로 전통 규범을 부정하지는 않는다. 반 발짝만 나간다.

아침 드라마는 자유 의지와 새로운 가족의 형성에서 겪게 되는 외로움과 소외감에 주목한다. 대개 여성에게 결혼이란 다른 집으로 들어가는 것이다. 낯선 사람들, 낯선 장소에서 익숙함을 만들어야 하는 것은 쉽지 않은 일이다. 더구나 새 가족들이 우호적이지 않다면 고난의 가시밭길이다. 이 때문에 여성들은 그러한 새로운 가족 관계에서 드라마의 주인공이 겪게 되는 장애와 고통에 동일시와 공감을 크게 느낀다. 기혼 여성 중에서도 특히 연배가 높을수록 오랜 세월의 경험이 투영된 드라마에 공감하는 부분이 많을 것이다.

아침 드라마에서는 주인공에게 박해와 고통을 강화하는 경향이 있는데, 그것은 그만큼 꿈을 이루는 것이 힘들다는 점을 부각시키기 위해서이다. 그것은 꿈을 이룬 주인공의 성공이 갖는 가치를 더욱 크게 한다. 그 가치가 클수록 그것에 동의하는 주부들은 더 많은 감동의 눈물을 흘리게 된다.

마지막으로, 왜 아침 드라마는 비도덕적이고 비윤리적인 내용을 주로 다루는 것일까? 예를 들면, 삼각관계, 불륜, 가정 파탄, 패륜 등과 같은 내용들 말이다. 비도덕적이고 비윤리적인 부분은 본래 개인의 사랑을 추구하는 전통적 가치관과 자유를 추구하는 현대적 가치관 사이의 갈등에서 비롯한다. 기존의 가치관에서 새로운 가치관으로 이동하는 가운데 비도덕성 시비에 이른다. 간통은 현재 비도덕적이다. 하지만 머지않아 간통죄가 폐지되면, 문화적 심리도 많이 바뀔 것이고, 드라마에도 이 점이 반영될 것이다.

그런데 지금의 아침 드라마는 자극적인 내용으로만 일관하고 있다. 처음에 등장하게 된 맥락을 생각하지 않기 때문이다. 즉, 전통과 현대의 가치관 차이를 생각하지 않고 단순히 소재만 취하였기 때문에 아침 드라마에는 자극적이고 비도덕적인 내용이 대부분을 차지하게 된 것이다. 아침 드라마는 고정적으로 10%대의 시청률을 보이는 장르이다. 따라서 방송사는 적은 제작비로 별다른 노력 없이 안정적으로 시청률이 나오는 데 만족한다. 그러다 보니 특정 소재만 다루면 시청률이 고만고만하게 나오는 장르라는 인식이 깊다. 그렇지만 방송 3사가 경쟁을 하다 보니, 똑같은 포맷에서 차별화해 눈길을 끌어야 한다. 이 때문에 자극적이고 감각적인 요소를 부각시키게 된다. 따라서 맥락 없는 근친상간, 불륜, 출생의 비밀, 삼각관계가 남발한다.

아침 드라마는 여성이 겪고 있는 딜레마 상황에서 사고와 판단의 기준점을 제공해 인기를 끌었다. 그러나 어느 순간 장르와 소재만 남고 현실적인 고민들은 반영하지 않게 되었다. 일부에서는 육아와 교육 같은 진지하고 의미 있는 주제를 다룬 아침 드라마들이 전패를 했으므로 더 이상 어쩔 도리가 없다고 말한다.

지루함이 좋은 영화의 필수 요소는 아니다. 예술 영화, 아니 작품성 있는 영화는 따분한 것이 특징이라고 하지만, 작품성 있는 영화가 모두 지루한 것은 아니다. 영화는 재미있어야 사람들이 많이 본다. 재미있으면 몰입을 더 할 수 있기 때문에 많은 사람들에게 그 영화의 메시지를 더 효과적으로 전달할 수 있다. 아무리 내용이 좋아도 전달되지 않는다면 그 의미를 찾기란 어려울 것이다. 드라마는 재미를 기본으로 한다. 그러나 재미가 목적이 될 수는 없다. 재미는 중요한 메시지와 주제의식, 삶의 성찰 등을 전달하기 위한 부드러운 윤활유이다. 재미 수준이 아니라 감각적인 자극만 있는 경우에는 결국 '공유의 비극'을 낳는다. 지금은 시청률이 높아도, 찰나적인 자극으로 인해 소모적인 시청 행위가 일어나고 공허감이 심화되면 아침 드라마는 외면 받게 된다. 갈수록 아침 드라마의 시청률이 떨어지고, 시청자 사이에서 화제가 예전같지 않은 상황은 이를 방증하고 있다.

왜 불치병 멜로가 범람하나

1. 멜로는 왜 자꾸 사극으로 도망가나

2007년 말에서 2008년 초에 방영되었던 드라마 〈못된 사랑〉
이 별다른 주목을 받지 못하고 종영했다. 멜로드라마의 퇴조 현
상을 증명했다. 드라마 〈불새〉의 작가라는 타이틀도 별다른 효
과를 보지 못했다. 〈못된 사랑〉만의 문제는 아니다. 작가나 피
디 혹은 권상우와 이요원의 탓만은 아닌 것이다.

멜로드라마가 성공한 예를 근래 찾아볼 수 없기 때문이다. 그
럼 이제 멜로드라마는 종말을 고하는 것일까? 어떤 이들은 대중
과 관객들은 멜로를 보고 싶어 하는데, 잘 만든 멜로물이 없다
고 말한다.

예를 들면, 영화 〈너는 내 운명〉과 같이 눈물샘을 자극하는
작품을 기대한다는 말이다. 이 영화에서는 에이즈에 걸린 여자
주인공이 등장한다. 에이즈는 불치의 질병이다. 자신의 뜻과는
관계없이 찾아오는 죽음의 질병. 이 불가항력적인 불치의 질병
은 멜로의 대표적인 소재이다. 뜻하지 않은 병으로 둘의 사랑이
깨질 위기에 처하면 보는 이들은 눈물을 흘린다. 이제 이 질병
을 빼고는 남아 있는 멜로의 요소는 없어 보인다. 그래서 범람

하는 불치병들, 아니 기기묘묘한 병들이 비판의 도마에 오르기 십상이다. 너무 많이 나오는 것이 문제다. 사랑을 방해하는 결정적인 요인이 모두 질병이니 재미가 없고 식상해져 시청자의 외면을 받기 일쑤다. 그런데도 질병은 계속 나온다. 다른 대안이 없어 보이기 때문이다. 더구나 죽음에 대한 공포는 감동을 이끌어 내는데 여전히 안정적이다.

본래 멜로는 불가항력적인 원인으로 빚어지는 비극적인 사랑의 이야기를 중심에 두는 장르이다. 전쟁, 신분 격차, 불가항력적인 재난, 개인이 감당할 수 없는 사회적 격변, 그리고 한 사람의 힘으로는 어쩔 수 없는 상황으로 인해 둘 사이의 사랑이 커다란 장애를 겪게 되는 과정에 초점을 맞춘다.

한국의 멜로드라마가 강하다는 지적이 나오는 이유도 이와 같은 특징 때문이다. 그간 우리의 역사나 사회·정치적 상황이 격동적이었던 만큼 이로 인한 주인공들의 비극적 사랑을 잘 그릴 수 있었다. 하지만 이러한 요소는 이제 생명력이 없다.

기존의 멜로가 보인 점들에 비추어 본다면, 한국 사회는 이제 안정적이고 고착화된 사회로 되어 가고 있다. 기존의 멜로 공식에 충실한 작품은 21세기인 지금에 맞지 않는 멜로가 된다. 시간과 공간, 사회는 변했는데, 과거의 멜로 공식을 대입하니 호응을 받지 못한다. 웬만한 내용은 관념적이고 추상적이며, 소설이나 영상에서만 존재하는 내용의 오마주에 불과하다. 요컨대 멜로는 당대 현실에서 태어난 것인데, 이제 멜로드라마는 관념적인 멜로 공식에 따라 만들어질 뿐이기 때문이다.

멜로는 이제 사극 장르로 도망가 그곳에 안착했다. 〈다모〉, 〈태왕사신기〉, 〈이산-정조〉, 〈왕과 나〉, 〈대조영〉은 멜로 사극이다. 고전적인 멜로 요소는 과거형의 사극에서 가능하다. 신분 차이에 막힌 사랑, 불가항력적인 사회 격변과 전쟁 속에서 비극적이거나 애달픈 사랑을 그릴 수 있기 때문이다.

예컨대, 드라마 〈대조영〉의 핵심 이야기는 고구려와 거란이라는 다른 출신 민족, 신분 차이, 그리고 전쟁 사이에서 대조영과 초린, 그리고 이해고 사이의 엇갈린 운명과 사랑이다. 사실상 멜로가 중심인 것이다. 그것이 높은 시청률을 보였던 큰 요인이었다.

정말 지금 우리 사회는 비극적 사랑을 만들어 내는 불가항력적인 원인들이 없는 것일까? 지금 멜로 장르가 퇴조를 보이는 것은 우리 사회에서 사랑을 가로막는 요소가 무엇인지에 대한 탐색과 정리가 없기 때문은 아닐까.

양극화로 인한 상대적 박탈감, 비정규직과 실업 등 생존의 불안이 대한민국 사람들의 뇌리에서 떠나지 않는 지금에 사랑을 가로막는 일이 무엇인지 다시금 고민할 시점이다. 멜로는 단순히 사랑타령의 통속극이 아니라 당대의 인간 사이를 가로막는 사회적 풍경을 그려야 하기 때문이다. 그렇지 않다면 그것은 멜로가 아니라 그냥 러브스토리이다. 드라마와 연관 지어서 좀 더 구체적으로 살펴보자.

2. 멜로의 사회 심리 변화

90년대 초반(1991-1992), 드라마 〈여명의 눈동자〉는 자신의 의지와 상관없이 일제 수탈, 이데올로기의 갈등과 대립, 불가항력적인 역사적 사건 때문에 서로 갈라서야 했던 두 남녀의 사랑과 이를 지켜보는 또 다른 주인공이 이야기 전개의 중심을 이루었다. 일제 침략과 이데올로기의 갈등으로 인해 평범한 사람들이 어떻게 아픔을 당했는지를 보여 주는 것. 그것이 한동안 근현대사를 다룬 시대극이나 영화의 단골 소재였던 적이 있다. 이제는 그러한 소재가 먹히지 않는 것일까?

〈여명의 눈동자〉 이후 15년이 흐른 2000년대 중반, 〈서울 1945〉(2006)는 〈여명의 눈동자〉보다 더 구체적인 인물 구도와 복합적인 사건 전개를 보여 준다. 이 작품 역시 일제 침략기와 좌우로 나뉜 이데올로기 속에서 남녀 주인공의 사랑 이야기가 중심을 이루고 있다. 이른바 멜로의 형식을 취하고 있는데, 왜 별다른 감동을 주지 못 한 것일까? 그것은 멜로에 대한 정체성이 흔들리고 있었기 때문은 아닌지 생각해 보게 만든다.

언젠가 어느 기자에게서 전화가 왔다. 요점은 이렇다. "텔레비전 오락 프로그램 안의 멜로에 대해서 어떻게 생각하십니까?" 사실, 처음 들어보는 말이었다. 정확하게 말하면 생소한 문장이었다.

단어는 익숙했다. '멜로'나 '오락 프로그램'과 같은 단어는 더욱 그러했다. 마침 옆에 있던 평론가에게 "텔레비전 오락 프로그램 안의 멜로"를 들어본 적이 있느냐고 물었다. 역시 금시초문. 더구나 그분은 극작을 전공했고, 드라마 작가 출신이었다. 공교롭게도 그날의 대화 주제가 이 시대의 멜로였다. 알고 보니 그 기자가 말한 내용은 연예인들의 짝짓기를 말하는 것이었다. 연애, 사랑의 구도를 멜로라고 본 것이다.

멜로는 멜로드라마의 줄임말이다. 애써 어원을 따지자면, 그리스어인 멜로스(melos: 노래)와 드라마(drama: 극)의 합성어라고 할 수 있다. 원래는 등장인물의 말과 말 사이에 음악을 넣은 데서 비롯했다. 지금이야 드라마나 영화에서 많이 쓰이지만, 본래 공연 예술에서 많이 쓰였다. 프랑스 혁명 이후 멜로드라마는 황금기를 누리는데, 이성과 합리성을 강조하는 사회 분위기가 슬픈 사랑의 감정을 자아내게 만들었기 때문이다. 그로 인해 음악을 반주로 사용한 감성적인 통속적 애정극으로 개념화되었다. 그런데 이 멜로드라마에는 중요한 요소가 하나 있다. 바로 불행이나 고난이다.

연인의 사랑이 이 불행과 고난 때문에 차단당한다. 그런데 중요한 것은 불행이나 고난이 자신들 때문에 벌어진 것이 아니라 불가항력적인 원인 때문에 일어난다. 예를 들어, 전쟁 때문에 사랑하는 연인들이 헤어지거나, 신분 차이 때문에 사랑을 이어갈 수 없는 것들이 이에 해당한다. 일제 침략 행위나 분단도 불가항력적이다.

또한 절대 권력자에 연인을 빼앗기는 것도 통제할 수 없는 불행이나 역경이다. 작품들에는 두 사람 사이를 갈라놓거나 한쪽 연인을 쟁취하려는 악역이 자주 등장한다. 여성을 두고 벌어지는 삼각관계에서 남자 주인공은 가난하거나 비천한 계층인 경우가 많다. 관건은 이러한 불행이나 고난을 뚫고 두 연인이 사랑을 이어가느냐이다. 요컨대 단순히 사랑 이야기가 등장한다고 해서 멜로는 아닌 것이다.

특히 외부에서 강제로 주어진 고난 때문에 위기에 처하는 사랑은 더 애절한 감정을 불러일으킨다. 〈여명의 눈동자〉에서 대치(최재성)와 여옥(채시라)은 자신의 의지와는 관련 없이 불가항력적인 고난과 장애 속에서 사랑의 애절함을 이어간다. 일제 수탈과 징발, 전쟁 속에서 애달픈 사랑이 이어지는 것이다.

90년대 중반, 〈모래시계〉(1995)에서 정치권력과 경제 권력에게 이용당하는 밑바닥 인생 태수(최민수)와 부유한 집 출신의 혜린(고현정)의 고난스런 사랑은 사람들을 눈물짓게 하였다. 2000년대 초반 〈올인〉(2003)에서는 정치-경제 권력과 조직 폭력배의 음모 때문에 인하여(이병헌)-수연(송혜교)의 사랑이 더욱 안타까워 보였다.

그러나 2006년을 지나 2007년에 와서 애정 드라마는 불치병의 천국이 되었다. 불가항력적인 역사 사회적 사건이나 운명이 퇴장한 것이다. 〈러브스토리 인 하버드〉에서 백혈병에 걸린 수인(김태희)과 현우(김래원)의 사랑은 눈시울을 뜨겁게 했다. 최진실은 〈장밋빛인생〉에서 위암 말기의 맹순 역을 열연했다. 〈투명인간 최장수〉에서 최장수(유오성)는 알츠하이머병으로 눈물샘을 자극했다. 여기에 각종 교통사고에 기억 상실증이 범람한다. 각종 질병과 사고, 상실증이 범람하는 드라마의 고질병은 이전 멜로의 실종에서 비롯되는 것으로 보인다. 사랑을 애달프게 하는 불가항력적인 장치로 질병이나 사고는 안성맞춤이다. 아직도 인간이 어떻게 해볼 수 없는 불치병은 많다.

거꾸로, 이제 사랑에 독재와 전쟁 같은 외부적 강제력은 없다고 여기기 때문인가. 이는 공동체나 사회 역사적 의미와 가치보다는 개인적, 가족적 가치들이 우선되는 현상과 맞물려 있다.

현대는 멜로의 요소가 실종되었으니 과거로 간다. 그래서 등장한 것이 바로 권력, 전쟁, 신분 차이를 바탕으로 한 무협 멜로 사극이다. 〈해신〉과 〈다모〉가 대표적이며, 〈황진이〉, 〈연개소문〉, 〈대조영〉, 〈주몽〉이 이를 잇고 있다.

어쨌든 이 시대 멜로의 정체성은 혼란스럽다. 하지만 사회 역사적 모순은 사라지지 않았다. 다만 가려져 있을 뿐이다. 그것을 일부라도 드러낸 것이 드라마 〈아이리스〉였다 이 드라마에서 남북 분단 상황이 남녀의 비극적 사랑을 낳았다. 구체적으로 말하면, 사랑을 가로막는 것은 분단을 이용해 자신의 이익을 추구하는 군산 복합체 조직인 '아이리스' 였다. 두 연인의 비극적 사랑은 분단 체제에서는 누구나 행복한 삶을 파괴당할 수 있다는 근본적인 모순을 상징하는 것이었다. 드라마 〈아이리스〉에 첩보 멜로라는 이름을 붙일 수 있을 것이다.

사회가 불안할수록 사랑 드라마가 인기?

드라마의 심리, 죽음 선호 심리

드라마와 영화, 연극, 오페라는 현실을 따라하고 흉내 내며, 놀이와 유희를 포함한다. 세상에 대한 탐색을 한다든지 새로운 사실이나 현상에 대한 탐구를 모색하기도 한다. 새로운 경험을 통해 삶의 의미들을 찾으려는 인간의 본능과 마음을 담는다. 이를 통해 사물을 인식하거나 지각하는 능력을 증대시킨다. 정신적인 영역을 확장하려는 사람의 심리를 반영하기도 한다. 기쁨과 슬픔, 두려움과 공포 같은 인간의 감정을 충족시킨다. 일정한 상황에서 겪게 되는 등장인물의 처지를 통해 여러 가지 삶의 의미들을 보여 준다. 물론, 작품과 보는 이들은 일정한 거리를 확보하고 있다. 일정한 안전선 뒤에서 온갖 정서적 경험을 한다.

대중적인 작품들에는 죽음이 많이 등장하는데, 왜 죽음이 이러한 작품들에 많이 등장하는가. 과연 죽음이라는 것을 빈번하게 경험하는 것은 우리에게 무슨 도움이 되는가. 사랑과 죽음이 많이 등장하는 이유는 "정서적 속성의 원리principle of emotional attribution"로 이야기할 수 있다.

드라마와 같은 작품들의 주요 목적은 사람들에게 강렬한 정서적, 감성적 경험을 주는 것이다. 만약 작품을 통해 삶을 보는 것이 삶의 연습이라면, 작품 속의 죽음도 사전 연습일지 모른다. 사랑하는 사람, 친한 사람, 존경하는 사람의 죽음이 등장하는 작품들은 미리 겪어 보지 않은 사람들에게 연습을 가능하게 한다. 우리가 아는 사람들의 갑작스런 죽음 앞에서 우리는 한없이 허둥댈 수 있다. 현재는 안전한 거리를 두고 죽음을 관찰하고 있지만, 그것은 관찰의 대상이 아니라 실제로 경험하고 맞부딪칠 일이다. 단지 삶의 연습만이 아니라 다른 측면의 내용도 제공한다. 그것 중 하나는 죽음을 통해 현재의 삶을 더욱 의미 있게 살도록 동기 부여를 한다는 점이다. 공포의 상황을 벗어나면 사람들이 일상의 소중함을 새삼스럽게 느끼는 것과 마찬가지다.

샤흐터Schachter 교수가 1959년에 실험을 통해서 밝혔듯이, 사람들이 위험한 상황에 처하고 호된 시련을 겪으면 강한 애정이나 결속력을 보인다. 불안은 사회적인 결속력을 증가시킨다. 테러범에게 잡힌 인질들이 경찰과 대치하는 가운데 인질범에게 친밀감을 느끼는 것도 마찬가지다. 공동의 위협에 직면하면 결속의 충동이 강렬해지는 것이다. 죽음은 인간을 포함한 생물체가 겪게 되는 공통의 요소이다. 죽음은 모두에게 두렵고 공포스럽다. 죽음은 소멸에 관한 위협이므로 불안을 일으킨다. 자기의 죽음만이 두려움과 공포의 대상이 되는 것은 아니다. 사랑하는 사람의 상실 또한 원하지 않고 일어나지 않았으면 하는 일이다. 이러한 불안과 공포의 죽음이 극 속에서 펼쳐지는 것을 보는 이들은 공감과 함께 강한 결속력을 갖게 된다.

더튼Duton과 아론Aron의 1974년 실험에서, 남성은 평지보다는 200피트의 높이에 있는 곳을 건널 때 여성 리포터에게 더 애정을 보였다. 군대에 간 남성들은 잘 연락하지도 않던 여자 후배나 여자 동창들에게 전화를 한다. 자신들이 겪는 불안함을 누군가와 연대를 통해 해소하려고 한다. 기왕이면 여성이 제격일 것이다. 그러나 그것이 사랑의 감정인지는 모르겠다. 그러다가 계급이 올라가고 제대하면 연락을 끊는다. 이미 불안한 상황이 끝났기 때문이다. 군인이 고무신을 거꾸로 신는 것은 불안과 긴장의 해소와 권태기가 맞물려서 그럴 수도 있다. 남성이 입대하고 난 뒤에 닥쳐오는 불안에 울고불고 하는 여성들도 그 불안이 해소되면 고무신을 거꾸로 신는다.

확실한 것은 사람이 심리적으로 불안하거나 두려움을 느낄 때 다른 이들에 대한 관심과 연대의 욕구가 증가한다는 것이다. 그렇기 때문에 사회적으로 불안하고 뒤숭숭할 때 공동체적 유대와 같은 마음 따뜻한 이야기에 사람들이 관심을 많이 갖게 된다. 가족애, 이성 간의 사랑, 부부애, 혹은 지역 사람들, 공동체적 정신을 발휘하는 드라마나 영화, 연극들이 각광을 받는다. 독재라는 엄혹한 시기에 개인보다는 공동체와 사회적 연대를 강조하는 것도 마찬가지다. 민중가요, 굿, 풍물놀이, 마당극, 탈춤이라는 공동체적 문화가 각광을 받은 것은 이 때문일 것이다. 물론 사회적으로 불안하지 않고 고민거리가 적다면 개인주의가 팽배할 수 있다. 다만, 사회적 지지나 연대가 없으면 개인의 자유는 증가하겠지만, 개인의 외로움과 고독감도 따라서 증가

할 수밖에 없을 것이다. 외로움과 고독감은 자살로 이어질 가능성이 높다. 유럽의 복지 국가들의 높은 자살률이 그것을 말해준다. 복지 정책에서 개인의 권리 보장과 함께 공동체의 연대의 문화가 중요해지는 이유다.

한국인과 김수현 현상

김수현은 한국 드라마계의 1세대에 속하는 작가이다. 데뷔 당시 재미삼아 라디오 극본에 응모했다지만, 라디오 드라마 전성기를 넘어서 한국의 모든 드라마의 틀을 만들었다고 해도 과언이 아니다. 거꾸로 한국 드라마에 문제가 많다면 그러한 문제는 1세대에게 있다. 1세대의 드라마를 끊임없이 자기 복제한 것이 한국 드라마의 역사이다. 그 1세대의 중심에 김수현이 있다. 김수현 드라마가 21세기에 들어와서도 여전히 통하는 것은 한국 드라마의 원류이기 때문이다. 하지만 김수현 드라마가 한류의 중심에 있지 못한 것은 한국인들의 특수성에 함몰되어 있는 것이 그 이유일 것이다.

김수현 작가는 동물적인 작가이다. 인간의 본능, 아니 동물의 본능을 잘 알고 있으며, 인간이 숨기고 싶은 감정이나 느낌을 직설적으로 내쏟는다. 무엇보다 자신의 관점과 세계관을 자신의 언어로 자유자재로 구사할 수 있는 보기 드문 작가이다. 따라서 어디에''도 볼 수 없는 대사들을 접할 수 있다. 이러한 언어는 인간의 본능을 자극한다.

그러한 대사들에는 인간에 대한 지독한 불신이 들어 있다. 물론 그것은 현실일 수도 있다. 인간에 대한 냉소와 불신에서 오는 가학성은 인간의 쾌감을 증가시킨다. 그런데 그것을 가부장적 질서로 바로잡고 싶어 한다. 또는 프로이트와 같이 본능을 이성으로 통제하고자 한다.

눈길을 뗄 수 없는 감각적 상황의 전개를 위해 그의 드라마에서 갈등은 끊임없는 연속성의 비틀기를 이룬다. 상황은 항상 극단적으로 치닫는다. 감히 이야기할 수 없는 상황을 보여 준다. 현실 가능성은 부차적이다. 약자의 편에서 강자로 규정된 대상에 대한 공격이 속사포와 같이 이루어진다. 그 강자는 대개 남성이다.

이건 시청률 확보에 매우 중요한 요소이다. 그 강자에 대한 폭력과 가학, 독선은 매번 합리화된다. 갈등과 분란은 궁금증을 더하지만, 결말은 봉합에 그친다. 그의 드라마에 해법이 없는 이유가 있는 듯하다. 현실에서 출발한 것이 아니라 직관에 따른 느낌, 그리고 동물적 본능에 충실하기 때문이고, 작가의 머릿속에서 시뮬레이션 되었기 때문이다.

또한 애초에 해결점을 지향하는 것이 아니라 갈등을 통한 궁금증을 일으키는 데 목적이 있기 때문이다. 즉, 연속극 작법에 아주 적합한 작가이지만 시나리오에는 적합하지 않다. 2009년 10월, 영화 〈하녀〉의 리메이크 작업에서 도중하차한 것은 이 맥락에서 해석되기도 한다. 이상하게도 볼 때는 재미있는데 끝나고 나면 남는 게 없는 이유도 이 때문일 것이다. 개인적으로 김수현 드라마를 두고두고 보았다는 사람을 거의 보지 못했다.

김수현 드라마를 극단적으로 싫어하는 사람도 분명 있다. 그

화법이나 캐릭터 자체를 접하기만 해도 싫어하는 이도 있다. 그들이 왜 김수현 드라마를 싫어하는지에 대해서도 주목할 필요가 있다.

1. 〈사랑과 야망〉

〈사랑과 야망〉(2005)이 초반에 기대했던 시청률이 나오지 않자, 일부에서는 시대 탓이라고 했다. 분명 20년 전에는 현대극이었는데, 지금은 시대극이기 때문일까. 하지만 시대극이라는 이유만으로 뒤쳐질 이유는 없다. 시대극도 잘 만들면 대박이다. 여기에서 시대 탓은 시대에 뒤떨어진다는 의미가 될 것이다. 시대에 뒤떨어졌다는 것은 대개 사회적 의미에 따른다. 예를 들어, 고시에 합격하는 것과 같은 개천에서 용 나는 식의 성공 스토리는 너무나 식상하다는 것이다. 〈사랑과 야망〉을 이렇게 사회적인 차원에서 분석할 수도 있다.

앨빈 토플러는 『제3의 물결』에서 이렇게 말했다. "한국은 계층 이동성이 매우 크기 때문에 신분 상승이 매우 자유롭다. 그래서 한국의 젊은이들은 열심히 일한다." 그가 원고를 쓸 때는 1970년대 후반. 2005년의 한국의 상황은 비관적이다. 젊은이들의 신분 상승, 그러니까 사회적 성공은 그리 만만하지 않다. 더구나 60-70년대를 뒤돌아보면 만화만도 못한 꿈같다. 태준과 태수의 성공 스토리는 젊은 세대들에게는 너무나 비현실적일 수 있다. 더구나 〈사랑과 야망〉이 대히트를 치고 난 뒤에 수많은 드라마들이 비슷한 설정으로 시청률을 많이도 챙겼다. 이 때문에 정작 원판을 다시 반복하니, 오히려 원판이 처음 같은 주목을 끌지 못했다.

하지만 그 시대를 산 이들에게 〈사랑과 야망〉은 과거는 아름답다는 금언을 확인시켜 주는 드라마이다. 중장년층이 드라마를 선호하는 이유이기도 하다. 요컨대, 〈사랑과 야망〉의 시청률에는 추억에 대한 그리움이 담겨 있다.

현대극 〈사랑과 야망〉을 보던 초등학생은 이미 30대를 넘겨버렸고, 20대는 50을 바라보고 있다. 이때 〈사랑과 야망〉은 추억을 반추하는 드라마이다. 과거 속에 빠진 대중문화 혹은 드라마가 유행하던 차에 〈사랑과 야망〉은 가족이 추억을 되새기는 드라마로 손색이 없다. 드라마와 당시 상황에 대한 추억이다.

그때와 같은 풍경이 많으면 더욱 추억에 젖게 된다. 〈사랑과 야망〉의 작가와 연출가, 그리고 내용도 변함이 없으며, 연기자는 다르지만 등장인물들은 꼭 같다. 이 때문에 재창작보다는 리바이벌 작품이라는 인상을 주기도 했다. 이렇게 되면 확실한 마니아층을 확보하게 된다. 곧 안정적인 시청률을 확보할 수 있게 되는데, 김수현 드라마를 좋아하는 팬들이 포함되기 때문이다.

오히려 후반부로 갈수록 시청률이 올라가는 것은 현실감이 떨어지는 성공 스토리와 역정에서 벗어나 있기 때문이다. 여기에 김수현식 뒷심이 크게 작용한다. 그럼, 사람들을 열광하게 만드는 뒷심은 무엇인가. 이는 김수현 드라마의 특징이 제대로 보여지기 시작했다는 말과 통한다. 그것은 바로 김수현식 드라마의 대화법과 인물의 트위스트형 관계 설정이다.

후반에 이를수록 〈사랑과 야망〉은 이 김수현식 대화법과 인물 구도가 미묘하게 꼬여 가는 인간관계를 바탕으로 했다. 드라마의 중심에는 고부간의 갈등, 이혼, 양육, 불륜, 음모, 삼각관계 등의 갈등 관계가 놓여 있다. 여기에서 중요한 것은 인물들에게 나름대로의 명분을 주는 것이다. 이러한 명분 위에 작가는 약자의 폭포수 같은 공격을 허용하고, 그것이 통쾌하게 반응하게 만든다. 사람들이 정자와 같이 지지리 고생하고 버려지는 조강지처의 삶, 아이를 빼앗기는 미자의 눈물에 동일시하는 이상, 보는 이들은 드라마의 마력에서 벗어날 수 없다.

〈사랑과 야망〉은 말 그대로 사랑과 야망 사이에서 사람과 사람이 상처를 주고, 그 상처에 다시 상처를 입는다. 처음에 상처는 보이지 않지만, 한 번 보이면 뼈까지 그 끝장을 보인다. 그러한 상처에 울고 웃으면서 등장인물의 관계는 극단적으로 이어진다. 〈사랑과 야망〉의 인물들은 사건의 축적을 통해 갈등의 명분을 하나씩 쌓아간다. 그리고 그 명분이 거대하게 축적될 때 봇물과 같이 내쏟는다. 이 과정에서 나르시시즘을 보인다. 눈물과 한이 서린 자기 위안적인 대사는 동일시한 시청자들에게 표현할 수 없는 카타르시스를 준다.

현실을 대리 만족시키는 면도 지닌다. 현실에서 사람들은 자신이 싫어하는 이들, 혹은 자신과 갈등 관계에 있는 사람들과 잘 이야기하지 않는다. 불만과 한을 제대로 이야기하지 않고 속으로 쌓아두기만 한다. 그러나 김수현식 드라마는 현실과 반대다. 주인공들의 행동은 극단적 설정과 감정 해소의 일방통행을 위한 명분 쌓기다. 〈사랑과 야망〉은 대립각의 인물들이 주기적으로 부딪치게 만든다. 그래서 이른바 끝장을 본다. 다시 말하면, 극단적으로 치닫는 상황을 설정함으로써 대립되는 캐릭터를 맞부딪치게 만들어 놓는다. 이를 통해 현실에서 말하지 못하는 이야기들을 서로 내쏟게 만든다. 미묘하고 혼돈스러웠던 상황은 그들의 대사를 통해 언제나 말끔하게 정리되고, 교훈도 얻은 느낌이 든다. 상황은 명확하고 전선은 선명해진다. 때로는 적과 아군도 분명해진다. 물론 현실을 그렇게 단순명확하게 재단할 수는 없다.

그럼에도 다시 고통을 당하는 인물들의 상황은 갈수록 꼬여만 간다. 한쪽은 성공가도를 달리고, 다른 한쪽은 극단으로 추락한다. 현실에서 그러한 상황에 처하기는 싫지만, 드라마에서는 그러한 상황에 처한 인물들이 어떻게 될지 궁금하다. 이러한 구도를 이끌어갈 수 있으려면 인간의 극단적인 심리를 꿰뚫어 보아야 한다. 사람이 지닌 아주 이기적이고 자기방어적인 심리는 물론 약자의 공격성이 얼마나 가공할 위력을 지니며, 그것이 대중들에게 폭발적으로 작용하는가도 잘 알고 있어야 한다. 이것을 인정하고 싶지 않은, 애써 보기 싫은 이들은 김수현 드라마 혹은 〈사랑과 야망〉의 안티 팬이 될 확률이 높다.

2. 〈내 남자의 여자〉

어느 감자탕 집에 갔더니 아줌마 종업원들이 쪼르륵 앉아 한 드라마에 눈길을 주고 있었다. 손님이 오는지도 모르는 것 같았다. 한 교수가 요즘 죽겠다고 한다. 아내와 딸이 드라마에 빠져있기 때문이란다. 그 드라마를 보면서 "저 놈 죽일 놈"이라고 하는데, 그 '죽일 놈'의 직업이 문제였다. 교수 왈, "하필이면 그 녀석 직업이 왜 교수냐고 참내." 여하튼 한쪽에는 삼매경을,

다른 쪽에는 불쾌함을 주는 이 드라마가 김수현의 〈내 남자의 여자〉(2007)이다.

시사 주간지의 한 기자가 전화를 해왔는데, 이번 특집이 김수현의 불륜 드라마란다. 그동안 김수현의 불륜 드라마가 많았으니 묶어서 특집으로 다루려고 한단다. 그러나 김수현이 불륜을 정면으로 다룬 적은 거의 없다. 불륜을 중간 중간에 하나의 이야기 틀로 사용하기는 했다. 사실 이런 점 때문에 불륜을 정면으로 다룬 〈내 남자의 여자〉는 기대감과 궁금증을 불러일으켰다. 도대체 봇물처럼 쏟아지는 다른 불륜 드라마와 어떻게 차별화시킬 것인가.

마침내 뚜껑이 열리자 의외로 간단한 결론을 안겨주었다. '김수현 드라마'로의 회귀였다. 〈부모님 전 상서〉나 〈홍소장의 가을〉에서 보여 주었던 '탈' 김수현 표 드라마의 특징은 〈사랑과 야망〉과 〈눈꽃〉을 거쳐 〈내 남자의 여자〉에서 사라졌다. 김수현 드라마의 '하이드'가 부활한 것이다.

한 방송에서 김수현을 비판했더니, 프로그램 작가는 후폭풍에 대해 염려했다. 여러 대중문화 전문 기자를 만나 봤지만, 모두 김수현을 극찬했다. 비판적이고 진보적인 매체를 자임하는 매체에서도 그녀는 하나의 전통이자 신화였다. 평론가들조차 김수현을 비판하지 않았다. 왜 그럴까. 그럴 수밖에 없는 이유가 있다. 김수현 드라마는 철저하게 약자의 편에서 공격을 진행하기 때문이다. 하지만 김수현 드라마에는 밝은 지킬 박사 안에 숨겨진 하이드가 있다.

우선, 〈내 남자의 여자〉의 시청률을 끌어올린 것은 김상중과 김희애의 에로틱한 불륜 장면이 아니라 폭력성, 대사의 선정성, 가학성이 분출되는 장면이었다. 이러한 장면은 약자의 한풀이로 정당화되므로, 드라마의 몰입감은 증가한다. 여기에서 약자는 여자이고, 강자는 남자이다. 남자는 항상 갈등과 분란의 제공자이다. 남성은 욕망의 존재가 아니며, 무성적 존재여야 한다. 그러면서도 모든 이들을 포용하고, 질서를 잡아 주어야 한다. 김수현 드라마에 역설적으로 대가족과 가부장적 남성이 빈번한 이유이다. 여주인공들은 모두 남성의 사랑에 집착한다. 조강지처도, 팜므파탈의 악녀도 마찬가지라 둘은 같은 한 몸이다. 결국 조강지처론 강화에 한몫한다.

또한 여주인공들은 매우 깊은 나르시시즘에 빠져 있고, 상대의 관점은 항상 부차적이다. 자기의 감정과 느낌이 중요해 모두 자기애로 합리화한다. 자기방어 선수들의 '대화전戰'은 설마 저런 이야기까지 하려나 싶은 말들을 가차 없이 쏟아낸다. 인간의 본능을 해부하듯, 모든 상황은 항상 극단적이다. 극단화는 TV에서 효과적인 시청률 확보 수단이다. 피해의식뿐 아니라 동일시에다 엄청난 카타르시르를 느낀다. 그렇지 않은 이들에게는 불편함을 넘어 혐오감을 준다. 찬반이 극명한 이유이다.

김수현 드라마의 결론은 항상 갈등의 해결보다 봉합이다. 겉으론 휴머니즘이지만, 속에는 인간의 본능에 대한 지독한 냉소가 흐르고 있기 때문이다. 또한 자기애적 사고와 대화법은 갈등을 해결할 수 없다. 대충 화해하며 갑자기 종결되는 이유이다. 이는 무엇보다 김수현의 드라마 속 인물들이 현실에서 구성된 캐릭터가 아니라 작가의 머릿속에서만 존재하는 것이기 때문이다. 인간의 감추고 싶은 본능들이 부딪치는 선정성은 최고이지만, 결론은 항상 유야무야되는 것이 김수현 드라마의 특징이다. 이 때문에 자기애적 감정 순화에만 효과가 있고, 현실의 대인 관계에서는 거의 의미가 없게 된다.

"세상에서 가장 무서운 것은 무엇인가. 가난, 걱정, 병? 그것은 삶에 대한 권태다." 마키아벨리의 말이다. 준표(김상중)가 화영(김희애)과 불륜을 벌이는 이유 중 하나는 권태이다. 어디 준표나 화영만일까? 인간은 권태 때문에 스스로 자기 목숨을 버리며 그것에서 벗어나고자 한다.

이런 점에서 보면, 인간은 이성적이고 합리적인 존재로 보이지만, 결국 매우 비합리적이고 비이성적인 존재이다. 편하고 즐거운 요소를 찾아 끊임없이 움직이고자 하는 존재이다. 언제나 인간은 권태에서 벗어나 쾌락을 찾는 자신의 행위를 거창한 명분으로 치장하기 마련이다. 그 가운데 새로운 사랑의 이름을 내세우는 불륜이 있다. 이 불륜에 이성理性은 노예가 되어 합리화의 수단을 제공한다.

마키아벨리는 이렇게도 말했다. "인간은 태어나면서부터 허영심이 강하고, 타인의 성공을 질투하기 쉬우며, 자신의 이익 추구에 대해서는 무한정한 탐욕을 지녔다."

김수현 드라마는 이러한 마키아벨리의 인간관을 그대로 따른다. 김수현 드라마의 계보를 잇는 〈내 남자의 여자〉는 이런 점에서 기존의 드라마에서 보이는 인간관과 배치된다. 다른 불륜 드라마와 구별되는 이유가 되기도 한다. 인간은 선하고 관용심이 있는 존재가 아니라 철저하게 자신을 중심으로 개체 보존 본능을 발휘하는 존재이다. 김수현 드라마에 항상 인간의 본능을 가감 없이 드러내는 대사들이 난무하는 이유이다. 모든 상황은 자기중심적이다. 문제는 그것을 어떻게 합리화하는가이다. 그것에 성공해야 시청자를 설득할 수 있기 때문이다.

〈내 남자의 여자〉에서 화영은 자신의 상처를 내세워 가해자의 입장을 합리화한다. 친구의 남편과 벌인 불륜에도 자신의 사랑이라며 당당하다. 이 얼마나 본능에 솔직한가. 화영이 도도하게 구는 것은 자기 개체를 마지막까지 지키고자 하는 본능에 충실하기 때문이다. "불가항력이었어. 죽어도 좋았어. 너 따윈 아무 상관없었어." 사랑을 차지하는데 친구가 어디 있는가? 곧 당당한 여성의 사랑으로 명분화 된다. 먹고살기 위해 치욕을 감내해야 한다는 김훈 식의 어법은 통하지 않는다. 먹고사는 문제는 김수현 드라마의 주요 고민도 아니다. 내 자존을 지키며 살기 위해서는 남의 가정이 무너지는 것도 별로 중요하지 않다.

"내가 저를 위해 전부를 바쳤는데 어떻게 내게 이럴 수가 있어." 준표에게 당당하게 위자료를 요구하는 지수(배종옥)도 마찬가지다. 먹고사는 문제 때문이 아니라 자신을 주장하기 위한 것이다. 매달리지 않는다. 왜? 자존自存이 상하는 일이기 때문이다. 자신의 존엄성이 깨지기 때문이다. 아이들을 생각해서 이혼을 하지 않거나 다시 재결합하는 드라마의 내용은 김수현 드라마에서는 위선이다. 인간의 악한 본능에 맞지 않는다.

김수현 드라마에서 이러한 자기 존재를 위한 말과 행동은 고상하지 않다. 사람은 고상한 말만 섞어 쓰는 사람에게 재미를 느끼지 못한다. 욕이나 비속어를 적당하게 섞어 쓰는 사람에게 재미를 느낀다. 고상한 표준어나 얌전한 말만 골라 쓰는 이는 권태롭기 때문이다. 더구나 드라마는 권태가 아니라 그것을 벗어나려고 보는 것이다. "어쩌면 사람이 그럴 수가 있니"라고 하지 않는다. "아니, 저 기름에 튀겨 먹을 년"이라고 한다. 어느 표현에 더 꽂히겠는가.

인간은 고상하지 않고, 그것을 전적으로 추구하지 않는다는 사실을 김수현은 잘 알고 있다. 적어도 드라마에서는. 말이 그러니 행동도 마찬가지다. 인간의 행동은 고상하지 않다. 머리채를 잡고 뒹굴고 악다구니를 쓰며 싸우는 것이 인간의 일상 모습이다. 물론 사람들은 자신의 이 비천한 모습을 인정하고 싶어 하지 않는다. 그것의 정도가 심할수록 김수현 드라마에 부정적이다. 다행인지, 전략의 적중인지, 기존의 드라마들이 이를 보여주지 않으니 주목을 받는다.

또한 등장인물들은 세상을 다 아는 듯이 군다. 자아 통제감의 극대화다. 이러한 자아 통제감은 즐거움을 주는 요소이다. 그렇게 되면 세상은 즐거운 곳이 된다. 그러면서도 응석을 부린다. 자신의 욕망을 채우기 위한 합리화와 막무가내이다. 자신의 입장이나 의견을 들어주지 않는다고 말이다. 김수현 드라마의 인물들은 아이이다. 응석을 부리고 투정을 부리고 세상에 대해서 냉소적이다. 세상이 자기 손바닥 안에 있으니까. 그리고 세상은 그런 것이라고 서로 훈장질을 한다. 서로 훈장질을 하다 끝나는 것이 김수현 드라마이다. 서로를 충족시키니 서로 달라 보이지만 동체同體이다. 어차피 드라마는 훈장질을 하기 위해 만든다면 할 말은 없다.

마키아벨리는 인간의 악한 속성을 잘 알기 때문에 국가 체제에서 군주의 역할을 매우 중요하게 생각했다. 김수현 드라마는 인간의 본능을 적나라하게 드러내는 데 여념이 없고, 그것의 해결책으로 가족을 선택하기 일쑤이다. 그리고 가부장적인 남자의 역할을 중요하게 여긴다. 〈내 남자의 여자〉의 결말이 매우 아름답다고 하지만, 역시 봉합이었다. 본능에 충실한 이들이 자신의 길을 간다면서 갑자기 도의론자, 도덕론자가 되기 때문이다. 이는 마키아벨리즘을 정면으로 위배하는 것이다. 마키아벨리스트로 잘못 보았던 모양이다.

3. 〈엄마가 뿔났다〉

획기적인 대안은 없는 모양이다. 김수현의 주말 드라마 〈엄마가 뿔났다〉(2008)에는 여전히 대가족이 등장한다. 불륜 코드와 함께 대가족 이야기는 한국 드라마의 특징이지만, 해외 드라마 시장을 아우르기에는 부족한 면이 있다.

한국인들이 가진 하나의 판타지라고 볼 수도 있는데, 그 판타지는 한국인들에게만 특수하고 세밀한 내용을 포함하고 있기 때문일 것이다. 하지만 단순 반복이라면 그렇게 큰 의미는 주지 못할 것이다.

김수현 드라마만이 아니라 주말 드라마에는 항상 대가족이 등장한다. 대가족 드라마를 볼 때, 김수현에서 시작해서 김수현으로 돌아왔다. 대가족을 주로 작품의 얼개로 사용한 것은 김수현이고, 이것을 알게 모르게 복제해 온 것이 한국 드라마의 풍토였다.

무릇 현실에는 존재하지 않고 오로지 드라마에서만 등장하는 대가족이다. 기대 수명의 연장 때문일까. 이제 〈엄마가 뿔났다〉에는 증조할아버지까지 등장한다. 이미 현실에서는 육아의 어려움 때문에 다시금 처가살이, 시집살이 하는 집이 늘어나고 있지만, 여전히 온 가족이 복작거리는 집은 쉽게 찾아볼 수 없다.

김수현의 드라마에서는 항상 한옥 집을 중심으로 많은 가족 구성원들이 자기의 욕망과 가족의 테두리 사이에서 줄다리기를 하는데, 이 드라마에서도 그 중심에 어머니 김한자(김혜자)가 있다. 가족의 허브에 해당한다.

백일섭, 이순재, 김혜자, 강부자의 등장은 드라마의 중심축이 중년에 초점을 맞추고 있으며, 본격적인 가족 이야기를 하려는 의도를 알 수 있게 한다. 7080이나 왕이나 오빠의 귀환, 복고풍의 유행과 맞물린 것이다.

눈에 띄는 점은 있다. 기대 수명이 늘어난다면, 대가족의 정점은 당연히 증조할머니여야 할 것이다. 하지만 〈엄마가 뿔났다〉에서는 증조할아버지다. 그 나충복을 이순재라는 배우 때문에 일부러 만든 것은 아닐 것이다. 일단 여기에는 잃어버린 아버지에 대한 향수가 배어 있다.

김한자(김혜자)에게 나충복(이순재)은 시아버지이지만, 친정아버지 같은 관계로 그린 이유가 여기에 있다. 나충복은 더 이상 시아버지가 가지고 있는 권위주의적이고 무거운 이미지가 아니라 편안하고 친근한 느낌을 주는 남자이다.

이는 나일석(백일섭)의 경우도 마찬가지다. 여기에서 변화된 남성상을 읽을 수 있다. 여성에게 상처를 주고 여성 위에 군림하는 남성은 존재할 수 없다. 그러한 남성은 끊임없이 여성의 쏘아대는 입심(김수현의 대리자)에 사정없이 무력하게 무너지고 만다. 그녀들은 모두 약자이기 때문이다. 그럼에도 불구하고 대가족 구성원들 사이에서 어머니가 겪게 되는 고충과 인간적인 애환이 중심축을 이룬다.

한국 드라마들이 으레 그렇듯이, 평범 소박한 가정과 부유한 가정이 대비되어 등장한다. 〈엄마가 뿔났다〉에서는 김진규(김용건)-고은아(장미희) 가족이 그 몫을 담당한다. 이 가족은 핵가족이다. 신분 간의 대비는 사회의 양극화 구조가 강화될수록 드라마에서 더욱 애용되는 장치다. 현실의 욕망은 김진규 가족을 향해 치달아 가지만, 이상적인 판타지 가족은 나일석(백일섭)-김한자(김혜자) 가족으로 제시된다.

지금 한국 사회는 가족의 형태에 대한 사회적 주목이 남다르다. 여전히 가족에서 대안을 찾으려 한다. 영화와 드라마에서도 이러한 가족의 변화 — 싱글맘, 싱글 대디, 무혈연 가족, 다문화 가정 — 에 대해서 민감하게 반응하고 있다.

더구나 싱글 가족이라면 대개 솔로를 가리키지만, 독거노인도 많다. 대개 김수현 드라마에서는 그래도 먹고살 만한 중산층 대가족을 중심으로 하고 있기 때문에 다양한 가족을 포섭할 만한 여지가 없다. 그것은 한국 드라마가 지금까지 보여 준 한계이기도 하다.

과거 회귀적인 판타지 가족 드라마에 빠질 것인가, 아니면 21세기 대안적 가족의 모습을 보여 줄 것인가, 이것이 〈엄마가 뿔났다〉에서 지켜보아야 할 하나의 관전 포인트였다. 70~80 문화의 홍행을 보아도 알 수 있듯이, 어차피 과거의 홍행 코드를 재연하는 것은 어느 정도 성공이 보장되어 있기 때문에, 시청률에 찬탄만 연발하는 것도 오버이기는 하다.

갈기도의 문화 심리학

미국인 선교사 아서 H. 스미스는 『중국인의 성격』이라는 책에서 중국인의 성격을 '모호함'이라고 표현했다. 대개 불분명하고 모호한 태도는 말하는 이의 인품과 수행을 드러내고 자신의 체면을 지키면서 운신의 폭을 넓게 가질 수 있다고 한다.

인기 있는 사람은 모호하면서 둥글둥글하며 옳고 그름을 명확하게 따지지 않는 사람이라는 말도 있다. 정판교는 『난득호도경難得糊塗經』에서 세상에는 자칭 총명한 사람들이 넘쳐나고 부족한 것은 모호하면서 둥글둥글 명확하게 따지지 않는 사람이라고 했다. 『채근담』은 군자는 예봉을 지나치게 드러내서는 안 된다고 했다.

후진타오 주석의 경우, 주석 취임 전에 그의 정치적 성향을 구체적으로 드러낸 적이 없었다고 한다. 그의 정치 보고, 강연 등에 혁신적이거나 대담한 표현이 거의 없었다는 것이다. 후진타오 주석은 "말을 많이 할수록 잃는 게 많다"고 생각해 왔다. 공식적으로 대담한 발언을 한 적이 거의 없었다. 그의 발언을 보면 지배 질서를 존중하는 면과 '신사고新思考'가 같이 드러난다는 지적이 있었다. 즉, 보수적인 것 같기도 하고, 개혁적인 것 같기도 하다. 이른바 같기도의 경지이다.

"이건 춤도 아니고 무술도 아니여!" "이건 우는 것도 아니고 웃는 것도 아니여!" "반팔도 아니고 긴팔도 아닌" 모호함. 〈개그 콘서트〉 "같기도道"의 핵심 교리는 바로 애매모호함이다. 세상은 복잡해지고 수많은 정보가 쏟아져 나오니 이것 같기도 하고 저것 같기도 한 것이 우리의 삶이다.

이 사람이 나를 사랑하는 것 같기도 하고, 그렇지 않은 것 같기도 하다. 이 사업과 직업이 유망할 것 같기도 하고, 그렇지 않을 것 같기도 하다. 직장을 옮기는 것이 좋을 것 같기도 하고, 나쁠 것 같기도 하다. 이 과에 가는 것이 나을 것 같기도 한데, 그렇지 않을 것 같기도 하다. 결혼하지 않는 것이 좋을 것 같기도 하고, 아이를 낳는 것이 나을 것 같기도 하다.

윤손하의 컴백 드라마 〈연인이여〉는 불륜 드라마 같기도 하고, 아닌 것 같기도 하다. FTA는 우리에게 도움이 될 것 같기도 하고, 그렇지 않을 것 같기도 하다. 경기는 호황이 아닌 것 같기도 하고, 그렇다고 불황도 아닌 것 같기도 하다. 영화 〈극락도 살인 사건〉에서 박해일은 살인범인 것 같기도 하다. 영화 〈살인의 추억〉에 이어 또 '살인범 같기도'의 경지를 보여 준다. 드라마 〈히트〉의 차수경(고현정)과 그 형사들은 현실성이 있는 것 같기도 하고, 그렇지 않은 것 같기도 하다. 김수현의 〈내 남자의 여자〉는 현실적으로 그러한 상황이 일어날 것 같기도 하지만, 의문점이 많다.

쫄바지인지 청바지인지, 골프화인지 운동화인지 구분이 안 된다. 이른바 '같기도 패션'이다. 바지 같기도 하고 치마 같기도 한 패션도 나왔다. 한 인터넷 블로그에서는 '같기도 단증'을 발급한다. 원칙 없는 정치인은 예외 없이 같기도 고단자다. 1급 단증을 받을 만하다. 가장 인기 있다는 정치인들은 그 지지율이 국민의 지지를 받는 것 같기도 하다. 하지만 곧 대폭 떨어지기도 하니 전적으로 믿지도 못하겠다. 인기가 있는 것 같기도 하고, 없는 것 같기도 하다.

같기도의 경지를 잘 보여 주는 사람일수록 대중의 마음을 휘어잡는다. 하지만 어설픈 같기도는 치명적인 결과를 낳는다. 대중의 마음에서도 급속하게 멀어진다. 고단수의 같기도 연마가 필요한 세상이다. '같기도'의 경지가 좋은 것 같기도 하고, 나쁜 것 같기도 하다.

어쨌든 '같기도'의 경지는 특정 행동을 해석하기에 따라 달라지는 것이다. 해석의 다양성이라는 측면에서는 민주성을 지닌다. 이런 점에서는 긍정적이다. 하지만 자신의 이해관계에 따라서 이루어지는 원칙과 일관성 없는 임기응변식 상황 논리라면 곤란할 것이다. 선거의 계절에는 진정성이 아니라 표심에 따라 같기도의 경지를 보일까 우려되기도 한다. 후진타오와 같은 중용과 포용의 리더십이 보이는 같기도의 경지는 아니기 때문이다.

찌질이 현상

한 레이싱모델 포털사이트에서 "찌질이 자가 진단법"을 공개한 적이 있다. 예컨대, 이런 게 있었다. "모델이 휴게실에서 쉬고 있을 때, 내가 들어가서 말을 걸면 모델은 반가워한다고 생각한다." 혹은 "사진 촬영 시, 모델에게 나를 봐 달라고 큰 소리로 떠들면서 촬영한다"는 항목이다. 여기까지는 그래도 나은 편이다. "모델들이 사진 촬영을 거부하다가도, 내가 카메라를 들이대면 포즈를 취해준다고 생각한다"라는 항목에 해당되는 이는 찌질이 중증이겠다.

'찌질이'가 인터넷에서 최대의 욕으로 부상한 지 오래이다. '찌질이'의 사전적 뜻은 다른 사람과 잘 어울려 놀지 못하는 아이이다. 없어 보이거나 부족해 보이는 사람을 지칭하기도 한다. '지질지질한 이,' 곧 '지질이'의 속어이다. 보잘것없고 변변치 못하며, 더럽고 지저분한 사람을 가리키기도 한다. 유치한 행동이나 말이 심한 이들을 가리키기도 한다. 코나 찌질거리는 아이에서 비롯한 탓이다. 이러한 기본적인 개념 외에 실제 용례는 더 다양하다.

드라마 〈봄날〉의 캐릭터를 분석한 평자들은 어머니의 품이나 기억에서 벗어나지 못하는 은섭(조인성)을 '찌질이'라고 규정한 바 있다. 이렇게 보면 찌질이는 매우 수동적인 특성을 보인다. 정태인 전 청와대 비서관이 한 인터넷 신문과 가진 인터뷰에서 이렇게 말했다. "맞아. 내가 아까 그랬잖아. 걔네는 굉장히 진취적인 거 같고, 우리는 찌질이 같다고."

이렇게 보면 찌질이란 진취적이지 않은 이들을 말한다. 소극적인 성향은 남의 주장에 끌려 다니는 인상을 준다. 예를 들면 이런 것이다. "'찌질이'들이나 하는 짓이 바로 자기 생각이나 주장도 펴지 못하고 질질 끌려 다니는 것"(오마이뉴스, 2006. 11. 8)이다. 나아가 "결단력이 없고 말썽만 피우는 이가 '찌질이'"(헤럴드경제, 2006. 10. 19)이다.

그들의 외모에 대해서는 말할 것도 없겠다. 어느 매체에 실린 〈막돼먹은 영애씨〉에 관한 가상 인터뷰에는 이런 말이 있었다. "아우 정말, 훈남은 얼굴값을 하고 찌질이는 꼴값을 한다는 옛말 틀린 게 하나 없어요." 찌질이는 얼굴값을 못한다. 얼굴값이 없기 때문이다. 값이 있다면 꼴값뿐이다. 못생기거나 형편없는 외모를 가지고 있으면서 격에 안 맞게 껄떡댄다는 말이다. "저 기녀 신드롬"을 다룬 기사(스포츠서울, 2006. 7. 1)에는 "소개팅 · 미팅에 나가봤자 키 작고 배 나온 '찌질이'들만 나오는 경우가 많다"라는 표현이 있다. 역시 찌질이의 외모는 영 아닌가 보다.

드라마나 영화 속에 등장하는 그들의 모습과 그들이 원하는 이상적인 소녀상은 무엇일까? 드라마를 분석한 한 매체의 분석 기사에는 다음과 같은 말이 있었다. "초등학교 시절 찌질이 남학생을 괴롭히는 같은 반 친구들에게 겁 없이 나서서 그러지 말라 호통치던 당돌하고, 예쁘장한 여자 반장 아이를 기억하는 가?"

찌질이는 대개 남학생이다. 이들은 항상 남에게 당하는 이들이다. 다른 이들을 공격하거나 괴롭히는 존재는 아니다. 이들이 원하는 이상향의 여학생은 당돌하고 적극적이면서도 예쁘다. 물론 찌질이가 반장 같은 직책을 맡을 리도 없다. 영화 〈싸움의 기술〉을 리뷰한 어느 글에서는 "영화는 날마다 맞고 사는 '찌질이' 의 비애와 복수극을 그린 남고괴담이다"라고 평가했다. 찌질이는 맞고 다니는 남학생을 연민할 때 쓰이는 단어이기도 하다.

찌질이들이 모이는 장소도 항상 힘에 밀리는 모양이다. 경북 매일신문의 한 기사에는 다음과 같은 말이 있었다. "청소년들 사이에 이른바 일진은 초등학교, 이진은 공터, 소위 '찌질이' 라고 불리는 청소년들은 오락실을 아지트로 삼고 있다." 그들은 넓은 공간으로 나아가지 못하고 어둡고 좁은 오락실에나 갇혀 있다.

어느 책에 대한 기사에는 이런 말이 있었다. "뭐 하나 똑 부러지게 잘하는 게 없으니 힘도 안 나고 속된 말로 '찌질이' 가 되어 있다." "아빠. 난 찌질이 바보 멍청인가봐요." 찌질이라는 말은 자기비하 심리를 드러내는 것이기도 하다. 인터넷 소설에는 찌질이가 주인공인 경우가 있는데, 그들 모두 짝사랑하는 여성에게 말 한 번 못 하거나 연애에 서툴다. 이 또한 자기비하적이면서, 한편으로는 자기연민적인 심리가 반영되어 있다.

물론 찌질이는 놀이 문화에도 등장한다. 영화 〈말죽거리 잔혹사〉에서 이소룡 놀이와 같은 것을 들 수 있다. '조삼모사,' '드 라군 놀이,' '댓글 등수 놀이'가 대표적이다. 싱하형이나, 개죽 이 같은 캐릭터도 생겨났다. 그야말로 유치하지만 원초적인 재 미를 주는 아이들의 놀이이다. 이제 찌질이는 방송 오락 프로그 램에도 진출했다(?). MBC 〈무한도전〉의 캐릭터들을 보면 하나 같이 찌질하다.

매주 도전 주제라는 것도 거창하지 않고 찌질해 보이기 일쑤 이다. 그렇기 때문에 도대체 왜 시청률이 나오는지 불가해한 대 상이 된다. 이 프로를 보면 한 가지 이해할 수 있는 점은 있다. 찌질한 이들이 혼자 놀면 불쌍해 보이지만 모이면 즐거움을 준 다. 이들이 촌스러운 사람을 희화화하고 찌질한 것으로 만들 때 는 마음이 불편하기도 하다. 하지만 원칙이 있다. 그들은 착해 야 한다.

케이블 채널 tvN의 드라마 〈위대한 캣츠비〉의 담당 PD는 MC 몽을 주인공으로 선택한 이유는 그가 찌질이였기 때문이라고 했다. "역발상적으로 캐스팅을 했다… 찌질이, 못난이, C급 느 낌, 백수이면서 순수하고 연민을 불러일으키는 인상의 MC몽이 도움이 될 것이라 생각했다."

이러한 말에는 찌질이에 대한 대중 심리가 함축되어 있다. 찌 질이는 못나고 B급도 아닌 C급이지만, 마음은 순수하고 여성들 의 연민을 불러일으키는 대상이다. 이 때문에 "마음껏 혼내세 요. 역시 찌질이 못난이 엠씨몽입니다"에 혼낼 사람은 많지 않 아 보인다. 그러나 최근에 인터넷의 찌질이는 그러한 순수와 연 민을 불러일으키는 것과는 거리가 먼 것도 같다.

상식 밖의 악성 댓글을 다는 이들을 '인터넷 찌질이'라고 한다. 예를 들면, 한국 개신교들의 선교 행태를 비판한다면서 코란을 불태우는 신자들의 모습이나 아랍 지역에서 선교하는 기독교인들의 영상을 인터넷에 올려 오히려 이슬람인들을 자극하는 이들을 말한다. 이 때문에 인터넷상의 찌질이 행태는 이제 개인이나 순수한 차원을 떠나 집단적·조직적 경향을 보인다는 지적도 나온다.

비이성적인 행동을 반복하면서 자신들의 목적을 관철해 내려는 것이다. 이 과정에서 상대방이 받을 피해는 생각지도 않는 막가파의 성향도 보인다. 이 때문에 '찌질리즘'이라는 말이 등장했는지도 모른다. 변변치 못하고 못난 모습 등을 일부러 추구하는 행위 일체를 말한다. 찌질러도 통용된다. 사실 관계나 이유 여하와 상관없이 도가 지나친 악성 댓글을 남기는 이들이다.

이러한 찌질러의 특징은 개념이 없고, 반말과 욕설에 능하다. 마치 불의의 세력과 싸우는 기사 혹은 전사인 것처럼 전투적이다. 일부에서는 이러한 이들을 스파이더맨이라고 부른다. 닥치는 대로 거미줄을 치고 다니기 때문이다. 즉, 자신을 위해 닿는 곳 어디나 난장판을 만들어 놓는다는 것이다. 그런 의미에서 영화 〈프릭스〉에 나오는 거미가 아닐까도 싶다. 찌질러는 바이러스와 같다는 말도 있다. 전염성이 강하기 때문에 멀쩡한 사람도 같이 휘말리다 보면 찌질러로 만든다는 말이다.

무엇보다도 이 찌질이라는 단어는, 나름의 이해관계 속에서 자신의 목적을 달성하기 위해, 그 의미가 바뀌거나 강화되고 왜곡된다. 정치권에서도 적극적으로 사용되는 것만 보아도 그렇다. '좌파 찌질이,' '노빠 찌질이,' '통합신당 찌질이,' '개혁 찌질이,' '수구 찌질이,' '386 찌질이' 등을 보면 말이다.

그럼에도 한 가지 잊지 말아야 할 점은 있다. 우리 모두는 찌질한 요소들을 얼마간 가지고 있다는 사실, 혹은 찌질한 요소들은 자기를 지키려는 심리의 또 다른 형태일 수도 있다는 것이다. '찌질이'를 코쿤족, 즉 자기 속으로 들어가는 아이들로 분류하는데, 이는 정말 맑은 영혼을 가진 이들일 수도 있다. 드라마〈봄날〉의 은섭(조인성)을 네티즌들이 찌질하기보다는 감수성이 예민하다고 평가한 이유이다.

우리 모두는 찌질이가 되기 싫어한다. 상대방을 찌질이로 만들면서 자신이 찌질이가 아님을 증명하는 것은 끊임없는 악순환을 불러오지 않을까.

조폭 탄생의 심리

소설과 영화, 드라마와 연극에는 정말 많은 조폭들이 등장한다. 하지만 조폭 현상이 왜 일어나는지 생각해 본 흔적은 잘 보이지 않는다. 여기에서는 조폭의 탄생 심리에 대해 살펴보고자 한다. 개인의 꿈과 열망은 문화로 이어지고, 문화는 다시 꿈과 열망으로 이어진다. 문화 속에서 일어나는 열망을 모든 이들이 충족할 수는 없는 법. 충족되지 않은 개인은 좌절에 빠진다. 좌절에 빠진 개인은 그 상태에 머물지 만은 않는다. 개인은 사회적으로 주어진 합법적인 수단과 열망 사이의 불일치가 낳은 좌절당한 욕구를 그대로 두지 않고, 다른 행동으로 표출하기도 한다. 직접 표현할 수도 있고, 간접적으로 표현할 수도 있다. 폭주족 혹은 조직 폭력배들을 분석할 때 단골로 사용되는 것이 바로 이러한 "심리적 좌절 이론"이다.

사람은 자신이 원하는 것을 얻고자 한다. 이러한 경향은 인간 고유의 것일 수도 있지만, 문화에 따라 달라진다. 사회 문화에서 촉발된 이러한 열망과 소망을 추구하다가 좌절할 수 있다. 열망은 너무나도 큰데 합법적으로 그것을 추구할 수 없을 때, 선택할 수 있는 것은 열망을 포기하거나 비합법적 수단을 통해 성취하는 것이다. 비합법적 수단을 통해 열망을 취할 때 그는 사회질서 문란자, 범죄자가 된다. 이런 수준이 되지는 않더라도 열망의 좌절에서 얻은 불만을 다른 방식으로 해결하려고 한다.

범죄나 비행, 폭주로 해결한다. 이는 일종의 놀이라고 보는 경향이 있다. 아동기에서 성인기로 넘어갈 때 나타나는 좀 과격한 놀이의 형태라는 것이다. 하지만 놀이의 관점에서만 보면, 사회적 차원의 원인을 간과할 수 있다. 예를 들면, 조폭도 그렇거니와 폭주족 청소년들도 거의 서민, 빈민층 출신이라는 점이다. 반드시 이러한 계층의 사람들과 직결되는 것은 물론 아니다. 하지만 사회적 지위가 낮은 계층의 출신이라는 사실은 대체로 맞다.

조폭은 대개 불우한 가정환경을 출신 배경으로 한다. 사회적으로 낮은 지위와 계층에 속하는 부모를 두고 있다. 아니 부모가 없는 경우도 있다. 부모가 없다는 것은 대체로 사회적 성공을 거두기 힘들다는 것을 함의한다.

사회에서 일정 이상의 지위를 얻기 위해서는 사회가 인정하는 조건이나 자격, 기준을 가져야 한다. 극도의 경쟁이 존재하는 입시 교육과 고용 구조에서는 수많은 젊은이들을 낙오시킨다. 이는 사회적 지위에서 소외되는 것을 말한다. 이렇게 낙오되고 소외되고 배제된 이들 중에는 그들만의 기준을 통해 새로운 질서를 만들고 싶어 한다. 그것 중에 하나가 조직 폭력배의 질서나 일탈 청소년들의 조직적 행동이다. 여기에는 부정적인 면만 있는 것은 아닐 것이다.

그들이 폭주족이 되어 도로를 누비거나 질서 유지의 수호자인 경찰을 조롱하는 것은 이러한 차원에서 이해할 수 있다. 그들은 자신들만의 상징이나 기호를 선호하고, 복장이나 문신, 혹은 장신구를 통해 그들만의 세계와 질서를 만들어 간다. 여기에 속하는 이들을 중심으로 다른 이들과 차별화하고, 그 안에서 지위를 만들어 간다. 그들만의 말로 구성원들의 이름을 만들어 가고, 주류 질서와는 다른 의미를 부여한다. 기존 주류 사회에서의 통상적인 의미와 역할을 전복시키는 것은 스스로 질서를 만들 힘을 가졌다는 것을 뜻한다. 따라서 자신들의 질서를 만들고 지위를 가지려는 이들일수록 주류 질서에 저항하고 그를 전복하려 한다.

그들은 우선 주류 질서를 조롱하고, 다른 이들의 눈에 쉽게 띄는 행동과 말을 통해 스스로 '관심의 대상'이 되고자 한다. 이는 권력 관계가 자신을 중심으로 형성되는 것을 뜻한다. 권력은 주목을 받는 사람에게서 나오는 법이다. 외양을 통해 다른 사람들의 시선을 통제하고 그것에서 즐거움을 느낀다. 자신만의 스타일을 통해 사회적인 정체성을 확보하려고 노력하는 것이다. 이는 사회적 지위의 모색이기도 하다.

이는 아웃사이더들이 기존의 질서를 배격하는 것과 맞닿아 있는 심리이다. 다만, 대부분의 사람들은 이러한 조폭에 직접 참여하거나 폭주족이 될 수 없는 것이 현실이다. 그렇게 직접 참여하지 못하는 사람들은 대중문화를 통해 간접적으로 열망을 분출하거나 감쇄시킨다. 그것이 조폭 영화를 등장하게 만드는 큰 원인이 된다.

장기 기증 기피의 심리와 콘텐츠의 대응

도덕 · 윤리 의식과 장기 기증 기피의 상관성

사람들에게 도덕 · 윤리적 의식이 없기 때문에 장기 기증을 하지 않는 것으로 인식되기도 한다. 하지만 장기 기증이 저조한 것은 심리적 요인이 크고, 문화적 차이도 작용한다. 이 때문에 단순한 장기 기증 캠페인으로 해결될 수는 없다.

MBC〈!느낌표〉에 "과유불급過猶不及"이라는 말이 제격이라면 곤란한 일이다. 지나치면 부족함만 못하다! 각막 기증 운동은 명분이 훌륭하므로 그에 걸맞은 찬사는 말할 나위도 없다. 눈이 보이지 않는 이들에게 이보다 더 좋은 일은 있을 수 없다. 물론 의료 체계에 방송이 개입하는 문제는 찬반이 엇갈릴 수 있다.

다만, 공익을 표방하는 방송 프로그램에는 이러한 공익성에 영합하는 이들이 모여들게 마련이다. 정치인에서부터 정부 각 부처, 공공 기관까지 각막 기증을 자신들의 이미지 홍보를 위한 수단으로 삼으려고 한다.

자화자찬하는 것은 오히려 좋은 일의 본질을 흐리게 한다. 감사패를 받으면서 어느 기관, 어느 인사가 자신의 프로그램의 공익성을 인정했다고 방송에서 애써 홍보할 필요는 없었다. 좋은 일은 기관이나 정치인들의 얼굴이나 이름을 끼워 넣지 않아도 사람들이 알기 마련이다. 더구나 캠페인을 통해서 자신들의 입지를 각인시키고 다른 목적을 추구하는 것은 국민적인 반감을 살 수도 있다.

무엇보다 각막 기증과 같은 중요한 문제는 단지 캠페인을 통해 해결될 문제는 아니다. 유명 인사들의 명성 쌓기나 기관들의 업적 만들기로 몇 달 들끓다가는 끝나는 것이 그동안의 선례였다. 비단 국민성을 탓할 이유는 없다. 이것은 비단 우리나라만의 문제는 아니어서 다른 나라도 장기를 기증하지 않기는 마찬가지이기 때문이다. 기부 문화와 자원 봉사가 활발한 미국에서도 일찍부터 고민하던 문제였다.

각막 기증은 캠페인이 아니라 정책을 통해서 장기적인 효과를 담보하는 것이 타당하다. 각막 기증 프로그램은 방송이 끝나면 바람과 같이 사라질 운명이기 때문이다. 마치 "책을 읽읍시다!"라면서 도서를 주~욱 선정해 읽으라고 바람을 세차게 불어넣지만, 지나고 나면 언제나 방송 전파와 같이 사라져 허망한 것처럼 말이다.

장기 기증에 관한 심리적 분석과 정책이 뒷받침되지 않을 경우, 잘못하면 장기 기증은 일부 사람들만의 잔치가 될 가능성이 크다. 맥스 베이저먼Max H. Bazerman과 조나단 베론Jonathan Baron은 『더 이상 파이를 키울 수 없다You can't Enlarge the Pie』에서 이러한 장기 기증 문제에 대해 사회 심리에 따른 정책적 접근을 시도한 바 있다. 먼저 장기 기증을 둘러싼 세 가지 심리를 짚어 보아야 한다.

왜 사람들은 장기 기증 운동에 동참하지 않을까?

먼저 베론은 사람들에게 "부작위의 편향"이라는 심리가 존재한다고 본다. 부작위는 행동하지 않는 것을 말한다. 우리는 아무런 행동을 하지 않으면 책임이 없다고 생각한다. 이를 장기 기증과 연결시키면 이렇다. 옆에서 장기가 필요한 사람이 있을 때, 장기 기증을 하지 않아도 자신은 책임이 없다고 여긴다. 한 사람으로 많은 사람들을 살릴 수도 있는데 말이다. 아무런 행동을 하지 않았으니 책임질 일도 없는 것이다.

또한 사람들은 "자연스런 것에 대한 선호"의 심리가 있다. 즉 자연스럽게 죽음을 맞이하고 자연스럽게 돌아가는 것을 좋아한다. 따라서 인위적으로 장기를 적출하거나 분배하는 데 거부감이 있다.

마지막으로 "현상 유지의 심리"가 있다. 현 상태에서 무엇인가에 대해 인위적으로 개입하거나 조작하는 것을 싫어한다. 이를 장기 기증과 연결시키면, 인위적으로 몸을 훼손하는 것에 대해 거부감이 있는 것이다. 요약하면, 사람들은 장기 기증을 자연스럽지 않은 인위적인 것으로 생각한다는 것이다.

이러한 세 가지 심리에서 볼 때, 사람들은 장기 기증에 대해서 자발적이지 않게 된다. 이러한 심리는 인류에게 일반적이기 때문에, 이를 국민성이나 민족성을 기준으로 판단하는 것은 타당치 않아 보인다. 따라서 캠페인은 한계가 있어 보인다. 그럼 어떻게 할 것인가?

베론과 숀크Shonk는 "추정된 동의presumed consent" 제도를 만들자고 주장한다. 흔히 "장기 기증을 하시겠습니까?"라고 물어본다. 그러면 사람들은 당연히 부작위, 현상 유지, 자연스러움에 대한 선호가 있으므로 응하지 않는다. 그러나 "추정된 동의" 제도에서는 전 국민에게 "장기 기증에 반대하십니까?"라고 묻는다. 사람들은 능동적으로 거부하면서 자신은 하지 않을 것이라고 주장하지는 않는다. 부작위의 편향이 있기 때문에 적극적으로 나서서 행동하지 않는 것이다. 따라서 반대한다는 응답이 없었으므로 장기 기증에 동의한 것이 된다. 이 제도는 사람들이 뚜렷하게 거부하지 않는 이상, 장기 기증에 동의한 것으로 추정하고 명단에 등록시킨다. 거부하는 사람은 거부자 카드와 반대증명서를 만든다. 귀찮은 절차를 만들어 내는 것이다.

요약하면 이렇다. 사람들에게 장기 기증을 하라고 할수록 효과가 없다. 움직이지 않으면 책임이 따르지 않는다는 심리 때문이다. 또한 자연스러움, 현상 유지 심리가 크기 때문이다. 그러나 전 국민에게 "장기 기증에 반대하십니까?" 하면 사람들은 부작위의 성향 때문에 대부분 별 문제를 제기하지 않는다는 것이다. 자연스러움과 현상 유지 같은 가만히 있으려는 성향과 심리때문이다. 더구나, 좋은 일이라는 것을 알기 때문에 애써 이런 형국에서는 나서서 크게 반대하지 않을 가능성이 높다.

마지막으로 덧붙이자면, 생사에 대한 문화 차이가 장기 기증 정도에 영향을 미친다는 조사 결과가 있었다. 2006년 8월, 페테르 슐츠 박사가 이끄는 스위스 루가노 대학 연구팀은 이탈리아어와 프랑스어, 독일어 사용 지역에 각각 거주하는 1,500명을 상대로 설문 조사한 결과를 발표했다.

이탈리아어를 쓰는 스위스의 티치노 칸톤은 장기 기증자의 수가 독일어 사용자의 약 3배, 프랑스어 사용자의 2배인 것으로 나타났다. 잠재적인 장기 기증자의 숫자는 스위스의 독일어권 지역에서는 100만 명당 11명인 반면, 프랑스어권에서는 16명, 이탈리아어권에서는 35명으로 추산되고 있다. 이렇게 같은 스위스 지역인데도 언어권에 따라서 다른 결과를 보이는 이유는 무엇일까?

언어는 문화의 차이를 포함한다. 독일어권 사람들은 개인의 선택이 건강관리에 중요한 역할을 한다고 여기고 장기 이식에 좀 더 신중한 반면, 이탈리아어권 사람들은 죽음의 관념에 특별히 사로잡혀 있지 않고 장기 기증을 타인을 돕는 의무로 여겼다. 연구 결과에 비추어 보면, 생사를 초월하게 만들거나 몸을 신성시하는 문화적 인식을 바꾸어야 할 듯싶다. 결국, 단순한 캠페인보다 심리적 · 문화적 접근에 좀 더 중점을 두어야 할 것 같다.

감동@공익 프로의 패러독스

1. 감동 프로그램의 역설

가장 최악의 방송 프로그램을 뽑으라면 불륜 드라마보다 〈사랑의 리퀘스트〉나 〈인간극장〉을 꼽는다. 물론 이렇게 지적하면 타당하지 않을 수 있다. 아니, 어떻게 가장 좋은 프로그램이라고 꼽히는 이들 프로그램을 최악이라고 볼 수 있을까 싶기 때문이다. 가난하고 어려운 사람들의 삶을 감동적으로 보여 주기 때문에 좋은 평가를 내릴 수밖에 없지 않은가. 차라리 '수다 떨기'나 가학성 우스개로 전파를 낭비하는 프로그램이 더 나쁘다면 나쁜 것 아닌가.

하지만 좋은 프로그램이라는 딱지가 오히려 더 나쁜 프로그램으로 만든다. 소모적인 오락 프로그램에 대한 경계의 목소리는 높다. 보면서도 주의를 한다. 하지만 좋은 프로그램이라 규정된 프로그램은 전적으로 모든 내용들을 타당한 것으로만 여기게 한다.

〈사랑의 리퀘스트〉나 〈인간극장〉은 불행을 감동으로 상품화하는 프로그램들이다. 이들 프로그램은 고통과 불행의 경연장이 된다. 웬만큼 불행하거나 고통스러워서는 선정이나 채택이 되지 않는다. 질병이나 장애, 불우한 환경, 가족의 죽음 등이 우선적으로 선정 요건이 된다. 자신의 그늘을 드러내고 싶은 이들은 많지 않다. 희한하게도 장수하는 프로그램이 될수록 그 불행과 불우의 강도는 높아진다. 이른바 감정에 내성이 생겨서 웬만한 내용에는 감동도 눈물도 없기 때문이다. 따라서 극적 구성에 좋은 대상자를 중심으로 선정한다. 이 때문에 도움이 절실한지 여부는 부차적이 된다. 별다른 '거리'가 없으면 제외되는 것이다.

이것에만 그치지 않는다. 감동의 주인공은 다른 산업에서 러브콜을 받는다. 영화, 광고, 출판사는 이들을 주인공 삼아 각종 콘텐츠를 생산한다. 그들을 돕는 것에서 자신이나 단체의 정체성이나 역할을 찾는 이들도 많다. 각종 매체들은 그들을 주인공으로 수많은 관련 기사들을 내보낸다. 일종의 '감동 저널리즘'의 발동이다. 이 과정에서 과장과 허위는 정당화된다. '감동'이라는 명분은 이렇게 무소불위의 권력이다. 정작 당사자들도 사실과 다른 내용이 있어도 미담인 바에야 항의하지 못한다. 명예훼손은 있지만, 명예 과장죄는 없다. 사실을 감동적으로 왜곡해도 방송 심의에는 저촉되지 않는다. 얼마 전 노숙자에게 자신의 목도리를 걸쳐 주었던 이른바 목도리녀 당사자는 허위 사실을 보도하는 언론들 때문에 골치가 아프다고 했다. 물론 명예 훼손은 없으므로 이슈화되지 않는다.

산골 소녀 영자 씨의 경우에는 더 불행한 결말이 있었다. 몇 년 전의 기봉 씨의 사라진 후원금 문제도 결국에는 방송과 매체의 감동 저널리즘 덕(?)에 일어났다. 감동 저널리즘 프로그램의 치명성은 난데없는 돈을 개입시키는 데 있다. 금전적 욕심이 없는 이들에게도 프로그램 출연은 큰 돈을 연상시키게 만들고 있다. 방송 출연이 불러일으키는 대박 심리이다. 무엇보다 최악은 방송 출연으로 부자가 된다는 인식을 심어주는 데 있다. 그들을 둘러싸고 금전적 문제를 일으키는 이들이 본래 악한 사람은 아닐 것이다. 그것보다는 갑작스런 돈의 개입으로 견물생심의 심리를 증폭시켰다는 점에 주목할 필요가 있다.

결국 방송 출연과 개입 = 행복 달성이라는 이미지가 도식화되었기 때문에 방송 출연 이후가 걱정되는 것이다. 이는 비단 감동 저널리즘뿐만 아니라 솔루션 혹은 코칭 프로그램이 지니고 있는 근본적인 문제점이기도 하다. 마치 이 프로그램들이 개입하면 행복이 찾아오는 것같이 다루지만, 정작 그런 경우는 많지 않다. 유지가 되지 않는 것은 그들 스스로 만들어 낸 해법이 아니기 때문이다. 더구나 방송 이후에 어떻게 살고 있는지는 관심의 대상이 되지 않는다. 관심을 둔다고 해도 잘된 사례만 모아 자신들의 방송 홍보에만 사용한다.

이제라도 방송이 그들의 삶에 개입함으로써 과연 그들이 행복해졌는지 종합적인 조사가 필요하다. 그 조사에 따라 방송 개입 후에 더 불행해졌다는 결론이 나온다면 감동을 상품화하는 프로그램들은 재고되어야 한다. 무엇보다 각종 매체 종사자들의 인성 문제가 아니라 감동이라는 상품을 둘러싼 상품화 시스템에 그 원인이 있다는 점에 주목해야 한다. 세상에 진정한 감동은 많지 않다. 그것을 대량 생산해 내려고 하니 얼마나 억지스럽고 작위적이 될까. 수요가 없으면 공급도 없을 터이다. 또한 작위적이고 과장된 허위의 극적 감동에 대한 심의 기준도 마련해야 한다.

2. 고통과 불행이 돈과 명예를 낳는다는데…

클린트 이스트우드가 감독, 제작, 주연한 영화 〈밀리언 달러 베이비〉(2004)는 대중적 인기가 시들해진 복싱 이야기이다. 더군다나 헝그리 여자 복서의 이야기이다. 하지만 이 영화는 2005년 제77회 아카데미 작품상, 감독상, 여우주연상, 남우조연상 등 4개 부문을 수상했다. 또한 2005년 골든글로브 감독상에 이어 드라마 부문 여우주연상을 수상했다. 여기에 2004년 전미비평가협회 최우수영화상 등을 수상하는가 하면, 뉴스위크, 뉴욕타임스, 미국언론협회 등이 선정한 '2005년 10대 영화'에 들었다. 결과적으로 2005년 미국 영화에서 가장 우수한 작품이라는 평가에 대해 이견이 없는 작품이다.

이 영화로 클린트 이스트우드는 최고의 영화 제작자로 언급되기에 이르렀고, 여주인공인 힐러리 스웽크(매기 피츠제럴드)는 할리우드의 백만 달러 베이비가 되었다. 하지만 실제 복싱 선수들의 삶이 나아진 것은 없다. 영화 〈록키〉와 같은 성공 스토리와는 달리, 최근에 영화에서 복싱이 많이 다루어지는 이유는 불행과 고통의 강도 때문이다. 영화 〈밀리언 달러 베이비〉는 여주인공의 자유 선택을 강조하지만, 결국 죽음이 없었다면 영화의 완성도는 떨어졌을 것이다. 영화 〈주목이 운다〉(2005)에서 아시안 게임 은메달리스트인 태식(최민식)은 매 맞는 일로 생계를 잇는다. 영화 〈챔피언〉(2002)은 82년 라스베이거스에서 열린 WBA 라이트급 챔피언 결정전에서 불의의 죽음을 당한 김득구를 다루었다. 따라서 2007년 12월 25일 세계복싱기구(WBO) 인터컨티넨탈 플라이급 타이틀 매치 경기에서 요절한 비운의 챔프 故최요삼 선수를 다룬 영화가 나올지도 모른다. 하지만 복싱의 유행을 이끌어 내지는 못할 듯싶다. 고통과 불행에 포커스를 맞추기는 마찬가지일 것이기 때문이다. 감동을 통해 작품은 성공해도, 현실은 철저하게 배반한다.

드라마 〈외과의사 봉달희〉, 〈하얀거탑〉, 〈뉴하트〉는 모두 메디컬 드라마이면서 외과의에 관한 내용으로 인기를 끌었다. 외과 의사는 힘들기 때문에 기피하는 현실과는 달리, 영화와 드라마에서는 외과의에 주목하는 경향이 크다. 그들의 고통과 고행이 강할수록 말이다. 이러한 작품들이 성공을 한다고 외과의의 현실이 달라질 것 같지도 않다. 오히려 대중적인 왜곡에 의해 외과의는 힘들고, 고통스럽고, 대우도 좋지 않기 때문에 더욱 기피하게 만드는 것은 아닌가.

영화 〈우리 생애 최고의 순간〉은 핸드볼이 '한데볼'이 된 이야기에 바탕을 두고 있다. 비인기 종목인 핸드볼 선수들이 겪는 아픔과 상처, 그로 인한 눈물과 갈등이 심금을 울렸다. 영화가 흥행에 성공했고, 대중성뿐만 아니라 작품성도 인정받았다. 물론 안동에서 열린 경기장에 관중석은 썰렁했다. 물론 영화는 핸드볼을 하나의 수단으로 드러내는 데 충실한 면도 있다. 여성들이 살아가야 하는 사회의 척박함과 그 속에서 부대끼는 모습들을 진솔하고 자연스러운 전개로 세밀하게 그리고 있기 때문이다. 영화에 출연한 배우들은 대중적 주목을 받았으며, 이는 배우의 인지도와 몸값 상승과도 밀접한 관계가 있다. 그러나 실제

핸드볼 선수들에게 돌아오는 것은 없다. 영화가 잘된다고 그들에게 러닝 개런티가 돌아가는 것도 아니다. 올림픽만 끝나면 잊어버리듯이, 영화가 간판을 내리면 잊어버릴 것이다. 배우와 감독 그리고 영화의 흥행 기록은 남겠지만, 그 선수들은 잊혀질 것이다. 오히려 핸드볼은 인기 없고 비전이 없는 종목이라는 인식을 확산시키는 것은 아닐까.

불행과 고통의 호소를 통해 일정한 목적을 채우고자 하는 곳의 대표 영역은 정치권이기도 하다. 선거만 되면 '가난 마케팅'을 일삼는 것이 대표적이다. 자신들이 얼마나 가난하고 불행하게 살았는지 강조한다. 조금이라도 고생한 일을 스토리텔링으로 엮어서 호소한다. 고통과 불행의 상품화로 세일즈한다. 그것은 여유 있는 집안에서 엘리트 코스를 밟거나 평탄하게 삶을 영위해 온 사람일수록 더욱 강조하는 경우가 많다. 자신의 이미지를 불식시키기 위한 것이다. 그러나 생각해 보면 그때 그 시절 고생하지 않은 사람이 어디 있고, 열심히 살지 않은 사람이 어디 있었단 말인가. 또한 지금은 엄청난 부자이면서 이러한 점을 강조하는 것은 국민들에게 와 닿지 않는다.

무조건 고생을 소재로 삼는다고 영화나 드라마가 성공하는 것은 아니다. 흥행이라는 목적 달성을 위해 무턱대고 눈물을 짜내려는 것은 공감을 얻기 힘들다. 가난이나 고통을 무기삼아 대중에게 지지를 호소하는 것도 아무 때나 하는 것은 아니다. 다가오는 선거에서 고통이나 불행을 상품화하는 이들이 나올 것이다. 무분별한 고생 마케팅은 시민들의 냉대를 받을 수 있다.

제2부

일상문화와 경제심리

욕쟁이 할머니와 욕설 신드롬

가식의 사회에 염증 내는 대중 심리 현상

한 방송 프로그램 제작진에게서 인터뷰 요청이 왔다. 주제는 욕쟁이 할머니였다. 비단 욕쟁이 할머니뿐만 아니라 김구라의 욕설, 박명수의 호통 개그 등 사람들이 욕설에 열광하고 있단다. 아무래도 결정적인 계기는 17대 대선에서 욕쟁이 할머니가 선거 광고에 등장했기 때문일 것이다. 고정 출연했던 한 시사 프로그램의 진행자는 욕쟁이 할머니에 대해서 분석해 달라고 요청한 적도 있다.

사람들이 욕설에 호응을 보내는 일이 어제 오늘의 이야기는 아니다. 최근에 욕설이 방송 미디어에 적극적으로 등장하는 이유를 인터넷의 B급 문화가 확산된 징조로 분석하기도 한다. 그 이전에 '할매 욕 대회'도 심심치 않게 열렸고, 연극 〈국밥〉과 영화 〈마파도〉에 욕쟁이 할머니가 등장해서 호응을 받았다.

욕쟁이 할머니집을 자처하는 식당이 곳곳에 있고, 사람들은 밥보다도 욕을 먹으러 그 식당을 즐겨 찾는다. "머 처물래?" "넌 손이 없냐 발이 없냐?" "니가 가져다 처먹어!"와 같은 욕은 더 이상 욕이 아니다.

왜 욕설에 호응을 보내는 것일까? 우선, 욕쟁이 할머니를 중심으로 분석해 보자.

분명, 단순히 어린 시절의 할머니가 생각나서 만은 아닐 것이다. 원론적으로 인간은 욕의 존재다. 그렇기 때문에 욕을 하지 말라고 훈육시키는지도 모른다. 욕은 순기능도 있다. 프로이트의 욕망론은 욕의 발산에도 연결된다. 예컨대, 억압을 욕으로 발산하는 측면이다. 욕의 순기능이다.

그래서 잘한 욕설은 카타르시스를 제공한다. 그러나 그것이 다른 사람을 상처 주는 데 사용되어 부작용을 불러일으키기 쉽다. 그래서 억제시킨다. 거꾸로 욕은 잘만 하면 대단한 미학과 예술성을 지닌다.

욕은 하는 사람과 듣는 사람에 따라 각각의 기능이 있다. 욕쟁이 할머니의 욕은 대리 만족의 측면에서 상처 주는 욕과 다르다. 욕쟁이 할머니의 욕은 주로 하는 쪽이 아니라 듣는 차원에서 그 역할을 따질 수 있다.

욕쟁이 할머니의 욕에는 누구라도 다 똑같이 대하는 평등성이 있다. 대통령이 가도, 재벌 총수 아니 백수가 간다고 해도 모두 욕을 들어야 한다. 일반적으로 사회에서 이렇게 스스럼없이 대하는 존재가 누가 있을까? 집안의 할머니는 누구에게나 공평하게 대하는 존재를 상징한다. 사회적 지위에 따라서 격식을 따지고 구분 짓는 것과는 다른 존재임을 상징한다. 이는 수평적 심리를 통해 안온감을 준다.

욕쟁이 할머니가 아닌 욕쟁이 아주머니라면 어떨까? 욕쟁이 할머니는 나이가 많을수록 좋다. 허리가 구부러지고, 주름이 많고, 연약해 보일수록 좋다. 입이 걸쭉해도 할머니의 욕은 단지 입에만 머문다. 할머니가 어쩌겠는가. 위해危害의 여지가 없어 보인다. 남에게 상처를 주는 욕이 아니라 사람 냄새 나는 욕이다. 욕을 두려워하는 이유 중 하나는 그 이후 과격한 행동이 예견되기 때문인데, 할머니의 모습을 볼 때 욕의 잠재적 위험성은 없어진다. 선하고 약한 존재가 해야 욕설은 친근하게 느껴진다.

욕쟁이 할머니의 욕에는 오랜 시간 동안 곰삭은 인정이 배어 있다. 욕설은 관심의 표현이다. 사랑의 반대말은 미움이 아니라 무관심이다. 잔소리는 관심의 또 다른 방식인 것과 같다. 욕설을 주고받을 수 있는 사이는 막역한 사이이다.

한국에서는 말을 높이는 사이일 때는 오히려 불편해 하는 경우가 많다. 그럴 때 속을 터놓는 사이가 아니라고 여기고, 친한 사이로 간주하지 않는 경향도 있다. 초등학교 친구와는 속을 터놓고 욕을 주고받기도 한다. 욕설이 오가야 오히려 편안해 한다. 욕설을 주고받아도 기분 나쁘지 않게 여기는 것이 오히려 돈독한 관계임을 증명하는 것이기도 하다.

연출과 가식의 사회에 대한 거부감도 한몫한다. 식당과 같은 매장에서는 종업원과 책임자가 항상 손님에게 존댓말과 웃음을 던진다. 갖은 미사여구와 살가운 행동들은 손님 자체를 좋아하기 때문이 아니라 매장의 매상을 올리기 위한 영업 전략에 따른 것이다. 친절한 대접을 받아도 그 진실성에 의구심을 품기 마련이다. 욕쟁이 할머니가 인기를 얻은 이유도 여기에 있다. 욕쟁이 할머니는 가식적이지 않다. 욕을 하지 않는 사람들은 자신들의 속마음을 잘 내비치지 않는 가식적인 이가 된다.

욕쟁이 할머니는 매상을 올리는 데 신경을 쓰는 것 같지도 않다. 더 이상 잃을 것 없는 사람, 그렇기 때문에 순수한, 무욕의 경지에 다다른 욕쟁이 할머니는 인생의 고해를 다 헤쳐온 인생 선배이기 때문에 순순히 그의 말을 따르게 된다. 더구나 한국 사회에서는 연장자인 할머니의 잔소리를 잔소리로 여기지 않는 잠재된 무의식도 있다.

방송에서도 마찬가지다. 고운 말만 골라서 구사하지 않고, 이미지를 관리하지 않는 이들에게 사람들은 편안함을 느낀다. 방송 미디어에서는 항상 고운 말, 아름다운 인상과 모습만이 보인다. 엔터테이너들의 진정성이 담긴 행동인지는 알 수 없다. 인기를 얻기 위해서라면 인간이 아닌 천사와 같은 모습만을 보이려 하기 때문이다. 수많은 프로그램에서 출연자들은 인기를 끌기 위해서 자신을 포장하기에 여념이 없다. 그럴수록 대중들은 식상해 한다. 김구라와 박명수, 지상렬의 막말들은 이러한 점에서 별미가 되어 구미를 당긴다. 일종의 역발상으로서, 암묵적인 금기를 넘어선 솔직하고 직설적인 면에서 호응을 받는다. 인기를 끌기 위해 인위적으로 말과 행동을 꾸미는 연예인들에게서 염증을 느낀 대중 심리에 어필하는 것이다.

하지만 그들의 막말도 결국 연출이다. 요즘 욕쟁이 할머니를 등장시키는 프로그램도 그 순수성을 잃고 있다. 욕쟁이 할머니를 비즈니스화 하는 순간 생명력을 잃고 마는 것이다. 단골 학생이 "할머니, 저 지갑을 안 갖고 왔는데요. 내일 드릴게요"라고 하자, 할머니가 "왜 그러십니까, 손님"이라고 말을 바꾸었다는 우스개는 이러한 현실을 꼬집는 것이 아닐까? 가장 최악은 이명박 후보가 광고에 욕쟁이 할머니를 끌어들인 것이다. 서민을 위한 정책이 아니라 부자를 위한 정책 행보를 보인 것이 이를 더욱 설득력 있게 만든다. 욕쟁이 할머니가 아무리 친근하게 느껴진다고 해도 아무나 그것을 활용해서는 안 된다. 정말 편안하고 인간적인 사람이 활용해야 진정성을 발휘할 수 있는 것이다.

왜 점은 과학 문명 시대에 더 번창하나

점술이 답답한 골방에 있던 시대는 지나고, 사주 카페는 물론이고 대형 할인점, 영화관, 유명 백화점까지 사주나 토정비결을 봐주는 곳이 생겼다. 한 조사에서 국내 점 산업이 4조 원에 이른다고 했다. 이에 따르면, 국내 영화 산업 규모를 훨씬 능가한다. 전국적으로 45만 역술인이 회원으로 가입되어 있는데, 역술 산업 종사자는 그 숫자를 정확하게 집계하기도 어렵다. 점 관련 인터넷 사이트는 200여 개에 이른다. 100억 원대의 매출을 올려 코스닥 상장을 검토한 점 사이트도 있었다. 10여 개의 대학에는 역술과가 생기기도 했다. 이러한 점술 현상들을 반영한 것일까. 2009년, 청담동 억대 연봉의 젊은 여성 점쟁이를 등장시킨 〈청담 보살〉이라는 영화가 손익분기점을 넘기며 선방했다.

한국인들만 유독 점을 열성적으로 보는 것은 아니다. 점의 산업화는 이미 세계적인 현상이다. 한국인뿐만 아니라 일본인들도 점을 많이 본다. 일본인 여성의 75.6%, 남성의 56.5%가 점 보기에 관심이 있다는 조사도 있었다. 또한 점술서가 4천만 부 이상 팔리는 것이 일본이다. 점 관련 방송 프로그램이 높은 시청률을 기록했고, 수많은 점집과 학원이 성업 중이다.

데카르트 합리주의 철학의 본산 프랑스에서는 연간 6백억 프랑이 점술가들의 주머니로 들어가는데, 13조 원이 넘는 액수다. 이스라엘에서는 라디오 프로그램 가운데 아랍어 점성술 쇼가 큰 인기를 끈 바 있다. 이스라엘보다 아랍에서 더 인기가 있었다고 한다. 12개의 별자리로 운명을 점치는 점성술사, 아프리카 주술사, 이슬람교 마술사에 이르기까지 각양각색의 역술가들이 세계적으로 점판을 벌이고 있다. 여러 통계 조사를 보면 남성보다는 여성들이 점을 많이 본다. 그러나 점을 배우겠다는 사람은 남성들이 압도적으로 많다. 남성들은 점을 배워서 창업을 하려는 것이다.

점의 끈질긴 생명력 때문인지, 과학 문명이 발달할수록 비과학적인 점은 더 발달하는 듯싶다. 과학 기술의 첨단을 달리는 21세기 디지털 시대에도 비합리적이고 비과학적이며 미신이라고만 여겨지던 점占은 사람들의 각광을 더 받고 있다. 왜 그럴까?

우선 점술의 계보와 차이를 짚어 보자. 흔히 점하면 사주점이나 토정비결을 많이 생각하는데, 전통 점에는 어떤 것들이 있는지 한 번 짚고 넘어가도 좋을 듯하다.

전통 점에는 삼국시대 이전부터 조선시대까지 내려온 농점農占이 있다. 그것은 그해 농사의 풍흉을 알아보려고 치는 점이다. 동물점처럼 까마귀 떼의 등장 등 동물의 행동으로 길흉을 알아보는 점인데, 이는 과학에 가깝다. 해몽점은 꿈의 내용을 푸는 점이다. 여기에 관상도 점술의 한 가지로 볼 수 있다. 동전점(척전법)은 육효점의 하나로 조선시대까지 가장 대중적인 점술이다. 준비된 3개의 동전을 6번 던져 그때마다 앞면과 뒷면이 나오는 것을 표시하고, 이렇게 하나의 괘를 만들어 64괘의 괘 가운데에 어느 괘에 해당하는가를 알아본 뒤 괘의 설명으로 길흉화복을 점친다. 거북점(육효六爻)은 잘 알려져 있듯이 주역점의 일종이다. 작은 통을 흔들고 그 안에 있는 막대(8개)를 여러 차례 뽑은 뒤 그것으로 괘를 만들어 점을 친다. 고대에 거북이 등껍질에 팔괘를 그려 통을 만들고 대나무로 만든 막대기를 넣어 흔들어 뽑아 점을 친 것에서 거북점이라는 이름이 붙게 되었다. 육효는 사주와는 달리 점치는 시간과 상황에 따라 다른 점괘가 나온다. 실점 혹은 실패점은 종이와 펜이 필요 없다. 우선 조상신을 불러들이고 실로 머리둘레부터 손가락, 코 등 신체 곳곳을 채가며 길흉화복을 점친다. 끝나면 실은 끊어 버린다.

요즘은 전통적인 점보다는 다른 나라의 점이 많은 각광을 받고 있다. 어떤 종류가 있는지 사례를 들어 살펴보자.

영화 〈사랑과 영혼〉의 우피골드가 사용한 수정구슬점, 러시안 집시 카드점, 최근에 인기를 끌고 있는 것은 타로카드점, 우리의 띠와는 다른 일본의 동물점(사람의 특성을 특정 동물의 행태와 비교해 파악하는 점) 등이 젊은 층의 인기를 끌면서 인터넷과 휴대폰으로 볼 수 있는 다양한 형태의 콘텐츠로 개발되고 있다.

수정구슬점은 차가운 수정구슬이 점술가의 체온으로 따뜻하게 변하면서 상대방에게서 나오는 '기'로 영감을 받고 점괘를 본다. 영상이 떠오르듯 점을 보는 사람의 운세가 이미지로 보인다고 한다. 이런 이유 때문에 기氣 소모량이 보통 점을 볼 때보다 10배에서 15배까지 된다고 말한다. 간혹 염파가 구슬에서 나오기도 하는데, 영화나 TV에서 볼 수 있는 레이저 빛은 실제로 기가 강한 점술인을 만나면 볼 수 있다고 하지만, 영상 작품의 특수 효과와 같을 수는 없다고 한다.

타로카드점은 드라마 〈겨울연가〉 때문에 관심이 높아졌다, 인터넷에는 수백 개의 관련 카페가 개설돼 있다. 타로의 정확한 기원은 알려져 있지 않고, 단지 14세기 무렵 인도 또는 이집트로부터 집시 혹은 집으로 돌아가는 십자군들이 유럽의 이탈리아로 전파한 것으로 보인다는 설이 유력하다. 타로카드는 메이저 아르카나 22장과 마이너 아르카나 56장으로 이루어진 한 벌을 한 데크Deck라고 하는데, 마니아들에게 인기 있는 '뱀파이어'를 비롯해 종류가 수십 개에 이른다. 어떤 점을 보느냐에 따라 스프레드Spread(배열 방법)의 종류가 달라진다. 데크와 스프레드의 종류, 그리고 카드를 뽑아 놓은 방향에 따라 그 점괘의 내용은 달라진다. 예컨대, 정이냐 역이냐에 따라 해석이 각각이다.

합리적인 젊은 층은 점을 보지 않을 것 같지만, 오히려 젊은 층이 더 많다. 다만, 미아리나 골목의 점집을 찾아가는 것이 아니라 컴퓨터나 점술 카페 등을 이용하는 것이 기성세대와 다를 뿐이다. 일찍부터 압구정 로데오거리는 '점술 밸리'라 불릴 만큼 새로운 점술 도구로 무장한 사주 카페들이 즐비했다. 수정구슬, 육효, 타로카드 등의 역술 소품이 모두 동원된다.

색다르게 각광을 받고 있는 코디점이라는 것이 있다는데, 행운의 코디점에서 패션은 운명학적으로 매우 중요한 역할을 한다. 각자의 패션 감각에 의한 분위기는 독특한 운명의 파장을 불러오기 때문이다. 행운 코디점은 사주팔자의 부족한 운을 채워 주는 개운開運 비법이라고 생각할 수 있다.

코디점에 따르면, 어떤 옷을 어떻게 입느냐에 따라 그 사람의 이미지가 달라지고, 그 사람의 운運의 파장에도 영향을 주게 된다. 예를 들면, 호랑이띠의 사람은 중요한 일을 하는 순간에는 반드시 화려한 분위기의 옷을 입어야 행운이 따른다는 것이다. 또한 생년월일시 별로 운을 부르는 스타일이 달라진다고 본다. 사주팔자 맞춤 코디점은 부족한 기운을 돋우어 주는 이미지 업 그레이드 방법 등을 내세운다. 자기 개발과 처세에 관심이 많은 시대적 풍경을 반영하고 있는 점이라고 볼 수 있다.

흔히 미신이나 점괘를 믿는 현상에 대표적으로 적용되는 심리학 용어가 "바넘 효과Barnum effect"이다. 사람들이 보편적으로 가지고 있는 성격이나 심리적 특징을 자신만의 특성으로 여기는 심리적 경향을 뜻한다. 1940년대 말 심리학자인 포러Bertram Forer가 성격 진단 실험을 통해 처음 증명한 것이다.

포러는 학생들을 대상으로 성격 테스트를 했다. 신문 속 점성술 난의 내용 일부만을 바꾸어 테스트 결과와 관계없이 학생들에게 나누어 주었다. 예를 들어, 별자리에 따른 운세 등은 대개 일반적인 내용이다. 학생들에게는 점성술 난의 내용이라고 하지 않고, 테스트한 결과에 따른 것이라고 말했다. 포러는 학생들에게 테스트 결과가 자신의 성격과 맞는지 평가하도록 하였다. 그렇게 하자 대부분의 학생들은 테스트 결과가 그렇게 나온 줄로 알고 맞다고 말했다. 그런데 포러가 나누어 준 내용은 일반 사람들이 가지고 있는 보편적인 특성들을 기록한 것이었다. 보편적 특성을 개개인들에게 평가 내용으로 말해 주면, 사람들은 그것을 자신만의 특성으로 간주하는 경향이 강하다. 공통적인 특성들은 대부분의 사람들에게 해당된다. 예를 들면, 판단을 할 때 여러 모로 많은 고민을 하는 것은 A형만이 아니라 대부분의 사람들이 그렇다. 거꾸로 아무리 A형의 얌전한 사람도 과감한 행동을 할 때는 있는 것이다.

한편, 사람은 일반적으로 사회 현상이나 특성들을 몇 가지 범주나 유형으로 묶으려는 경향이 강하다. 점괘의 특성은 유형화와 범주화이다. 그래서 매우 일반적인 이야기들을 담고 있다. 점술가들의 얘기가 다 맞는 것같이 보이는 이유이다. 일반적인 특징을 많이 이야기하기 때문에 맞을 확률은 그만큼 증가할 수밖에 없다. 12개의 별자리, 십이간지, 그리고 토정비결, 역학의 해석들은 일반적인 특성을 내용으로 한다. 그렇기 때문에 많은 사람들은 점괘 등이 마치 자신을 잘 반영하는 것처럼 받아들이고, 정확하다는 착각을 한다. 혈액형도 일반적인 네 가지 범주를 적당히 구분해 놓은 것이다.

간단하게 예를 들어 설명해 보자. 사람들에게 "외향적이고 붙임성이 있지만 내면적으로는 소심한 구석이 있다. 부모에 대한 애정이 있기는 하나 예민하게 부딪치는 경우가 간혹 있다"라고 결과를 말하면, 대부분 자기 이야기라고 생각한다. 그러나 겉으로 보기에 외향적인 사람치고 이렇게 여기지 않는 경우는 드물다. 또한 명랑한 사람에게 "당신은 겉으로는 명랑하지만, 속으로는 간혹 소심하지"라고 말한다고 치자. 이에 해당되지 않는 이가 있을까?

이와 비슷한 이론 중에 하나가 "우물 효과"이다. 어떤 말이 애매하면 애매할수록 — 우물의 깊이가 깊을수록 — 말을 듣는 사람은 해석을 많이 하게 되고, 그 말 속에서 자신에게 맞는 해석을 이끌어낸다. 사람들은 자기 본위로 사물이나 현상을 해석하는 본능이 있기 때문에 더욱 그러하다. 이 때문에 자기 자신의 모습을 더 많이 발견하게 된다. 애매하고 일반적인 말이 특정 개인에게만 명확하게 해당하는 말보다 더 설득력이 강하게 되는 이유이다. 그래서 점을 봐 주는 사람은 모호한 말을 남발한다. 이는 점을 봐 주는 사람이 어떻게 말을 하는가에 따라 믿음의 정도가 달라지는 것을 말한다.

심리적 효과는 더 광범위하게 작용한다. 사실 점을 봐 주는 점술가나 점쟁이도 자신의 말을 믿게 만들기 위해 복장과 말과 행동을 연출한다. 여기에도 상당한 심리 전략이 개입되어 있다. 그러한 연출 장치 때문에 사람들은 자신도 모르게 믿게 된다.

점쟁이나 점술가는 고난이도의 연기를 펼치는 배우와 같다. 신비화 전략을 꾀하는데, 기괴한 얼굴 화장, 이상한 복장, 특이한 표정과 몸짓, 비일상적 언어를 사용한다. 일상생활에서 사용하지 않는 용어, 즉 은유적이거나 한자를 섞어서 사용하는 것도 이 때문이다.

부적을 알 수 없이 휘갈겨 쓰는 것도 마찬가지다. 다른 사람들이 알아보는 것은 중요하지 않다. 될수록 못 알아보게 써야 한다. 일종의 문자 주술 효과라고도 볼 수 있다.

권위의 심리 전략도 있다. 쌍소리에 반말과 욕설을 통해 기선을 제압한다. 자신만만한 모습에 신뢰감이 더해진다. 점술가 치고 얌전한 사람은 없다. 이에 얼마나 자신이 있으면 저렇게 큰

소리 칠까 하는 심리를 만들어 낸다.

공포를 조장하는 것도 전형적인 모습이다. 기분 나쁘거나 불신의 빛을 보이면 가차 없이 "다른 데 가봐, 당신 같은 사람 봐줄 수 없어"라고 호통을 쳐댄다. 재벌 회장도 정치인 누구라도 착한 아이가 된다.

단언적인 말투도 한몫한다. "몇 달 못 살아…," "틀리면 장을 지져…," "내 말대로 해봐, 틀림없어"라는 말들이 대표적이다. 이러한 말과 행동에 순종적일수록 자기 이야기를 잘할 수밖에 없다. 그럴수록 점쟁이는 유리한 위치에서 점을 보러 온 사람들의 속사정을 잘 알게 된다. 이 때문에 본인이 잘 모르는 이야기까지 점쟁이가 짚어 낼 수 있다. 그만한 속내를 가족들에게 말한 적도 없을 것이다. 당연히 마음에 와 닿는 이야기를 들을 가능성이 높아진다. 심리적으로 무장 해제시키고, 시선, 표정, 눈동자, 목소리, 눈 깜빡임을 통해 행동의 단서들을 잡아내면, 더 정확한 말을 하게 된다. 호통치고 욕하면서 돈을 버는 사람은 점술가뿐이라는 지적도 있다.

점은 비과학적이기 때문에, 점을 많이 보는 것은 옳지 않다고 한다. 그러나 그대로 믿는 사람이 과연 얼마나 될까? 사실 요즘 사람들은 점이 맞다고 생각하지 않는다. 더구나 점괘가 나에게만 해당되는 것은 아니지 않나. 토정비결의 경우, 우리나라 인구를 약 8천만 명으로 가정할 때, 약 56만 명이나 되는 사람이 해마다 같은 점괘를 갖는다고 한다. 40명 중 한 명은 같다. 사주의 경우, 1분에 1명씩 태어나도 사주가 같은 사람은 120명이나 된다. 그럼에도 사람들은 점을 더 본다. 점이 과학적인가 비과학적인가 하는 질문은 이미 잘못된 질문인지도 모른다.

물론 쿨하게 점을 심심풀이로, 재미있는 이벤트 삼아 볼 수도 있다. 부드러운 인간관계를 위해서 점을 배우는 이들도 있다. 마음에 드는 사람과 친해지기 위해서 말이다. 사람들의 점을 봐주면서 서로 공감하고 친해질 수 있다.

그 외에도 점을 보는 이유에는 어떤 것이 있을까? 가장 많이 꼽는 것은 정신적 치료, 즉 점이 심리적 위안과 촉진 효과를 준다는 점이다. 정신적인 고민이 있을 때, 외국에서 정신과 의사나 카운셀러를 찾아 상담하듯, 우리나라 사람은 점을 보고, 역술인을 찾는 것이다.

우선, '고백 효과'를 들 수 있다. 고민을 털어놓고 함께 해결 방법을 모색하는 과정 자체에서 생각을 정리하고, 앞으로 나아갈 방향을 결정한다. 말하는 과정 자체에서 스트레스를 푼다는 의미도 크다.

불안한 사회일수록 점을 많이 본다는 주장도 꾸준히 제기되어 왔다. 불황일 때 점이 증가하는 것은 이 때문이다. 불안한 사람에게 점쟁이는 희망적인 말을 위주로 한다. 위험을 얘기해도 조심하면 그 위험이 방지되고 행복이 찾아온다는 것이다. 요컨대, 1%에서 희망을 찾으려는 심리가 점을 보는 행위와 연관된다. 점은 불안을 제거해 주고 자신감을 주는 일종의 심리적 멘토링이다. 점은 희망을 찾으려는 마지막 행동이기도 하다. 그렇다면 한국인이 점을 좋아하는 이유가 지금 불안하기 때문인가?

여기에는 "자기 충족적 예언self-fulfilling prophecy"도 중요하게 작용한다. 점에 작용하는 자기 충족적 예언은 약간 다른 점이 있다. 스스로 자기 예언을 해서 충족하기보다는 권위 있는 사람의 예언을 자기 긍정적 예언으로 삼아 실제로 성공시키는 것이다. 올해는 운수가 좋다고 하면 왠지 자신감이 생기고 실제로 성공을 이룰 수 있게 되는 것이다. "피그말리온 효과Pygmalion effect"는 자신의 나르시시즘에 바탕을 두고 있다. 점술은 자신만은 잘될 것이라는 심리에 바탕을 둔다는 측면에서 피그말리온 효과와 관련이 깊다. 나만은 그래도 잘될 거야 하는 신념이 실제로 자신을 잘되게 만들기 때문이다.

외로운 사회일수록 점을 많이 본다는 지적도 있다. 의지할 곳이 없어서, 또는 싱글족, 핵가족이 많아져서 점을 많이 본다는 것이다. 그런데 가족과 친구가 많다고 외롭지 않은 것일까. 군중 속의 고독이라는 말도 흔하지 않나. 대화 소통 부재의 증거라고도 볼 수 있다. 부모와 대화가 통하지 않고, 친구나 선후배에게 말을 하기도 쉽지 않다. 자신의 익명성이 보장되는 누군가와의 대화를 통해 고민을 털어놓으며 편안한 마음이 되는 경우가 있는 것이다. 한국인은 대화가 필요한 것이다. 자신이 느끼고 고민하는 것을 털어놓고 이야기하지 못하고 점집을 찾아간다. 카운슬러를 찾아가는 것이 정신적으로 문제 있는 사람이라는 인식도 점집으로 사람들을 몰려가게 만드는 사회 문화적 요인이라고 볼 수 있다.

그러나 점과 관련된 산업의 팽창은 한국만 그런 것은 아니라 세계적인 현상이다. 문명이 발달하고 과학이 발전할수록 점이 선호될 것이라는 지적이 많다. 그 이유는 무엇일까?

문명이 발달할수록, 과학 기술이 발전할수록, 사회가 복잡해질수록, 현대인이 소외되고 서로 멀어질수록 점술은 증가한다. 외로워지는 사람들, 빈약한 인간관계에서 의지할 데 없는 고독한 현대인들이 점을 통해 자신이 처한 삶의 상황을 헤쳐가려고 한다. 이것이 점이 증가하는 중요한 이유가 아닐까.

또한 문화적 아우라의 해체는 역설적으로 비합리적인 점占을 불러일으킨다. 합리적일수록, 진실이 모두 밝혀질수록 사람들은 비합리적인 힘에 의존해 현실을 타개하고자 한다. 자신의 운명이 비극적이라고 생각될수록 모호한 점에 의지하려는 것이다. 과학을 강조할수록 인간의 상상력과 꿈꾸기는 제한되고, 정해진 운명에 순응해야 한다는 비관적인 분위기에 휩싸일 때 인간은 모호하고 몽환적인 것에 의존하려 한다. 현실이 엄혹할수록 판타지를 통해 현실의 한계를 벗어나고자 하는 것과 마찬가지다.

점술이 가지고 있는 특징을 정확성이 아니라 심리적 위안 효과로 본다면, 컴퓨터로 보는 점보다 인생 경험이 많은 사람들의 말이 곁들여지는 점이 낫지 않을까? 이러한 관점에서 점집의 공간과 관계는 그것을 전해 주는 사람의 인생 경험과 연륜이 풍부할 때 의미가 있을 것 같다. 그런데 지금 점은 인터넷에서 2,000원을 주고 뽑아 보는 데이터에 불과하다. 한순간 재미로 보는 소모품에 불과하다. 점 카페에서는 심지어 컴퓨터가 말하는 대로 읊기도 한다. 사주 카페 가운데에는 알바를 고용해 운영하는 곳도 많다. 물론 그 알바는 20대가 대부분이다. 수많은 점술집에서 중요하게 여기는 것은 점치는 테크닉뿐이다. 많은 학원들이 단기 속성반을 운영하는데, 점술은 단지 속성 창업 아이템에 불과하다. 분명한 것은 책 몇 권과 몇 개월 혹은 몇 년 사이에 사람들의 운명을 바라보는 경륜과 통찰을 얻을 수는 없다는 점이다.

결국 점은 시간을 가로지르는 삶의 지혜를 통해 심리적 위안과 희망을 주는 것이다. 인간과 인간, 사람과 사람이 만나는 곳에 점이 있고, 또 있어야 한다.

까마귀는 불길한데, 삼족오는 왜 신성한가

삼족오를 만들어 낸 심리

저 혼자 자유스러워 새가 되지 못한다.
새가 되기 위해서는 새를 동경하는
수많은 다른 눈이 있어야 한다.

— 최승자, 『기억의 집』, 「희망의 감옥」에서

대상이 의미를 갖는 것은 의미를 부여하는 존재와 그 존재의 사유가 있기 때문이다. 사유는 문화적 통찰을 통해 비로소 사물을 사물답게 만든다. 드라마 〈연개소문〉, 〈주몽〉, 〈대조영〉, 〈태왕사신기〉, 〈바람의 나라〉, 〈자명고〉 등은 고구려를 배경으로 하는 사극이라는 점 외에도 삼족오三足烏가 등장했다는 공통점을 지니고 있다. 〈연개소문〉에서는 연개소문을 상징하는 문장으로, 〈주몽〉에서는 주몽을 수호하는 신물로 등장한다. 물론 삼족오는 공통적으로 고구려를 상징한다. 아울러 고조선 이후의 동이족이 지녔던 천손선민天孫選民의 꿈이 담겨 있다.

얼마 전까지 삼족오는 일본 축구팀의 상징으로만 여겨졌다. 하지만 삼족오의 기원은 고구려가 먼저였으며, 몇 세기 후에 일본에 전해진 것이다. 일본의 창세 신화의 아마테라스 오미카미

160

天照大神의 실제 인물로 여겨지는 연오랑延烏郞과 세오녀細烏女의 이름에 까마귀 오烏가 들어 있다. 까마귀라는 말의 연원을 추적해 보자. 까마귀는 15세기에 '가마괴'로 표기했다. '가마괴'의 '괴'는 '고이'의 준말이다. '고리'는 '고이'의 고어이다. '고리'는 새라는 뜻을 지닌 옛말이다. 꾀꼬리의 15세기 표기는 곳고리이다. 왜가리, 딱따구리, 병마구리에서 가리, 구리는 모두 새를 뜻한다. 동이족을 '코리족'이라고 부르기도 하는데, 이는 그만큼 새와 밀접한 것을 의미한다. '구려'나 '고려'의 기원도 '코리,' '고리'에서 왔다고 지적된다.

고구려의 대무신왕은 북부여와 전쟁을 벌였는데, 북부여의 대소왕이 머리 하나에 몸이 둘인 붉은 까마귀를 대무신왕에게 보냈다. 대소왕의 신하가 "까마귀는 검은색인데 이 까마귀는 붉은 색으로 변했고, 머리 하나에 몸은 둘이니 이것은 두 나라가 합병될 징조"라고 했다. 그러자 대소왕이 기뻐하며 고구려에 이 붉은 까마귀를 보냈던 것이다. 그러자 이를 받은 대무신왕이 더 기뻐하며, "검정은 북방의 빛이고, 붉은 색은 남방의 빛이니 이는 고구려에게 상서로운 일"이라고 했다. 결국 대무신왕은 대소왕을 죽이고 북부여를 통합했는데, 대소왕은 주몽을 죽이려 한 부여의 왕자고, 대무신왕은 주몽의 손자다. 대무신왕은 까마귀를 통해 상서로운 길운을 점쳤는데, 해석에 따라 역사가 달라졌다. 문제는 해석이자 심리이다.

중국 고대 신화에 따르면, 삼족오는 태양의 화신인데, 부정적인 의미가 강했다. 요나라 때 태양이 10개나 떠 많은 사람들이 타죽고 산천초목이 타들어갔다. 요임금이 전설적인 궁수 예羿

를 시켜 태양을 떨어뜨리게 했다. 태양이 떨어져 폭발한 그 자리에는 거대한 황금색 삼족三足을 가진 까마귀가 화살에 꽂혀 있었다. 이는 북방 민족에 대한 두려움이 담겨 있는 것으로 여겨진다.

전한前漢 시대의 회남왕 유안의 『회남자淮南子』에서는 까마귀가 태양에 살고 있으며, 다리가 세 개이고, 이따금씩 땅에 내려와 불로초를 먹는다고 했다. 이 삼족오는 태양의 본질로 남성의 원리라 했다. 태양이 남성을 상징하기도 하지만, 삼족 중에 하나는 남성의 성기를 상징하기도 한다. 또한 천지인이라는 삼재 사상을 담고 있다고도 한다. 삼三이라는 숫자는 가장 안정된 균형을 의미하기도 한다. 우리 문화에는 석 삼이라는 숫자 문화가 헤아릴 수 없이 많다.

고구려인들은 삼족오가 천손의 상징임을 강조하며, 세상의 중심이 자신들에게 있다는 자긍심을 나타냈다. 고조선을 이어 고구려가 자신들을 천손이라고 강조한 것이 삼족오에 그대로 투영되어 있었다.

잘 알려져 있다시피 고구려 고분군인 쌍영총, 무용총, 지신총, 각저총, 내리 1호분 등에 삼족오가 있다. 고려 시대 상감청자 중 표형주자의 일상문이나 조선시대 불화에도 등장한다. 하지만 우리가 까마귀를 불길한 새로만 여기는 사이 삼족오 신앙 자체도 사라졌다. 그런데 일본에서는 삼족오를 신사에 모시는가 하면, 축구 응원단의 상징으로 사용하기도 했다. 그리고 대규모 캐릭터 산업을 만들어 냈다. 일본에서는 까마귀를 하늘의 뜻을 전달하는 신성한 새로 간주하거나, 산신으로 모시는 사당도 있다.

본래 삼족오는 북방 민족의 상징이다. 삼족오는 검은 색을 가졌는데, 검은 색은 본래 북방의 색이다. 검은 공간은 죽음의 공간이 아니라 탄생을 알리는 곳이자 세상이 시작되는 곳이다. 검은 까마귀는 종말이 아니라 새로운 시작을 알린다. 즉, 변화를 거부하는 이들에게 까마귀는 죽음의 대상일 뿐이다. 정착 농경민인 한족들에게 이러한 역동적인 북방의 삼족오는 두려움의 대상이었다.

원래 북방 민족들에게는 조류에 대한 신앙, 즉 조류 신앙이 있었다. 땅과 하늘이 광활한 평원 지대에서 중요한 것은 인간과 땅과 하늘이다. 그러나 인간은 하늘을 오를 수 없었다. 인간은 땅을 딛고 하늘을 이고 살지만, 하늘을 날지는 못한다. 새는 하늘과 땅을 오가는 존재이다. 하늘을 나는 새는 인간의 부러움을 받았다. 새는 하늘과 땅을 연결시키는 존재이다. 하늘의 뜻을 인간에게 전해 주는 신성한 영물이다. 고대인에게 신성한 존재는 경외와 숭배의 대상이 되기도 했지만 두려움의 대상이기도 했다. 삼족오를 포함해 까마귀도 신의 뜻을 전달해 주는 존재이자 두려움의 존재였다. 인간은 삼족오같이 경외의 대상이면서 공포감을 주는 존재를 숭배한다.

노자가 말하듯이, 자연은 인간에게 자애롭지 않다. 자연은 번번이 인간의 마음과 소망, 기대에서 벗어난다. 가뭄과 홍수, 질병과 기근을 낳는다. 또한 인간의 생명과 삶을 좌지우지한다. 까마귀는 그러한 징조를 나타내는 존재로 죽음과 삶의 경계에 있다. 더구나 조류 신앙을 믿는 사람들은 이러한 새를 통해 죽은 다음 하늘로 올라가고자 했다. 조류 신앙은 하늘에 대한 열망을 담고 있다. 특히 까마귀 등은 사람을 먹음으로써 천상으로 이동시켜 주는 존재가 된다. 초원 사람들은 조상의 시체를 새에게 주었고, 하늘로 올라가기를 바랐던 것이다.

제사를 지내고 나면 잿밥 등을 울타리 곁에 놓는데, 이것은 까마귀밥으로 까마귀가 저승에 있는 조상에게 음식을 가져다 주길 바라는 마음이 담겨 있다. 까마귀는 저승과 이승을 오가는 사자인데, 이렇게 이승과 저승을 오가는 까마귀는 당연히 경외감을 갖게도 하지만, 두려움과 공포의 대상이기도 하다.

농경 사회로 들어가면서, 기마 유목적 성향을 버리고 정착민이 되면서, 유교의 영향을 많이 받으면서, 까마귀의 신령성은 사라지고 공포의 대상으로 굳어졌다. 중화사상과 사대주의가 심화될수록 조류 신앙과, 하늘과 땅을 잇는 신성성은 사라졌다. 이러한 까마귀에 대한 심리, 삼족오에 대한 문화적 심리가 고구려 드라마에는 반영되지 않았다. 그냥 고구려 시대의 상징이기 때문에 영상에 담을 뿐이었다.

요컨대, 삼족오를 포함해 까마귀를 불길한 새라고 인식하게 되었던 것은 중화사상과 사대주의 때문으로 보인다. 어찌되었든, 삼족오 혹은 까마귀가 어떤 의미를 갖는가는 그것을 해석하고 의미 부여하는 우리들에게 전적으로 달려 있다. 지금 삼족오에 대한 주목도 마찬가지이고, 역사 자체는 더욱 말할 것도 없다. 광대한 대륙의 꿈이 삼족오에 담겨 있다는 것조차 인식하지 못했다면, 그 꿈을 바라는 눈들이 삼족오를 비상飛上시킨다. 최승자 시인의 말대로, 새가 되기 위해서는 새를 동경하는 눈들이 있어야 한다. 삼족오가 삼족오이기 위해서는 경외의 눈이 필요하다. 일본에게 삼족오를 넘겨주었던 것은 이것이 없었기 때문이다.

삼족오에 담긴 의미를 경외하는 눈이 필요하다. 그래서 단순히 주몽이나 연개소문의 상징이 아니라 고조선 아니 북방의 넓은 대륙을 상징하는 잃어버린 꿈 삼족오를 넘겨주는 일이 다시는 없어야 되겠다.

아줌마 심리와 줌마렐라의 탄생

　어느 방송사의 아줌마 변천 모습에 관한 프로그램에 출연한
적이 있다. 성형외과 의사와 국내의 내로라하는 광고사 직원들
이 출연자들이었다. 성형외과 의사는 여성들에게 아줌마라는
단어를 쓰는 바람에 손님을 많이 잃은 경험을 이야기해 폭소를
자아냈다. 그 뒤에는 아줌마라는 단어를 사용하지 않고, 줌마렐
라라는 단어를 사용하게 되었다고 한다. 아줌마가 아닌 줌마렐
라라는 단어를 들은 여성들은 매우 기뻐했다고 한다. 광고사의
광고국장은 이전의 아줌마 이미지는 사라지고 줌마렐라의 성
향으로 확실하게 이동했다고 밝혔다.
　'줌마렐라'라는 말이 유행하는데, 왜 이런 말이 나오게 되었
는지, 그 안에 담긴 여성들의 일상의 이면과 꿈은 무엇일까? 줌
마렐라Zoomarella는 '아줌마'의 '줌마'와 '신데렐라Cinderella'의
'렐라'를 합성한 단어이다. 이미 아줌마의 처지이지만, 신데렐
라와 같은 꿈을 가지고 있는 여성들을 가리킨다. 대개 경제적인
능력이 있으면서 적극적인 성향을 보이는 30~50대의 여성들이
며, 아름답고 센스 있으면서 능동적인 여성을 일컫는다.
　이 단어와 유사한 개념들이 있어 온 것도 사실이다. 미시족은

아이가 있는 주부임에도 미혼 여성처럼 자신을 꾸미기를 좋아한다. 미혼 같은 기혼 여성을 말한다. 나오미족(Not old image)은 안정된 결혼생활을 누리며 신세대 못지않은 감각과 라이프스타일을 보여 주는 30대 중반 여성들을 가리킨다. '나우족(New Older Women)'은 가정은 물론 자신에게도 투자를 아끼지 않는 중년 여성을 말한다. 남성의 경우는 노무족이 있는데, '더 이상 아저씨가 아니다No-more Uncle'라는 의미로 나이와 상관없이 자유로운 사고와 생활을 추구하는 40, 50대를 이른다.

줌마렐라의 특징을 몇 가지로 압축하는 경향이 있다. 자식이나 남편에게 무조건 '헌신, 희생'하기보다는 자신의 삶을 가꾸는 데 무게 중심을 둔다.

한 연구소의 분석에 따르면, 하루 중 몇 시간은 자기 개발에 투자하며, 미용과 건강 등 자신을 위한 관리는 필수라고 생각한다. 인터넷을 자주 활용하며, 창업 등 경제활동에 대한 관심이 높으며, 취미 또는 인맥 관리를 위한 모임에 정기적으로 참석하는 적극적인 성향이 있다고 본다. 다양한 취미 생활 병행, 싱글보다 젊은 패션 스타일을 추구하고 출산이나 양육만큼 사회적 성취도 중요하게 생각하며, 아이에게 투자하는 만큼 자기 개발도 하는 등 모성 못지않게 독립된 인간으로서의 삶을 추구한다는 것이다. 외모를 위한 패션, 요가, 체형 관리 등 미용에 대한 투자와 함께 유기농 채소, 천연 주스, 반신욕 등의 건강 지침 실천과 함께 대학원 진학 등 자기 능력 개발에 철저한 점도 언급된다.

한 미용 연구소는 줌마렐라의 전형으로 강금실 전 법무장관을 꼽았다. 여기에 한명숙 전 총리도 포함되었다. 이들은 외모 관리가 철저한데, 한 전 총리는 나이에 비해 믿기지 않는 젊음과 세련미가 특징이라는 말도 빼놓지 않았다. 자기 관리가 그만큼 철저했다는 평가인 것이다. 강 전 장관은 과감한 액세서리, 포인트 메이크업 등으로 과거 '여성 장관'의 고정 이미지를 깼다는 평가가 절대적이었다.

과거 저렴한 것만을 추구하던 '아줌마'들의 소비문화가 바뀌면서 관련 상품 시장은 점점 폭발적 수요 잠재력을 가진 시장으로 성장하고 있고, 새로 형성된 시장을 잡기 위한 기업들의 마케팅은 더욱 치열해지고 있다. 백화점 쇼윈도에 화사한 옷과 함께 줌마렐라 필수 아이템이라고 유혹하는 문구가 나붙고, 백화점 문화센터에는 82만 원짜리 꽃꽂이 강좌가 생기기도 했다. 뷰티클럽, 다이어트 제품, 각종 패션 장신구, 유기농 식품, 피부과, 헬스클럽, 네일숍이 모두 이 줌마렐라의 부산물이라는 지적도 있다.

줌마렐라의 이면을 살펴볼 필요도 있을 것이다. 미시족이니 참살이(웰빙)족이니 줌마렐라 같은 말은 듣기에는 그럴 듯해도 핵심에는 여성을 삶의 주체가 아닌 소비의 대상으로 보는 시각이 자리 잡고 있다. 줌마렐라가 되기 위해서는 유기농 식품을 먹어야 하고, 유행하는 샤넬풍 투피스도 입어야 하고, 요가와 피트니스도 해야 하는 듯이 보인다. 그러나 줌마렐라가 되자면 누군가 아이를 봐 주고 가사 또한 분담해 줘야 한다. 자신에게 충분히 투자할 만큼 경제적 여유도 있어야 한다. 그렇지 못한 상태에서의 줌마렐라는 그저 꿈이다.

왜 이러한 단어가 나오게 되었는가? 이는 제일기획에서 제일 먼저 만들어 낸 말이다. 광고 회사가 만들어 낸 신조어인 것이다. 당시 아줌마라는 용어가 매우 부정적인 의미로 사용되었기 때문에 차별화되는 단어가 필요했다고 한다.

그렇다면 기존의 아줌마의 이미지는 어떤가? '아기 주머니'라는 뜻을 가진 아줌마는 언제부터인가 뽀글뽀글한 파마머리에 촌스러운 화장과 의상을 걸치고 외모는 여성이라고 볼 수 없는(?) 이들이 되었다. 남의 눈치 보지 않는 몰상식함에 자신과 가족만 아는 이기주의자라는 인식이 많았다. 지하철에서 잽싸게 새치기 하는 이가 아줌마다. 또한 아줌마는 공짜라면 무슨 짓이라도 한다거나 질보다는 양을 따진다는 말도 아줌마에 대한 부정적인 평가의 일종이다. 요컨대, 근검절약, 천박함, 무식, 몰염치, 촌스러움의 대명사가 아줌마다.

이런 부정성은 가족을 위해 혼신을 다한 이들에 대한 부당한 평가일 수밖에 없다. 젊음과 미모를 중심으로 움직이는 대중문화 혹은 광고나 방송의 희생양 또는 밥이 된 것이다.

이 때문에 아줌마라는 단어는 시대감각에 뒤떨어지고 촌스러우며, 자기 관리 못하고 자신의 꿈을 잃어버린 비주체적인 인물을 나타내는 말이 되었다. 심지어 지식수준 낮고 교양 없는 퇴물의 상징으로 보이기도 하며, 여성의 아름다움과 매력이 없는 존재가 되어 버렸다.

당연히 아줌마의 이미지는 부정적으로 작용할 수밖에 없다. 아줌마 이미지에서 탈피하기 위한 노력은 다시 상품 소비와 연결된다. 물론 아줌마라는 소리는 내적인 가치보다는 외적인 가치로 평가하는 것이다.

결국 현재의 아줌마에 대한 왜곡된 시선은 사회적, 내적 가치보다는 외적, 소비적 가치에서 비롯한 것이라고 볼 수 있다. 편견의 재생산과 사회적 폭력이다. 교통사고가 나거나 쇼핑센터에서 말싸움이 붙으면 "이 아줌마가" 하면서 비아냥거리는 것이나 여성 운전자에게 쏟아지는 "아줌마" 소리도 편견에 따른 정신적 폭력의 산물이다.

예를 들어, 인터넷에서는 아줌마들의 운전 솜씨를 빗댄 무협지가 등장했는데, 강호의 최강 고수가 아줌마들의 운전이라는 식의 표현도 마찬가지다. 이것이 사회적 약자에 대한 폭력은 아닐까.

사실 처음에 밝힌 성형외과 의사는 강남에서 영업을 하고 있었다. 강남 지역에서는 아줌마로 불리는 것이 끔찍하게 싫을지도 모른다. 강남에 대한, 아니 강남의 부유한 계층에 대한 선망이 강할수록 아줌마에 대한 부정적인 인식이 강할지도 모른다.

과연 아줌마가 부정적일까? 왜 아줌마들은 지하철 자리를 번개같이 새치기하면서 잡을까? 정말 힘이 넘쳐나고 혹은 자신만 생각하는 이기적인 존재이기 때문일까? 그렇지만은 않을 것이다. 고된 노동과 출산 등으로 뼈가 약해지거나 관절이 상한 경우가 많고, 강한 생활력이 지나쳐 자리 쟁탈도 생존 문제로 보는 것은 아닌지 생각해 볼 일이다.

아줌마들이 항상 이렇게 자기 자리만 챙길까? 마을 버스에서 노인에게 양보하는 파마머리의 아줌마를 많이 볼 수 있다. 고통을 아는 사람이 상대방의 고통도 잘 안다고 했다. 과연, 아줌마는 이기적이고 몰염치한 것인가. 만약 정말 아줌마가 강인하고 우월한 힘을 가지고 있다면 비하하거나 공격하지 못할 것이다. 약하고 힘없는 존재이기 때문에 희화화하고 부정적인 평가로 폄하한다. 아줌마에 대한 부정적 담론을 만드는 것은 이러한 가학의 쾌락 심리이다.

강인하고 생활력 강한 중년 여성을 지칭하는 아줌마는 프랑스 관광청 보고서에 'Adjumma'로 등재될 정도로 국제적 관심을 모으기도 했다. 한국의 아줌마들이 조폭과 같다는 우스개가 유행한 적이 있는데, 그 집단성을 나타내는 말이다. 사실 몇 명 이상 무리를 지어서 다닌다. 윗사람은 반드시 형님이라고 부른다. 핸드폰을 무척 많이 사용한다. 특정한 장소에서 만나고, 다음 약속 장소를 정하고 헤어진다. 한국의 아줌마들은 정말 바쁘다. 조폭보다는 오히려 비즈니스맨이라고 해야 한다.

입소문의 강력한 힘도 빼놓을 수 없다. 월마트는 한국에서 철수했고, 까르푸는 이랜드가 인수했는데, 세계 양대 할인점이 한국에서 악전고투를 하다가 철수하고 만 것이다.

그 원인을 두고 아줌마의 힘이라는 분석이 있었다. 한국의 아줌마들은 학력이 다른 나라에 비해 높고, 최근에는 인터넷으로 무장하고 있어 정보 소통이 빠르다는 것이다. 여기에 아줌마들은 항상 빠르다. 행동도 그렇고, 기호도 그렇다. 따라서 해외 유통업체가 수시로 바뀌는 기호와 선택에 즉각적으로 맞추기에는 한계가 있었다는 말이다. 그리고 한국의 아줌마들은 적극적이고, 심지어 공격적인 성격을 가지고 있다. 부정과 비리가 있으면 바로 이의를 제기하고, 요구한 것이 해결되지 않으면 즉각

항의한다.

이 때문에 아줌마들에게 '찍히면' 낭패를 본다. 2005년, 분유 업체인 A사는 8억 원에 최진실과 모델 계약을 체결하려다 주부들의 거센 반발에 부딪혀 중도 포기했다. "거액의 모델료를 지급하지 말고 분유 값을 내려라"라는 요구였다. 빗발치는 항의로 회사 홈페이지가 다운되는 사태까지 겪었다.

결론적으로, 이러한 한국 아줌마들의 특성을 몰랐기 때문에 외국의 유통 기업들, 핀란드의 노키아, 일본의 소니 제품이 고전을 하고 있고, 다른 나라에서 큰소리를 치고 있는 모토롤라도 삼성에 밀렸다. 맥도날드도 한국의 브랜드인 BBQ에 고전하고 있는 것이다.

제일기획이 실시한 소비자 조사 결과에 따르면, 가정에서 재財테크를 하는 주체는 57%가 주부였다. 남편이 재테크 운영권을 가진 경우는 16%에 불과했다. 이것도 몇 년 전의 조사다. 지금은 더 확대되었을 것이다. 과거 남성이 주도권을 가졌던 신문 · 보험 · 자동차 · 부동산에 대한 구매 결정권도 주부 손으로 넘어가고 있는 추세다.

일부에서는 이런 아줌마들의 눈치와 민첩성, 결단력 그리고 공격적인 행동을 배워 마케팅에도 사용해야 한다고 주장한다.

그렇다면, 아줌마와 '줌마렐라'의 차이는 무엇일까? 생산하느냐 소비하느냐를 차이점으로 들기도 한다. 아줌마는 아이를 생산하고, 밥을 생산하며, '수다'를 생산하는 반면, 줌마렐라는 소비의 주체라는 측면이 강하다는 것이다. 아줌마는 타인(가족)을 지향하지만, 줌마렐라는 자신을 지향한다.

5월 31일은 아줌마닷컴(www.azoomma.com)이라는 단체가 정한 "아줌마의 날"이다. 어버이날, 어린이날, 스승의 날이 다 지난 말일을 아줌마의 날로 정한 것이다. 이것은 남을 배려하는 아줌마의 의미를 상징한다. 비록 공식 기념일은 아니어도, 아줌마들이 이 날만이라도 가정과 사회 속에서 21세기 정보화 시대의 주체적 존재로서 자신의 정체성을 돌아보자는 의미를 지닌다고 한다. 이는 결국 자신만을 위해 소비하고 투자하는 이기적인 줌마렐라의 관점에서 벗어나는 것을 지향하는 것은 아닐까.

전국에 46개의 매장을 가진 비영리법인인 '아름다운 가게'는 사실상 아줌마의 힘으로 유지된다. 매장과 물류센터에서 활동하는 2,000여 명의 자원 봉사자 가운데 기혼 여성의 비율은 70%이다. 아줌마에 대한 혐오와 기피는 나이 들어감에 대한 공포가 배어 있는지 모른다. 물론 사람은 늙어 가는 것이 당연하고, 처음부터 늙은 모습도 아니다. 늙기를 거부할 때 끊임없이 다른 식의 소비를 부추기는 마케팅과 상술의 타깃이 될 수밖에 없는지도 모른다. 중요한 것은 소비를 통한 외모의 유지가 아니라 '꿈'일 것이다.

'줌마렐라'라는 단어에는 동의할 수 없어도 지향점 중에는 긍정적인 부분도 있다. 무조건 순종적이고 희생적인 엄마 세대의 삶은 살지 않겠다, 가족을 위해 '희생'만 하지 않고 자신을 위해서도 투자하겠다는 자세는 자신의 권리 찾기라는 측면에서 능동적이기 때문이다.

강한 생활력과 책임감으로 똘똘 뭉친 '아줌마'의 특기와 착하고 아름다운 '신데렐라'의 장점을 살리는 것은 필요할 듯싶다. 내가 즐거워야 가족이 즐겁고, 다른 이들이 즐겁다는 말도 의미가 있고, 당당하게 즐겁게 지내는 것도 필요하기 때문이다.

여하튼 '줌마렐라'의 탄생은 여성의 비중이 남성에 비해 결코 작지 않다는 점을 입증하는 것이다. 경제력과 정열을 갖춘 이들은 남성의 영역을 깨뜨린 후 아예 주도할 태세다. 아줌마 경제학과 아줌마 리더론이 나오기도 한다. 그것은 남성적인 시각이 반영된 경제학이나 리더론과는 다르다. 그런 맥락에서 '이 세상 모든 여자는 공주입니다'라는 콘셉트에 주목하기도 한다. 당신이 지금 서 있는 그 자리에서 당신은 이미 아름다운 공주라는 것이다. 공주는 허영 덩어리를 말하는 것이 아니다. 공주라고 지칭하는 것은, 모든 기혼 여성은 소중한 존재이고 존중받을 만한 사람이라는 의미를 지닌다. 그리고 그들의 꿈은 여전히 소중하다는 것이다. 자기를 존중하는 이들이 다른 이들도 존중할 수 있다. 자기를 자학하는 이들은 결코 상대방의 권리나 처지를 고려하지 않는다. 진정한 아줌마 경제학은 존중의 심리에서 출발하며, 자기존중감과 공감의 '아줌마 담론'은 좀 더 세련되어야 한다.

공포 비즈니스-F이론

드라마〈대조영〉에서 당나라 측천무후는 대조영이 발해를 건
국하기도 전에 그를 두려워한다. 그래서 거란이나 돌궐을 통해
대조영을 견제하고 다양한 술수를 써서 대조영을 제거하려 한
다. 하지만 당나라의 이러한 행동은 대조영을 따르는 세력을 더
욱 단단하게 뭉치도록 만들어 준다.

드라마〈이산-정조〉에서 정순왕후가 세손 암살의 이유로 삼
은 것은 공포였다. 세손이 왕위에 오르면 사도세자의 죽음과 관
련된 이들을 모두 가만두지 않을 것이라는 공포감을 활용한다.
세손은 처음부터 그들을 모두 죽음에 몰아넣을 생각은 아니었
다. 공포감의 조성과 극대화를 통해 정순왕후는 자신들을 단결
시키고 암살 기도를 반복한다. 세손은 그럴수록 더욱 분노하게
되고, 마침내 왕위에 등극하면서 정말 그들을 죽여 버릴 결심을
하게 된다. 공포는 곧 현실이 된다. 공포가 현실이 된 것은 공포
를 상상하며 행한 행동 때문이었다.

한때 일본에서는 "F이론"이 주목을 받은 적이 있다. 이는 공
포Fear 이론을 말한다. 외부의 위기에 따라 공포심을 갖게 되면,
내부 구성원들의 단결은 더욱 강화되고 조직 성과도 높아진다

175

는 것이다.

예컨대, 1997년 외환 위기가 닥쳤을 때처럼, 시민들이나 기업체의 구성원들은 위기를 극복하기 위해서 단결하고 총력을 기울이게 된다. 더구나 외환 위기 사태에서는 국가 부도 사태라는 수사법이 위기감을 더했다. 국가 부도는 나라가 망한 것을 의미했기 때문이다. 나라가 망해도 개인은 살아남을 수 있지만, 통념상 개인들도 망한다는 동양적인 사고가 작용했다.

『조선왕조실록』을 보면, 세종은 항상 "군주는 두려워할 줄 알아야 한다"라고 말했다. 파저강婆猪江(랴오닝성 환런현) 인근의 야인정벌에 성공했을 때도 마찬가지 반응이었다. 그는 승리했을 때 승리에 취하지도 고무되지도 않았다. 승리한 때도 두려워해야 앞으로 실패를 막을 수 있다고 했다.

최근에는 소심한 사람이 오히려 목표 달성에 유리하다는 연구 결과도 나왔다. 두려워하면 조심하게 되고, 만전을 기하니 실수가 적어진다는 것이다. 반대로 두려워하지 않으면 조심하지 않거나 자만하게 되고, 그러다 보면 빈틈이 많아지고 실수가 많아지는 것이다.

공포심은 상상과 밀접한 관계가 있다. 한 미군 장교가 베트남전에서 북베트남군에게 포로가 되었다. 정보를 알아내기 위해 고위급 장교인 그를 고문할 참이었다. 그러자 미군 장교가 갑자기 옆에 있던 병을 깨어 자기 팔을 베었다. 또한 소리를 지르며 그 유리조각으로 자신의 몸에 마구 상처를 내기 시작했다. 그러자 북베트남군은 그를 고문하지 못했다. 미군 장교의 행동은 고문 정도로 상대할 이가 아니라고 여기게 만들었으며, 그 장교가 어떤 일을 저지를지 두려웠기 때문이다. 그 장교는 최소의 행동으로 공포를 상상하도록 만들었다. 그는 나중에 미국으로 무사히 귀환했다.

드라마 〈태왕사신기〉에서 호태왕은 서백제를 공격하면서 세 가지 원칙을 내세우는데, 그 가운데 하나가 공포심이다. 고구려군은 전면 공격을 하지 않는다. 호태왕 군은 최정예 별동대를 선봉에 내세워 빠르고 강한 공격으로 성문을 함락시킨 후 사라진다. 그런 다음 다시 다른 성을 그와 같은 방식으로 공격한다.

순식간에 여러 성을 그런 방식으로 공격하자, 서백제 지역 사람들은 공포심에 휩싸인다. 본대가 아니라 별동대가 이 정도면 싸워도 이길 수 없다는 공포감을 심어준 것이다. 실체를 알 수 없는 상황에서 치명적인 공격을 당한 백제의 성들은 순순히 항복한다. 전체를 보이지 않고 최소의 행동으로 공포심을 상상하게 만든 덕분이다.

테러의 목적은 공포의 확장이다. 9.11 이후 테러는 동시다발적으로 일어난다. 실체는 드러나지 않는다. 따라서 사람들의 공포심은 크게 배가된다. 실체가 드러나지 않을 때, 공포에 대한 상상력은 크게 증가한다.

영화 〈에일리언〉에서, 승무원들이 하나 둘씩 사라질수록 그 승무원들을 해친 괴물체는 사람들의 공포심을 더욱 유발한다. 그리고 사람들을 무기력하게 만든다. 실체를 알 수 없기에 공포심은 증가하고, 무기력도 그에 비례한다. 하지만 에일리언이 실체를 드러내면서 승무원들은 괴물체를 퇴치하려 결집하기 시작한다.

공포심은 상상력과 밀접하게 연결되어 있고, 그 상상력이 확장될수록 사람들은 특정 지도자를 중심으로 그 상황을 타개하려고 노력한다. 그 과정에서 모든 행동과 사고의 목적은 공포를 일으키는 위험과 위기의 원인 제거에 모아진다.

이러한 메커니즘은 민족주의가 비난을 받는 이유 가운데 하나이기도 하다. 그것이 외부 위기론을 내부 단결용으로 사용하는 대표적인 이데올로기이기 때문이다. 무엇보다 내부의 모순과 갈등을 봉합하는 역할을 한다.

공포는 정치적으로 이용되기 쉽다. 좌파가 집권하면 나라를 궤멸시킬 것이라거나, 저들이 선거에서 이기면 수구냉전 독재 정권이 부활한다는 정치 구호는 공포심을 불러일으켜 자기 지지 기반을 결집시키려는 것이다. 좌우의 이데올로기를 가로질러 현실을 보아야 한다는 주장은 이 때문에 나온다. 이러한 맥락에서 구체적인 정책 비판과 대안 제시가 필요하다.

지도자가 할 일은 공포의 조장이 아니라 공포의 해소다. 알 수 없는 공포는 내부 구성원들의 불안만 자극하고 사분오열하게 만든다. 공포의 실체를 밝혀 주고 구체적인 대응 방안을 마련해 줄 때, F이론은 의미와 효과가 있다. 알 수 없는 공포의 자극과 확장보다는 미래에 대한 공포를 불러일으키는 요인을 없애는 데 초점을 맞추어야 한다. 현실을 호도하는 공포의 조장은 소모적인 정치 이데올로기의 악순환만 불러온다.

미니스커트의 유행은 없다

한 방송 프로그램에서 진행자가 윤복희에게 질문을 던졌다. 1967년에 귀국할 때 왜 미니스커트를 입었냐고. 그동안 문화 연구자들이나 페미니스트들이 평가한 것처럼, 윤복희는 창조적이고 개성적인 멋 내기 혹은 여성 해방적인 관점에서 입었을까? 윤복희의 대답은 의외로 간단했다. 남자 친구에게 잘 보이려 입었다고. 어떻게 보면 입는 사람들의 동기는 간단하다. 미니스커트에 대한 대단한 논란의 근원은 미니스커트를 입는 사람들이 아니라 보는 이들의 과잉 해석에 있다.

1960년대 초에 디자이너 자크 델라에이Jacques Delahays가 처음 선보였을 때 외면당했던 미니스커트가 미니를 넘어서 나노를 지향하고 있다고 한다. 울트라 미니스커트라는 말이 등장했고, 한복도 미니스커트 버전을 선보였다. 의문점은 여전히 반복된다. 왜 미니스커트가 유행인가. 그 원인에 대한 궁금증은 여전히 매체들의 기사거리가 되고 있다.

흔히 미니스커트가 유행할 때는 경기가 불황이라고 한다. 거꾸로 활황론을 내세우기도 한다. 이 미니스커트의 경기 활황론, 불황론은 단골로 튀어나오지만 현실성이 없다고 한다.

1971년, 미국 경제학자 마브리는 뉴욕의 경제 움직임과 치마 길이의 관계에 대한 연구에서 스커트의 길이가 짧아지면 주가가 오른다는 이른바 "치마 길이 이론Skirt-Length Theory"을 주장했다. 예컨대 경기가 호황이던 60년대에는 여성들이 짧은 치마를 입었고, 오일 쇼크 같은 요인 때문에 불황이었던 70년대에는 긴치마를 입었다는 것이다. 그런데 많은 패션 전문가들은 불황일 때 오히려 미니스커트가 유행한다고 본다. 즉, 불황일수록 자신의 여성성을 드러내고자 한다는 것이다.

물론 경제적인 관점에서 미니스커트를 분석하는 것은 타당하지 않고, 미니스커트의 유행은 세계의 흐름과 무관하지 않다는 주장도 있다. 즉, 경제 상황과는 관련이 없고, 전 세계의 유행에 따라 좌우된다는 것이다.

자기 통제의 관점이나 자아 충족감-자신감 회복의 차원에서 해석하기도 한다. 경제적 상황이 초라해질수록 다른 차원에서 그 초라함을 극복하려 한다는 지적도 마찬가지 맥락에서 이해할 수 있을 것이다. 되는 일 없이 우울할 때 가장 자신 있는 각선미를 드러내면서 스스로 자긍심을 회복하려고 짧은 치마를 입는다는 것이다. 남들의 주목을 받는 것은 결국 자신의 존재감을 느끼는 것이니 말이다. 답답한 상황을 노출을 통해서 시원하게 날려버리려는 심리도 있을 것이다.

또한 업계가 불황일 때 불황을 타개하기 위해 일부러 짧은 치마를 유행시킨다고 보기도 하는데, 이는 왜 하필 미니스커트인가에 대한 대답으로는 적확하지 않다. 남성들이 우울할 때 그들의 기분을 풀어 주기 위해 여성들이 미니스커트를 입는다는 다소 지나친 해석도 있다. 하지만 윤복희 씨의 사례를 보면 결코 과잉 해석만은 아닐 듯싶다. 더 거슬러 올라가면, 물자 절약 차원에서 치마 길이를 짧게 했다는 주장도 있다. 물론 2차 세계대전 당시 물자가 절박하게 부족했기 때문에 옷감 절약 차원에서 치마를 짧게 입으라는 법령을 제정했지만, 21세기에는 맞지 않아 보인다.

미니스커트의 유행이 다른 사람들의 인정을 받고자 하는 것이라면, 그것은 단기적인 것이 될 수밖에 없다. 왜냐하면 순간적인 주목은 단기적일 수밖에 없기 때문이다. 그런데 미니스커트는 적어도 2000년대 들어서 한 번도 유행이 아닌 적이 없었다. 불황이든 활황이든 간에 미니스커트는 항상 유행이었다. 따라서 경기와는 관련이 없어 보인다. 즉, 미니스커트의 유행은 지속적으로 트렌드를 이루어 왔던 것이다. 미니스커트의 유행은 없다. 소비자들의 심리 변화나 유행 주기가 강력한 원인이라고 하는데, 미니스커트는 이제 하나의 복장 혹은 패션 문화로 자리를 잡았다고 보아야 한다. 미니스커트의 지속성을 볼 때, 이를 단순한 동조성 이론으로 분석하기에는 한계가 있기 때문이기도 하다. 다만, 모양의 차별성이 있는가가 관건일 뿐이다. 예를 들면, 길이의 문제라든지, 새로운 컨셉의 문제이다. 이는 새로운 상품의 등장과도 맞물려 있기 때문에 업계의 마케팅과 분리할 수 없다.

담론의 변화와도 연결된다. 그것은 여성주의와 몸 담론의 변화에 관한 것이다. 우선 여성주의 담론에서 치마가 갖는 의미의 변화이다. 2000년대에 들어서면서 여성에게 바지가 퇴조했다는 지적은 타당해 보인다. 이는 급진적 페미니즘의 한계에서 벗어나는 현상으로 볼 수 있는데, 이는 바지 콤플렉스의 종말을 의미하는 것인지도 모른다.

2007년 7월 초, LA타임스는 "지난 수십 년간 바지를 신봉하던 미국 여성들이 몇 년 전부터 치마를 다시 입기 시작했다"고 했다. 보도 기사에 따르면, 치마 판매가 전년에 비해 30% 이상 늘었다고 했다. 이것을 어떻게 해석할 수 있을까? 해석은 여러 가지가 있을 수 있겠지만, 바지를 통해 남성과 동등하다는 것을 보이려기보다는 자신의 여성성을 당당하게 드러내려는 심리의 반영이라고 볼 수도 있다. 알파걸이 등장하는 현상과 무관하지 않다는 지적도 있다. 디자이너 도나텔라 베르사체가 힐러리 클린턴 미국 상원 의원에게 한 말이 인용되기도 한다. "정치에서 남성성masculinity보다는 여성성femininity으로 기회를 잡으세요, 바지를 버리고 무릎길이의 원피스나 치마를 입어야 합니다." 바지에 대한 선호는 남성에 대한 종속을 의미할 수도 있기 때문이다. 21세기는 문화의 시대, 부드러운 카리스마를 지닌 여성성이 더욱 요구되는 시대이기 때문일지도 모른다.

그래서인지 한 조사에 따르면, 2007년에 가장 큰 인기를 끈 아이템으로 42%가 '미니 원피스'를 꼽았다. 2009년에도 온라인 쇼핑몰에서는 미니 원피스류가 매출 상위권에 올랐다. 2007년 대종상영화제에서 많은 여성 스타들이 선택했던 스타일은 '마이크로 미니 드레스'였다. 골반 바로 아래까지만 아슬아슬하게 내려오는 드레스였다. 현영, 이윤지가 대표적이었다. 특히 이윤지는 벌룸형 마이크로 미니 드레스를 착용해 눈길을 끌었다. 백상예술상 시상식에서 김태희는 롱 드레스도 아니고 미니 드레스도 아닌 제3의 드레스를 선보였고, 대종상영화제에서는 과감하게 블랙 마이크로 드레스를 선택했다.

여성성에 대한 강조는 결국 몸과 노출에 대한 타부가 사라진 것과 밀접한 관계가 있다. 몸은 현실에서 도덕적 · 윤리적 대상이기보다는 권력이다. 노출은 남성들을 좌지우지할 수 있는 힘을 발휘하기 때문이다. 미니스커트는 청춘에 대한 지향이자 젊음에 대한 유지 욕구가 반영된 것이다. 미니스커트를 선호하는 연령대가 40대인 것으로 드러난 조사가 있었다. 그 조사가 타당한 것인지는 모르겠지만, 해석을 하자면 긍정적인 몸 담론의 우위가 크게 작용한 것만은 사실이다. 몸 담론이 변화하면서 노출이 일상화되고, 미니스커트는 대중에게 화젯거리도 되지 않는다. 다른 예로 비키니를 들 수 있다. 2000년 이후 비키니가 원피스형 수영복을 압도하고 있는 것도 노출에 대한 거부감이 사라진 것과 관련이 있다. 그러한 현상에는 외부 기준에 연연해하지 않겠다는 심리도 배어 있다.

다만, 몸은 또 하나의 자본이라는 말도 다시금 곱씹어야 할 필요가 있다. 자본을 만드는 데는 자본이 들어간다. 몸을 만드는 데도 자본이 들어가며, 그것을 돋보이게 하는 데도 자본이 들어간다. 자본이 자본을 낳는 데는 몸도 예외가 아니다. 미니스커트가 하나의 삶의 의미, 존재 자체라면, 자본에 압도당하는 것은 여전히 자신을 소외시키는 일이 될 것이다.

애완-반려동물 문화의 심리

　국내 애완동물 소유 인구는 천만 명을 돌파했고, 애완견 수는 최소 300만 마리에 이른 지 오래이다. 애견 시장 규모는 1조 5천억 원에서 2조 원으로 추산되고 있다. 일본, 미국, 유럽에서는 이미 애견 용품, 애견 미용, 애견 병원 그리고 애완견 장의사가 각광을 받고 있다.

　2006년 현재, 영국의 애완견 개체 수는 대략 560만 마리이다. 프랑스에서는 대략 2배, 미국에는 약 4,600만 마리의 개가 존재한다. 2004년 한국무역협회 상하이 지부가 현지 업계를 분석한 결과, 중국 애완동물 시장 규모는 100억 위안(약 1조 5천억 원)을 돌파, 새로운 산업으로 부상할 것으로 전망하였다. 베이징, 상하이, 광저우, 충칭 등 대도시의 애완동물 관련 산업이 크게 발전한 탓이다. 특히 상하이에서는 매년 애완동물에 쓰는 지출 비용 규모가 6억 위안(약 900억 원)으로 나타났다. 중국 내 애완동물 수는 1억 마리를 넘은 것으로 추산하고 있으며, 5년 내에 5배 이상 수가 급증할 것으로 전망했다. 일본에서는 무자녀 부부와 독신 인구 증가로 애완동물의 인기가 전례 없이 폭발하고 있다. 싱글족이 증가하면 애완동물도 증가한다는 말이 맞는 듯하다.

다만, 단순히 싱글 가정이나 무자녀 가정이 많다고 해서 애완동물이 반드시 늘어나는 것은 아니다. 1인당 GDP(국내총생산)가 3천~8천 달러에 달할 때 애완동물 시장이 급속한 발전을 보이는 점을 생각하면 더욱 그러하다. 이미 중국은 GDP가 5천 달러를 넘었으니 애완동물의 증가가 이상하게 여길 일도 아니다. 사실 요즘에는 개와 고양이뿐만 아니라 수많은 종류의 애완동물이 있다. 심지어 상어는 물론 악어를 키우거나 거미, 개미, 뱀 등을 키우는 이들도 있다. 그러나 이러한 애완동물들은 많은 사람들이 가까이 하는 것은 아니므로 보편적인 것은 아니다. 아무래도 일반적인 애완동물은 개일 것이다.

동물 행동학자인 로렌츠(Lorentz, Hendrik Antoon, 1853~1928)는 『인간, 개를 만나다*So kam der mensch auf den hund*』에서 개주인과 개가 많이 닮았다고 했다. 특히 푸들이나 불독은 그 표정이 주인과 닮았다는 것이다.

이는 부부가 닮아가는 것과 같기도 하면서 다르기도 하다. 부부는 서로 같이 수십 년을 사니까 서로 닮아간다. 사람들은 애완동물을 통하여 정체성을 만들어 간다. 다르게 말하면, 애완동물은 그냥 동물이 아니라 또 다른 자아일 수 있다는 것이다. 예를 들어, 귀여운 개를 좋아하는 사람은 자신이 그러한 존재가 되고 싶은 사람일 수도 있다. 다리가 길고 등이 넓은 개를 좋아하는 이는 실제로 자신이 그러한 멋진 육체를 갖고 싶은 것인지도 모른다. 이는 몸뿐만 아니라 얼굴 생김이나 표정도 마찬가지다. 고양이를 키우는 사람은 독립심이 강하거나 그러한 성향을 보인다. 개는 충성스러운데, 충성스러움이라는 가치를 중요하게 여기는 사람이 개를 키울 가능성이 많다. 사람들과 교제를 싫어하거나 자기만의 공간에 있기를 좋아하는 사람들은 물고기나 새를 좋아하는 경향을 보이고, 작은 곤충들을 선호하는 경향도 있다.

애완동물이 주는 효과는 매우 크다. 이에 애완동물 매개 요법도 주목을 받고 있다. 어린이들의 심신 발달에 도움을 주기도 한다. 어린이뿐만 아니라 성인들의 상실감 및 고독감 해소에도 효과가 있다고 한다. 심지어는 반사회적인 사람들의 사회 적응을 돕고 노인성 치매 증세의 지연 효과도 있다.

사실 이렇게 애완동물이 각광을 받는 이유에는 자기 통제감이라는 심리가 있다. 사람들은 대상을 자신의 뜻대로 움직이는데서 즐거움을 느낀다. 즐거움은 도파민이나 엔돌핀을 분출시켜 몸의 저항력을 증진시킨다. 근대 사회 이후, 인간은 자아의 개체성을 강조해 왔다. 개인보다 공동체를 우선해야 한다는 도덕적 원칙, 이데올로기 장치들은 힘을 잃었다. 자본주의 경제 속에서 개체의 자유를 지켜내기는 쉽지 않다. 가족이라는 공동체조차 이제는 대가족에서 소가족 혹은 단독 가족으로 이동하고 있다. 애완동물과 가족을 이루는 경우도 많다. 이때 자아의 만족감을 다른 방식으로 채우고자 한다. 자녀는 어린 시절에 부모의 방식에 따르면서 성장이라는 성과를 부모에게 성취감으로 준다. 하지만 자녀는 자기 정체성과 개체성, 자아의식을 성숙시켜 차츰 부모와 거리를 두기 시작하고, 마침내 품안을 떠난다. 대개의 애완동물, 특히 개는 개체로 완전하게 성장하지만, 자신을 키워 준 이에게 반항하거나 부정하지 않는다. 그러나 자녀들은 자신을 키워 준 부모의 뜻에 반항하거나, 자신의 독자적인 세계를 형성함에 따라 부모를 부정하고는 한다. 애완동물은 말을 하지 못하고 적극적으로 자기주장을 하지 않는다. 그런 면이 충성스럽게 사람을 따르고 일생 동안 사람의 말을 잘 듣는 개가 애완동물의 대부분을 차지하는 이유다. 고양이는 어릴 때는 귀엽지만, 일정 기간이 지나면 자신의 독자적인 세계를 구축하고 인간에게서 멀어져 간다. 그래서 사람들은 고양이를 쥐잡이용으로 여기는 경향이 있다.

애완동물을 볼 때 몇 가지 기존 관념이 있다. 예를 들어, 정상적인 인간관계를 맺지 못하는 이들이 애완동물을 키운다고 생각한다. 그럴 수도 있다. 하지만 정상적인 인간관계라는 것이 모호하다. 또한 인간관계에 크게 문제가 없는 사람도 애완동물을 키우는 경우가 많다. 여러 가지 성격적 특징이나 상황적 요건에 유전적 요인도 포함되는 문제다.

『인간 동물원』에서 데즈먼드 모리스는 인간이나 동물이나 거대한 도시에 갇혀 있기는 마찬가지라고 보았다. 그런 차원에서 본다면 사람과 애완동물은 도시 속에서 동병상련의 아픔을 같이 겪고 있는 셈이다.

귀여움 받고 보호받는 '애완동물' 보다 인생을 함께 한다는 뜻의 '반려동물' 로 인식을 전환해야 한다는 주장도 있다. 이제 애완동물은 인간에게 좋은 반려자다. 심리학자 홈즈T. H. Homes 와 라에R. H. Rahe의 스트레스 척도를 보면, 배우자의 죽음이 가장 큰 충격이다. 그 다음이 배우자와의 이혼, 그리고 별거가 순위를 잇는다. 대상에 천착하는 기질氣質이 큰 사람들에게 이러한 소중한 이의 죽음은 그 아픔이 더욱 클 수밖에 없다. 소중한 존재는 사람만이 아니기에 애완동물을 잃은 슬픔을 뜻하는 "펫-로스pet-loss 증후군"이라는 개념도 만들어졌다. 이 개념은 애완동물을 반려자라고 생각하는 이들에게 애견의 죽음은 배우자가 죽은 것만큼이나 큰 상실감을 준다는 것을 의미한다.

이 때문인지 애견 문화가 일찍 발달된 영국, 미국과 같은 국가에서는 이미 100여 년 전부터 애완동물의 장례를 실시해 왔다. 사람 장례에 준하는 의례뿐만 아니라 공동묘지에 비석까지 세운다고 한다. 행려병자들이 남모르게 죽어 매장되는 것과 대조적이다.

애완동물은 소유물이 아니며, 복지 차원에서 접근해야 한다는 말도 있다. '안내견'은 단순히 애완동물의 차원이 아니라 생명과도 같다. 장애인 문화와 장애인의 인권뿐만 아니라 국가적 복지 서비스의 수준을 판가름하는 잣대로 볼 수도 있다.

식인의 심리, 개고기의 심리

식인 풍습을 가지고 있는 아프리카의 부족들을 이해할 수 있는 사람들이 몇이나 될까. 흔히 식인 풍습은 비문명, 야만으로 규정한다. 사실 문화 상대주의적 관점에서 보자면, 이해 못할 일은 아니다. 옳고 그름 혹은 문명과 비문명의 차이라기보다는 문화적 맥락이 중요하다. 이러한 차원에서 식인을 하는 사람들은 왜 사람을 먹는지 그 이유를 살펴보는 작업이 필요하다.

우선, 사람을 먹는 이들은 두 가지 관점을 가지고 있다. 하나는 그들에게 동물과 사람은 구분이 없다. 따라서 동물은 먹어도 되고 사람은 먹으면 안 된다는 생각이 없다. 풀과 나무의 본성이 같고, 동물과 인간이 다르지 않다. 만물이 하나로 연결되어 있으니 무엇을 먹으면 되고, 무엇을 먹으면 안 되고 하겠는가. 인간도 죽어 날짐승의 먹이가 되고, 길짐승의 밥이 된다. 근본적으로 흙으로 돌아가 수많은 생명의 자양분이 된다. 처음부터 장례식이라는 생각이 있었을 리 만무하다. 그대로 새의 먹이가 되도록 했으니 말이다. 오히려 자연의 먹이가 되는 조상으로 인해 후손들은 더 많은 먹을거리를 얻을 수 있다고 생각했을 법하다.

하지만 인간을 자연과 분리하면서 분별과 구분은 인간 중심주의를 낳게 했다. 인간을 대단한 존재로 격상시킨다. 문명은 사람의 몸에 집착을 보이게 된다. 그만큼 인간 개체의 자의식이 강화된다. 현대로 올수록 자연에서 인류 전체로, 인류 전체에서 사회로, 사회에서 개인으로 그에 대한 의식이 발달했다. 문명을 통해 인간 중심주의가 강화된 사회에서는 식인 종족들이 멸종했다.

식인을 하는 이들이 지닌 또 하나의 특징을 살펴보자. 식인 행동이 특별한 경우에 한정된다는 것이다. 두 가지 경우로 나누어 설명할 수 있다. 전투나 전쟁에서 자신이 잡은 포로들을 먹는 경우이다. 이때 사람을 먹는 것은 자신이 쟁취한 성과물을 자기 것으로 만드는 것과 같다. 두 번째는 자신이 우월하다고 믿는 존재를 자기 것으로 만드는 것이다. 이것은 비단 적뿐만 아니라 가까운 관계에 있는 이들일 수도 있다. 자기가 짝사랑하던 사람을 살해하고 그 사람의 몸을 먹는 행위는, 자기가 소유하고 싶었으나 소유하지 못한 이를 죽이고, 자기 것으로 만들어 버리는 것이다.

"여자를 따먹는다"는 표현은 이러한 차원에서 설명할 수도 있다. 성기의 구조를 보게 되면, 여자가 남자를 따먹는다는 표현을 사용할 수도 있을 것이다. 그러나 성기의 외형만 가지고는 설명이 되지 않는 것이 있다. 여자를 따먹는다는 표현에는 남자의 소유 심리가 들어 있기 때문이다. 내 여자로 만들어 버린다는 심리다. 여자의 몸을 가지면 여자는 남자의 것이 되어 버린다는 심리인 것이다. 따먹는 대상은 본래 수동적인 존재이고,

그것을 따먹는 인간은 능동적인 존재가 되어 버린다. 대개 여성을 대상으로 여길 때, 여성은 따먹히는 대상이 된다. 물론 사회적으로 여성에 대한 정조 관념이 매우 강할 때, 여성을 따먹는다는 표현이 쓰일 수 있다. 요컨대, 여성이 수동적인 탐스러운 존재, 식욕을 돋우는 존재라면, 남성은 식욕이 동하여 일정한 행위를 통해 먹는 존재가 된다. 만약 정조 관념이 남성에게 강하게 작용한다면, 여성은 정조를 잃은 남성들을 전적으로 소유하게 될 것이다. 따라서 여성이 남성을 따먹는다는 표현이 많이 쓰일 것이다. 또 하나의 심리는 자신이 미워하는 존재를 먹는 것이다. 예를 들면, 여성 혐오자들은 자신이 살해한 여성의 몸을 먹음으로써 일종의 복수와 정복 심리를 충족시킨다. 자존감이 강한 남성일수록 자신에 대한 여성의 무시를 이런 식으로 되갚아 준다.

이렇게 먹는다는 말에는 소유 욕구가 담겨 있다. 보양식을 먹는다는 것은 이 소유의 심리와 연결되기도 하는데, 대개 그 대상의 특성과 연결되는 면이 있다. 개고기를 정력제로 여기는 이들은 개고기를 통해 장소를 가리지 않는 개의 성욕을 가능하게 하는 정력을 흡수하려 한다. 따라서 개고기를 좋은 단백질 공급원이라고 생각하기보다는 정력 보양식이라고 여기는 것이다. 또한 물개는 보통 한 마리의 수컷이 5~10마리의 암컷을 거느리는데, 이 때문에 물개의 성기인 해구신海狗腎은 고래古來로 정력제의 대명사였다.

그런데 어떤 이들은 어떻게 사람과 가까운 개를 먹을 수 있느냐고 한다. 그래서 야만이라고 한다. 문화적 다양성 측면에서 야만과 문명, 후진국과 선진국의 차이를 개고기로 볼 수는 없다. 자의식 혹은 개인 의식이 높을수록 인간과 관련된 모든 것을 자신의 존재와 동일시하는 경향이 강해진다. 인간의 자의식이 강해질수록 개도 인간과 같은 대접을 받게 된다. 인간과 같이 실내에서 살고, 목욕을 시키며, 옷과 미용 그리고 의사가 필요해졌다. 개는 인간이 아무런 생산물도 바라지 않고 의사를 데려다 주는 유일한 동물이다. 개를 사람과 같은 존재로 보는 자의식 강한 사람일수록 개고기를 먹지 않을 것이다. 개를 애완동물이 아니라 동반자이자 반려자로 보기 때문이다.

한편, 개도 두 가지 종류가 있다는 판단이 가능하다. 이 경우 식용견과 애완견으로 나눈다. 아니, 식용 개와 애완 개로 구분하지 않는 사람은 개고기를 먹을 수 없다. 마치 사람을 먹는다고 생각할 것이다. 중요한 것은 개를 연상할 때 무엇을 떠올리는가이다. 식용견과 애완견을 모두 다 애완견으로 연상하는가, 아니면 다 식용견으로 생각하는가. 아니면 두 종류의 개를 구분하는가. 요체는 이미지의 연상이 어떻게 이루어지는가이다. 애완견의 이미지가 머릿속을 꽉 채우고 있다면 개고기를 먹기는 힘들 것이다.

필자는 과거에 소고기를 먹지 않았다. 아니 돼지고기조차 먹지 않았다. 먹으려고 하면 집에서 기르는 소와 돼지가 생각났기 때문이다. 더구나 누렁이는 말할 것도 없다. 이 때문에 상당히 많은 타박과 꾸지람을 들었다. 돼지고기에 맛을 들인 것은 군대에 들어가면서이다. 외출 때 먹은 삼겹살의 맛은 아직도 잊지 못한다. 너무 맛있게 먹어서 당시에 몇 인분을 먹었는지 기억도

나지 않는다. 이렇게 맛있게 먹은 기억은 집에서 기르던 돼지의 이미지에 앞서게 되었다.

중요한 것은 사람이 어떤 것을 더 강하게 생각할 때 선택을 쉽게 한다는 점이다. 물론 정말 합당한지는 알 수 없다. 즉, 어떤 것을 더 우선으로 생각하는가의 문제이지, 옳고 그름의 문제가 아니다. 사람과 같다고 보거나 사람과 같은 존재라고 생각하는 이들은 원숭이 요리를 먹지 않을 것이다. 상어가 인간과 같은 생명을 가진 존재라고 생각한다면 상어 지느러미를 먹지 않을 것이다. 그러나 상어는 인간과 달라 보이고, 이미지도 포악하다. 그래서 먹어도 된다고 여긴다. 연상 이미지의 중요성은 마케팅에서 더욱 고려된다.

1978년 맥도날드 햄버거에 지렁이 고기가 들어갔다는 소문이 퍼지기 시작했다. 누가 어떻게 왜 그런 소문을 퍼뜨렸는지 알 수는 없었지만, 걷잡을 수 없이 퍼졌다. 루머의 내용은 햄버거 안의 다진 고기 팩이 지렁이 고기를 갈아서 만든 것이라는 내용이었다. 당연히 매출액은 급감했다. 이러한 경우에는 어떻게 해야 하나. 맥도날드는 정면 돌파를 타개 전략으로 삼았다. 맥도날드는 홍보를 통해 지렁이 값은 파운드당 8달러, 쇠고기는 1달러인데, 비싼 지렁이를 쓰겠는가라고 반문했다. 그러면서 자세한 성분을 공개했다. 하지만 사태는 쉽게 가라앉지 않았다. 매출은 계속 떨어졌다. "지렁이 고기를 사용하지 않습니다"라고 써 붙인 매장일수록 매출은 더욱 떨어졌다. 도대체 어떻게 된 일인가? 그래서 맥도날드 사는 학자들을 불러 원인을 조사했다. 심리학자들은 한 가지 실험을 했다. 한 방에 있는 사람들에게는 과학적으로 지렁이 고기가 들어가지 않았다는 것이 입증되었다는 사실을 알려 주었다. 다른 방에 있는 이들에게는 고급 프랑스 요리점에서 지렁이 고기가 발견되었다는 사실을 알려 주었다. 과연 두 방 중에서 어느 쪽에 있는 사람들에게 햄버거에 대한 거부감이 없어졌을까? 두 번째 방에 있는 사람들이었다. 프랑스 요리점에서 지렁이 고기가 발견되었다는 사실은 센세이션을 불러일으켰다. 이는 두 가지로 해석할 수 있다. 사람들이 맥도날드 하면 지렁이 고기로 연상하던 것을 차단하는 효과를 낳았다. 또한 프랑스 요리를 취급하는 고급 음식점에서도 발견되었으니, 패스트푸드 점은 별로 중요하지 않게 된 것이다. 일종의 간섭 효과와 부차화 현상이 발생했다.

맥도날드의 전략이 먹히지 않았던 이유를 알 수 있었다. 결백을 증명하기 위해 지렁이를 언급하면 할수록 사람들은 지렁이를 연상했다. 또한 강하게 부정할수록 더욱 지렁이 고기를 연상하게 되었다. 이 실험 뒤에 맥도날드는 직접 돌파보다 우회 전략을 썼다.

맥도날드는 광고의 초점을 "어린이들의 놀이터"라는 개념으로 바꾸고, 햄버거에 대한 홍보보다는 다른 제품 홍보에 힘써 판매율을 회복할 수 있었다. 지렁이 이미지가 다른 이미지에 의해 밑으로 내려간 것이다.

개고기를 어떻게 연상하는가에 따라 개고기를 대하는 입장이 달라진다. 사람과 같은 존재로 본다면 절대로 먹지 못할 일이다. 하지만 개는 개일 뿐이라거나 애완, 식용을 구분한다면 달라질 것이다.

여기에서 인식 전환도 중요하다. 동물 보호 운동을 하는 사람들은 '소고기를 먹는 것은 살생'이라는 구호를 수시로 써 붙인다. 사람들에게 자주 환기시키면, 사람들은 소고기를 먹고 싶은 기분이 들지 않을 것이다.

개고기를 예로 들어, 사람들이 개고기를 먹을 때마다 개고기를 먹는 것은 살생이고 야만이라고 한다면, 기분이 좋을 리 없고, 먹을 맛이 안 날 것이다. 하지만 개고기를 먹는 것은 문화적인 차이나 기호라는 말을 계속 되새겨 주면, 개고기를 먹는 행동은 정당화된다.

장자는 다르게 생각할지도 모르겠다. "사람과 개의 구분은 없으며, 자연과 사람이 하나라고 할 때 순환의 고리를 생각한다면 개를 먹은들 어떠하랴. 어차피 모두 썩어 흙으로 돌아갈 몸이거늘."

개와 관련된 이미지 중 어떤 것을 더 도드라지게 하여 선택할 뿐, 옳고 그름은 없다.

무모無毛는 문명의 진화 현상인가

왜 사람은 털을 미는 것일까?

언젠가 SBS 〈야심만만〉에서 가수 아이비가 콧수염 면도를 한다는 사실을 밝혔는데, 재미있으면서도 낯설었다. 아이비는 "콧수염을 미는 면도기를 가지고 있다. 밀수록 더 굵게 났다"라고 했다. 대중문화에서 여신으로 추앙 받는 여성 스타가 털을 민다는 사실은 낯설면서도 낯설지 않은 일이다. 연예인들은 털과의 전쟁을 벌일 만도 하다. 털은 동물을 상징한다. 인간은 상대적으로 털이 적다. 즉, 털이 적은 것은 고등한 존재인 인간의 진화를 말해 준다. 인간을 넘어서는 전능한 존재인 신이 털복숭이라고 묘사할 수는 없다. 더구나 여신의 팔이나 다리에 털이 부숭부숭 있다는 것은 상상할 수 없다. 인간은 털이 완전히 없는 것은 아니다. 인간은 남아 있는 털을 제거해 동물이 아니라 인간, 아니 나아가 신이라는 점을 보여 주려 한다. 특히 여신의 경지에 오르려는 대중 스타들은 그런 이미지를 구축하기 위해 털과의 전쟁을 벌인다.

노출의 계절, 털과의 전쟁이 개시된다. 날씨가 더워지면 짧은 치마와 반바지, 민소매 상의 등 노출의 정도가 증가한다. 더구나 해가 지날수록 미니스커트 열풍이 가실 줄을 모른다. 이제는 마이크로미니를 지나 '나노미니nano-mini'를 지향하고 있다고 한다. 노출되는 신체 부위에 신경이 가게 되는데, 팔과 다리에 난 털 때문이다. 여드름이나 흉터는 화장을 통해 어느 정도 덮을 수 있지만, 털은 곤란하다. 노출의 계절에 털은 공공의 적이다. 그래서 생각하는 것이 털깎기, 제모다. 본격적인 바캉스에 수영복을 입으려면 '제모'라는 통과의례를 거쳐야 한다.

제모에는 면도날, 제모 크림, 왁싱, 여성 면도기, 제모기, 레이저 등 여러 가지 제품과 수단이 사용된다. 관련 산업이 팽창 중이라는데, 인터넷에서는 제모기, 제모젤, 제모 패드 등 100여 종에 이르는 제모 상품들이 팔리고 있다. 그리고 갈수록 제모 용품의 판매 비율은 증가하고 있다고 한다. 이미 유럽에서는 16세기에 아몬드와 비둘기, 벌꿀, 달걀노른자 등을 사용했다는 점을 상기하면, 분명 털 깎기는 산업화되었다.

실제로 얼마나 많은 사람들이 털과의 전쟁을 벌이고 있을까? 여기에서는 남성보다 여성의 면도 여부가 궁금할 만하다. 한 면도기 제조 회사의 조사에 따르면, 여성의 40.8%가 매일 면도를 한다고 대답했다. 59.4%는 노출이 심한 옷을 입을 경우 '꼭 면도를 해야 한다'고 응답했다. 달리 말해 많은 여성들이 몸에 난 털로 스트레스를 받고, 그 털을 뽑는 데 시간을 쏟고 있는 것이다.

그런데 제모를 하는 방법에 대해서 전문가들은 할 말이 있다고 한다. 제모 왁스, 제모용 테이프, 족집게 등으로 자칫 모낭염, 접촉성 피부염 등의 부작용이 생길 수 있기 때문이다. 모낭염은 모낭에 세균이 침투해 화농성 염증이 일어난 것이다. 모낭 염증에 색소가 달라붙기도 하는데, 몇 달 동안 지속되는 경우도 있다고 한다. 매끈한 다리를 만들려다가 오히려 여름 내내 긴 옷만 입게 될 수도 있다.

여름철 제모는 여성들만의 전유물에서 남성들로 이동 중이라고 한다. 남성은 턱이나 코털에 대해서 신경을 더 쓰면 되었다. 팔과 다리, 가슴, 겨드랑이에 난 털은 신경을 덜 써도 되었다. 최근에 나이보다 어려 보이는 동안 신드롬이나, 깔끔한 인상의 '훈남'이 대세가 되면서 남성의 털은 수난기에 접어들고 있다.

남성미의 대표적 상징이었던 털이 결코 남성의 자랑이 되지 않는 상황이다. 이제 남성들 사이에서 털은 매끈한 피부 관리를 방해하는 골칫덩이다. 영업직이나 서비스업 등 사람을 대하는 일이 많은 남성들이 털을 더 많이 제거하려고 한다. 제모는 단순히 남에게 잘 보이기 위한 것이 아니라 생계 혹은 성공을 위한 방편이 되고 있다.

최근 몇 년 사이에 제모 용품을 구입하는 남성들이 증가하고 있다. 한 인터넷 경매 사이트에서는 제모 용품 구매 남성 고객이 최근 2년 사이에 200%가량 크게 늘어났다고 한다. 반면 여성들의 구매는 매년 50~60%가량 증가했다고 한다.

최근 한 조사에서, 남성들이 이마 쪽에 제모를 많이 한다고 했다. 무슨 이유일까? 털은 관상학에서도 중요하게 다루어진다. 특히 좁은 이마는 좋지 않은 인상을 주고, 대인관계에서 불리하게 작용하는 경우가 많다는 것. 이 때문에 한 전문 클리닉의 남자 환자 중에 59%가 좁은 이마의 제모로 좋은 인상을 갖기를 원했다. 그 다음이 턱, 볼의 제모를 원했다. 여기에서 제모는 완전 제모이다.

탤런트 송일국이 드라마 〈주몽〉에서 주몽의 청년기 연기를 위해 턱수염을 영구 제모해 화제가 된 적이 있다. 촬영할 때마다 빨리 자라는 턱수염은 귀찮은 것이다. 하나하나 다 뽑아내면 좋겠지만, 시간도 많이 걸리고 아프기도 무지 아플 것이다. 영구 제모는 레이저 치료가 많다. 아무리 레이저라고 해도 기존의 레이저는 수차례 제모 시술을 해도 완벽한 제모가 이루어지지 않는다. 최근에는 횟수를 줄인 효과적인 방법이 생겨나고 있다는데, 지켜보아야 할 일이다. 어쨌든 레이저로 말려 죽이고 태워 죽인다. 이제는 아예 제모만 전문으로 하는 병원도 생겨나고 있다.

인류의 역사는 털과의 전쟁의 역사가 아닌가 싶다. 특히 문명의 역사는 이렇게 털과의 전쟁을 벌여 왔다. 털은 반反문명이었고 야만이었다. 털은 짐승계에 속했다. 인간은 끊임없이 자신이 동물이 아니라는 존재 증명을 하기 위해서 고군분투했다. 털이 많으면 짐승이라거나 진화가 덜 되었다고 하면서, 털이 많은 이들을 학대(?)해 왔다. 문명이 발달할수록 털은 동물임을 상징하는 아이콘이 되어 갔다. 그러나 아무리 부정해도 인간은 동물인 게 맞지 않나.

털이 많은 사람들은 평생을 고통 속에 살아야 했다. 여름만 돌아오면 두려워진다. 여성에게는 더욱 가혹했던 것이 사실이다. 여성 중에는 다리와 팔의 털 때문에 긴 바지나 긴 셔츠만 입고 여름을 보내는 경우도 많다. 여성에게는 털에 대한 선입감이 시선의 감옥으로 작용하고 있는 것이다.

날마다 많은 비용을 털과의 전쟁에 바쳐야 한다. 비용도 비용이거니와 시간은 얼마나 많이 들어가는가. 한 사람 한 사람이 아니라 전국에서 수많은 사람들이 앉아서 털을 깎는 모습을 상상하면 우습기도 하고 연민스럽기도 하다. 털을 반드시 깎아야 하는 것일까? 털과의 전쟁이 제모에 대한 강박관념을 부추기며 뷰티 산업 차원에서 악용되고 있는 것은 아닐까?

수염이 왜 저항의 상징?

'동안 열풍'과 '예쁜 남자 신드롬,' 여기에 노무족, 샹그릴라 신드롬이다 뭐다 해서 남성들의 수염이 수난을 당하고 있다고 한다. 최근에는 없어서 못 파는 수염도 있었다. 사람의 수염이 아니라 옥수수수염이다. 이뇨 작용으로 부기를 빼주어 얼굴을 작게 한다는 옥수수수염차는 폭발적인 인기를 누렸다. 얼마나 효과가 있는지는 논외의 문제다. 사람의 수염이 없애야 할 대상이 되기는 했지만, 잘만 생각하면, 이룰 수 없는 것들을 성취하게 해주는 것은 옥수수수염만은 아닐 것이다.

수염의 상징과 문화 다양성
고양이와 같은 동물에게는 수염이 기능성 차원에서 중요하겠지만, 사람-남성에게 수염은 이미지뿐만 아니라 현실적 인간을 상징한다.

타잔은 수염이 없는 매끈한 얼굴이다. 왜 수염이 없을까? 야생의 세계에서 성장해 왔다면 수염이 덥수룩해야 하지 않을까. 혹자들은 타잔이 관념적인 유토피아적 존재이기 때문이라고 말한다. 한편으로는 가짜 어른이기 때문에 수염이 없다고도 말한다. 그렇다면 수염 없는 성인 여성은 어른이 아닌가. 어쨌든 수염은 남성에게는 어른과 아이의 구분을 의미한다.

어른은 뭔가 강한 힘을 가진 존재다. 용수철龍鬚鐵은 용의 수염이다. 용의 수염이 탄력성이 좋기 때문에 붙여진 이름이다. 수염은 권위의 상징이기도 하다. 검고 짧은 수염은 아직 젊음을 지닌 존재임을, 하얀 수염은 세월의 무게와 함께 축적한 권위를 상징한다.

고대 이집트의 남자들은 수염을 깎았다. 이, 벼룩 등이 기생하지 못하도록 하기 위해서였다. 하지만 파라오는 권위의 상징으로 인조 수염을 달았다. 아랍은 아직도 남성 권위의 상징을 수염에 둔다. 후세인 전 이라크 대통령이 미군에 잡혀 수염이 깎이자, 아랍계 위성방송 알 자지라는 이것이 가장 모욕적인 행동이며 수치감을 불러일으킨다고 보도했다. 이집트 작가 사이드 나사르는 "아랍인에 대한 수치가 아니라 전 인류에 대한 수치"라고 말했다. 2005년, 이라크 무장 단체는 바그다드에서 수염 깎는 이발사 12명을 살해하기도 했다.

인간은 살아남기 위해 수염을 제거하기도 했다. 로마군은 적군과 구별하기 위해 수염을 깎았다고 하지만, 알렉산더 대왕은 백병전을 할 때 병사들의 긴 수염이 적군에게 잡히면 죽는다고 판단해서 병사들에게 수염을 자르게 했다는 일화가 있다.

고대 그리스, 로마의 일반 남자들은 수염이 없었고, 이는 서구의 전통이 되었다. 게르만족은 청색 혹은 녹색으로 수염을 물들였지만, 로마가 통치하면서 사라졌다.

수염과 위기

수염은 곤란한 상황에 빠뜨리게도 한다. 몇 년 전 미국 텍사스 주에서는 밧줄을 타고 광고판을 내려오던 산타클로스가 수염이 밧줄에 걸리는 바람에 10미터 높이에 매달려 오도 가도 못하는 난처한 상황에 처한 일이 있었다.

수염 길이 때문에 난처한, 아니 자신의 운명을 달리했다는 말이 관우의 죽음에 관한 이설異說에도 담겨 있다. 관우의 상징은 긴 수염이다. 그의 삼각 수염은 곧 그의 위엄이었다. 오나라의 여몽은 관우를 이길 방도가 없자 심리전을 이용한다. 여몽은 본격적인 전투를 하기 전에 사신을 통해 관우의 수염을 칭찬한다. "정말 눈이 부신 수염을 가지고 있으십니다. 그런데 밤에 주무실 때 수염을 이불 밖으로 내놓는지 아니면 안으로 들여놓는지 궁금합니다."

이전에는 아무렇지 않게 잠을 이루었지만, 그 뒤 관우는 여몽의 말에 신경이 쓰였다. 안으로 수염을 들여놓아도 밖으로 내놓아도 신경이 쓰여 밤마다 잠을 이루지 못 하게 되었고, 그렇게 불면증에 시달리다 마침내 평정심을 잃게 된 관우는 전장에서 패배해 목숨까지 잃게 되었던 것이다. 관우는 자기 수염에 묶인 셈이다.

근대성과 수염

중세 로마가톨릭교회는 성직자들에게 수염을 금지시켜 수염 없는 모습을 순결의 상징으로 삼았다. 프랑스 혁명 당시 수염은 남성다움의 상징으로 여겨져 부활했다.

우리나라에서는 1895년 단발령 이후부터 수염을 자르기 시작했다. 개화기 인사들을 중심으로 면도는 근대 문화의 상징으로 작용했다. 적어도 영상 속에서 개화기와 일제 시대는 콧수염의 시대다. 영화 〈좋은 놈, 나쁜 놈, 이상한 놈〉에서 송강호, 이병헌, 정우성 등 주연배우들이 모두 콧수염을 길러 일제 시기 만주라는 배경에 충실했다.

영화 〈모던보이〉의 이한도 경성 멋쟁이로 콧수염을 길렀다. 이 시기는 콧수염이 대표적인 아이콘이었을 것이다. 일본 순사의 콧수염은 찰리 채플린과는 달리 악역 캐릭터의 대명사이다. 히틀러의 콧수염도 이와 같은 범주인데, '칫솔 수염Toothbrush moustache' 이다. 그를 조롱할 때 쓰이는 독재자 아돌프 히틀러의 상징이다.

그러나 그가 처음부터 그 수염을 선호한 것은 아니었다고 한다. 1차 세계대전 당시 그와 같이 복무했던 동료 병사들에 따르면, 독가스에 대비해 방독면을 원활하게 사용하기 위해서는 수염을 잘라야 했기 때문이다. 원래는 프로이센 식의 긴 수염을 길렀다는 것이다. 기능적 효율성을 위해 수염을 잘랐다는 이야기다.

수염은 멋진 남성미를 풍기게도 하지만, 한편으로는 남성을 망가뜨리는 아이콘이기도 하다. 제대로 다듬지 않으면 지저분한 인상을 주지만, 제대로 다듬으면 "콧수염 없는 남자와 키스하는 것은 치즈 없는 식사와 같다"는 프랑스 속담을 충족시킨다. 수염을 가꾸는 데는 시간과 노력이 많이 드니, 수염을 관리하지 않는 남성은 게을러 보이기도 한다. 근대성이 만든 결과물은 단위 시간당 노동과 밀접한 의미를 지니며, 수염도 그 안에 있기는 마찬가지이다.

사극 캐릭터의 아이콘

수염은 사극 인물들의 대표적인 아이콘이다. 〈태왕사신기〉에서 배용준은 수염 하나 없는 젊은 시절을 보내 타잔과 같더니, 갑자기 막판에 수염을 달고 나오기 시작했다.

수염 있는 내시는 있을 수 없다. 〈왕과 나〉의 전광렬, 오만석, 안재모는 매번 수염을 달아야 하는 노고는 없었지만, 면도를 철저하게 해야 했다. 〈주몽〉에서 송일국은 청년기 주몽 역을 소화하기 위해 아예 영구 제모를 했다. 문신은 수염이 좀 적고, 무신은 수염이 거칠고 많으며 길다. 드라마 〈대왕세종〉에서 경호실장 격인 정홍채와 비서실장 격인 지신사 김갑수가 대비된다. 드라마 〈선덕여왕〉과 같이 화랑과 여성이 많이 등장할수록 수염은 필요없을 것이다.

수염과 비례하는 것들

수염의 길이와 나이는 비례한다. 지략과 수염 굵기는 반비례한다. 후덕한 인물은 수염이 풍성하지만, 간관은 수염이 가늘다. 가는 수염일수록 부정적인 지략을 함의하기도 한다.

괴도 뤼팽의 수염도 가늘다. 수염을 기를 때는 콧수염이 가장 까다로운데 '간신'처럼 보이기 때문이다. 수염은 인물의 전형적인 성격을 드러내 주면서, 인물의 성장을 의미한다. 수염만 하나 달면 성숙과 권위의 존재로 변하게 된다. 사극뿐만 아니라 트랜디 드라마에서도 실제보다 나이가 많은 역할을 하기 위해 수염을 기른다.

중요 인물의 수염 변화는 정보기관을 긴장시키기도 했다. 2006년 9월 마이클 매코넬 국가정보국(DNI) 국장은 오사마 빈 라덴의 수염에 관한 미 의원들의 질문에 답하느라 진땀을 뺐다. 2004년 10월 이후 처음으로 비디오에 등장한 오사마 빈 라덴의 수염은 잘 정리되어 있었고, 더구나 검게 염색한 모습이었다.

이 때문에 의원들은 이 변화된 수염이 의미하는 바가 무엇인지 물어보았던 것이다. 국장은 특별한 의미는 없고 진짜 수염인지 알 수 없다고 말했지만, 인터넷 네티즌들은 수염이 진짜가 아니기 때문에 빈 라덴은 가짜라고 지적했다.

수염 징크스

수염 징크스를 빼놓을 수 없다. 수염을 기르면 왠지 경기가 잘되고, 수염을 깎으면 경기가 원하는 대로 풀리지 않는다는 것이다. 축구 선수로 '수염 클럽 5인방'은 이천수, 이을용, 조재진, 이호, 김영광 등 5명을 들 수 있다. 농구 선수 서장훈도 수염을 깎지 않았더니 연승했다고 밝힌 적이 있다.

일본 최고의 명문 구단으로 자부하는 요미우리는 수염은 물론 장발도 허용하지 않기로 유명하다. 하지만 오가사와라를 영입하기 위해 수염을 기를 수 있도록 하겠다는 '파격적인 조건'을 내세우기도 했다. 남성다운 자신감을 통해 활력 있는 경기를 할 수 있다고 생각했기 때문은 아닐까.

수염과 성공학

인상학을 연구하는 사람들은 수염이 기상이나 기혈과 관련이 있다고 주장한다. 턱 선이 약해 보이는 이들은 수염을 길러보강할 수 있다는 것이다. 수염이 없는 아인슈타인은 상상할 수없으며, 소녀의 편지 덕에 수염을 기른 링컨은 대통령의 자리에오른다. 김흥국, 전인권, 노홍철, 박상민 등은 수염 없는 얼굴이오히려 이상하다. 수염이 없었다면 대중적 인기를 끌 수 없었을것이다.

우리 시대에 수염이 살아남는 심리적 이유

수염은 힘뿐만 아니라 성적 욕망, 섹시함을 포함하는 남성들의 개성 표현이다. 콧수염에 관심이 있는 사람들의 모임인 '콧사모'의 경우, 회원이 1만 5,000명이다.

수염 기르기를 선호하는 이들에게 수염은 자유와 세련미의코드이다. 조직에 얽매이지 않는 자유 전문 직종과 예술인들이수염을 많이 기르기 때문이다. 조직에 속해 있는 사람들은 수염을 제대로 기를 수 없다.

또한 일종의 지존 사회에 대한 저항의 코드이기도 하다. 20세기 좌파 지식인들은 저항의 뜻을 담아 수염을 길렀다. 그러나그 저항은 무식하고 고리타분한 저항이 아니라 세련된 저항을의미한다. 이러한 의미에서 수염은 자율성과 주체성을 가능하게 하는 힘을 상징한다.

절제와 나태의 칼 날 위에서 수염은 오늘도 다양한 문화 현상을 만들어 낼 뿐만 아니라 부가 산업의 수익 창출에도 한몫하고 있다. 한쪽에서는 수염을 없애는 방법을, 다른 한편에서는 수염을 패션 스타일화 하는 방법을 알려 주며 생계를 유지한다.

다만, 수염을 둘러싼 찬반 논쟁은 역사 속에서 부침을 거듭할 뿐이다. 어쨌든 지금은 수염을 없애건, 기르건, 시간과 돈이 드는 것만은 사실이다.

아파트 이름 전쟁

어느 한국 학생이 한 미국 대학에 장학금을 신청했다. 그런데 별다른 결격 사유도 없었는데 장학금 수혜 대상에서 제외되었다. 그래서 학생이 미국 대학에 따졌다, 왜 제외되었냐고. 왜 제외되었을까? 알고 봤더니 그 학생이 사는 곳이 성城이었다. "뉴캐슬"이라고. 물론 아파트 이름이다. 대학 당국에서는 아파트 이름인 '캐슬'을 진짜 성으로 이해한 것이었다. 성에서 사는 정도라면 장학금을 애써 지급할 이유가 없다고 판단했던 것이다. 이런 내용을 전한 한 방송 프로그램은 믿거나 말거나라는 단서를 달았다.

지금 아파트 이름은 전쟁 중이다. 삼성, 현대와 같은 한자 이름인 시절은 너무나 오래 전 일이다. 타워팰리스, 실크밸리, 브라운스톤, 베르디움, 이튼타워리버… 영어식으로 만든 이름들은 길기도 하다. "…빌" 자가 들어간 아파트는 참 많기도 하다. 아너스빌, 아투빌, 파크빌, 쌍떼빌, 리슈빌, 하이빌, 센리리빌, 로즈빌, 골드빌, 에버빌… 실제 현실과는 전혀 상관없는 이름들인 경우가 많다. 예를 들어, 로즈빌은 장미 마을일 텐데 장미는 하나도 없다. 그만큼 삭막하다는 이야기이다. 골드빌에는 황금이 하나도 없음은 물론이다.

한국어를 외국어처럼 흉내 내어 짓는 경우도 종종 생기고 있지만, 아직도 다수는 외국어이다. 외국어로 지으면 폼 나는 것일까 싶기도 하고, 뭔가 그럴듯해 보일 것 같기도 하다. 여기에만 그치지 않는다. 요즘 아파트 이름은 그 자체가 돈과 직결된다. 이 때문에 아파트 개명改名 열풍이다. 같은 회사의 아파트를 페인트 칠만 해서 유명 브랜드 이름으로 바꾸는 것이다. 삼성 아파트를 "래미안"으로 바꾸면 가격이 뛴다거나 대우 아파트를 "푸르지오"로 바꾸면 가격이 상승한다는 것이다.

논쟁이 분분한 가운데 2007년 법원에서 공식 허가를 했다. 무슨 얘기인가. 한 아파트 주민들이 7억 원을 들여 출입문을 새로 짓고 아파트 주변에 조경 공사도 했다. 하지만 구청 측이 "명확한 규정이 없다"며 주민들의 개명 신청을 거부하자, 소송을 냈다.

재판부는 "아파트에 심미적 감각과 문화적 이미지를 부여하려는 입주자들의 욕구를 금지할 필요가 없다"고 밝히면서 원고 승소 판결을 냈다. 그런데 오래 전에 지은 아파트에 페인트 칠을 다시 하고 요새 인기 있는 이름들을 붙여서 그럴듯하게 만들어 몇 천만 원씩 올려 받는다면 문제가 아닐까?

이에 대해 재판부는 "무분별한 명칭 변경은 오히려 가치 하락을 초래하므로 그런 문제는 시장 원리에 따라 해결할 수 있다"고 판단했다. 즉, 외관만 바뀌고 내부가 바뀌지 않으면 올랐던 가격도 곧 떨어진다는 이야기이다. 하지만 언제나 투기꾼은 초기에 해먹는다. 장기적인 관점에서는 시장의 가격 기구가 타당한 역할을 하지만, 단기적인 먹튀(먹고 튀기) 현상은 막기 힘들다.

무엇보다 아파트는 너와 나를 구분 짓고 구획 짓는 공간이 되었다. 편안한 공간이 아니라 잠시 머물다 돈을 뻥튀기는 매매수단이고, 위화감을 조성하는 상징적인 장치가 되었다. 아파트는 이제 그들만의 성이 되어, 철저하게 외부인들을 차단하기에 급급하다. 고립된 그들만의 성城이다.

아파트 가격이 높아지면서 단독 주택에 대한 관심이 높아지고 한옥에 주목하는 경우도 있다. 좁은 땅에 인구 밀도가 높은 네덜란드나 영국은 단독 주택 건설 비중이 70%를 웃돈다. 땅값 비싼 일본도 60% 가량이 단독 주택이라고 한다. 프랑스 등 유럽에서는 한국에서 가장 선호하는 아파트가 빈민 주택으로 인식된다. 이 때문에 프랑스인 발레리 줄레조의 『아파트 공화국』이라는 연구서가 한국의 아파트 현상을 비판해 주목을 받았는지 모른다. 삶의 편안함과 아름다움, 기능성이 함께 공존해야 할 집은 '돈의 성城'에 갇혔다고나 할까. 그러나 그 성은 현금으로 존재하지 않는다. 그 성을 위해 우리는 인생을 저당잡혀 있다.

와인에 빠져드는 심리

"술은 마치 사랑과 같다. 첫 번째 입맞춤은 마술과 같고, 두 번째는 아주 친밀하고, 세 번째가 되면 틀에 박힌 것이 된다."

미국의 소설가 챈들러의 말이다. 몇 년 전부터 와인 열풍이 계속 이어지고 있는데, 와인 선택은 하나의 강박적 틀이 되었다. 으레 틀은 그것을 수용하는 사람들에게는 안정감을 주지만, 그것에서 자유롭고 싶은 사람에게는 불편하기만 하다. 마술과 같았던 와인도 이제 슬슬 사람들의 정신을 괴롭히고 있다. 와인 열풍은 대단해 보인다.

소주의 아성인 삼겹살 집에도 진출했고, 동네 할인 마트에 와인 코너가 마련되기도 했다. 와인 정보는 비즈니스맨의 '필수 요건'이 되었고, 대학에서도 와인 동아리가 인기다. 그래서인지 한국에는 '와사모'(와인을 사랑하는 사람들의 모임)가 유난히 많다. 와인 이야기인 일본 만화 『신의 물방울神の滴』은 국내에서 출판된 지 1년 만에 55만 권 이상이 팔렸다. 이 작품은 배용준이 대주주로 있는 키이스트가 드라마 제작을 검토하기도 했다. "신의 물방울"은 '현존하는 최고의 명품 와인'을 뜻한다.

와인 소비는 대폭 늘어 2006년 와인 판매량은 2만 7천㎘로

2002년보다 50% 이상 늘었다. 물론 수입 와인이 국내 와인 소비 시장의 80.4%를 차지했다. 특히 고가의 수입 와인이 잘 팔리고 있다. 소비되는 와인이 갈수록 비싸지고 있다는 얘기다. 한때 각광을 받았던 현대화된 약주 시장은 순한 소주에 치이고, 수입 와인에 밀리면서 고전하고 있다.

이렇게 와인이 인기를 끌고 있는 이유는, "와인 한 방울은 피와 같다"는 말도 있듯, 건강과 웰빙 코드 때문이다. 122세까지 산 프랑스 할머니 잔 칼망은 "내 건강의 비결은 하루 500 ml 와인 한 잔"이라고 말한 바 있다. 암 예방에 도움이 되고 심장에도 도움이 된다는 말도 상투적인 것이 되었다.

문화적 관점에서도 원인을 찾을 수 있지 않을까 싶다. 와인은 독주와 달리 대화를 많게 한다. 분위기를 이끄는 매력이 있다. 이 때문에 사교에 좋다는 지적이 나온다. 와인은 예술이자 미학이라고도 본다.

세계적인 와인 평론가 로버트 파커는 "와인은 인생을 행복하게 만드는 도구"라고 했다. "고급 와인 한 잔을 바라보는 것만으로도 미래는 장밋빛으로 물든다"고 한 나폴레옹도 생각할 수 있다. 그래서 『보물섬』을 쓴 스티븐슨은 "와인은 병 안에 든 시 詩"라고 했는지 모른다. 와인을 즐기는 데 심미적인 차원을 적절하게 지적한 말이다.

무엇보다 와인은 마시기보다 하나의 이미지, 기호로 그 자체를 즐긴다. 사람들은 술에 투영된 이미지를 소비함으로써, 자신의 정체성을 다른 이와 차별화한다. 또한 와인을 마시는 행동 자체에서 자신의 존재감이나 라이프스타일을 격상시킨다.

고급 와인에 관심을 보이는 성향도 이와 무관하지 않다. 비싼 와인은 한 병에 1백만 원대를 호가하지만, 없어서 못 파는 현상이 이를 대변한다. 비싼 와인일수록 좋다는 인식은 해외에서 가장 대중적인 술이 와인이라는 사실과 어울리지 않는다.

와인은 문화 커뮤니케이션의 매개체이다. 와인은 문화적 탐색과 정체성 형성의 기호가 되었다. 오랜 역사와 다양한 와인의 종류는 끝도 모를 또 하나의 모호한 세상으로 인도한다. 모호함은 아우라를 형성한다. 이는 와인 자체도 즐기지만 와인을 둘러싼 분위기를 즐기는 문화 코드로 생각해 볼 수 있다. 그 속에서 자신만의 왕국을 만들어 내고, 같은 동호인들이나 소통 주체들과 와인 제국을 형성한다. 그 과정에서 배타적인 경계 짓기의 투쟁이 일어나기도 한다. 그러한 왕국은 실제로 존재하지 않는 환상의 나라다. 그것을 깨달을 때까지 와인 열풍은 계속 소비를 부추길지도 모른다.

물론 와인 열풍이 술자리 문화의 긍정적 변화를 이끌어 내고 있는 것으로 보인다. 고대 그리스 사람들은 와인을 마시면서 토론하는 습성이 야만인과 다른 점이라고 자부했다. '신이 내린 최고의 선물'이라는 와인이 문화와 세련미의 동의어처럼 쓰였다. 와인 열풍 속에서 회식 문화나 술자리 문화가 바뀌고 있다는 평이다. 그간 우리의 술 문화는 만취 문화였는데, '취하는 문화'에서 '즐기는 문화'로 바뀌고 있기 때문이다. 폭탄주보다 많은 대화가 가능해진다면 좋은 일이다. 이 때문에 와인 술자리는 젊은 여성은 물론 중장년층까지 폭넓게 호응을 얻고 있고, 가족 문화나 조직 문화에 변화를 주고 있다. 우리 술, 술 문화의 결핍적 요소들이 와인 열풍이라는 현상으로 나타나고 있다.

하지만 한편으로는 와인 열풍에 대한 비판적 시선도 있다. 우선 너무 많이 마신다는 것이다. 와인은 건강 음료가 아니라 술이다. 다만, 조금 맛있는! 아무리 좋은 약이라도 많이 먹으면 독이 된다. 과일 주스처럼 와인을 마시는 사람도 많다. "와인은 건강에 좋다니까…"라며 과음을 합리화한다. 일부에서는 와인에 들어 있는 이산화황이 각종 질병을 일으킬 수 있다고 한다.

'프렌치 패러독스'에 대한 비판도 만만치 않다. 프랑스 사람에게 심장병이 적다는 '프렌치 패러독스'를 이유로 마니아들은 와인은 많이 마셔도 좋다고 주장해 왔다. 하지만 프랑스 사람들은 알코올성 간 질환 사망률이 서구에서 가장 높다고 한다.

최근 와인의 심장병 예방 효과가 과장됐다는 연구 결과까지 나왔다. 중요한 것은 '와인'이 아니라 '하루 한두 잔'인데, 와인이 아닌 다른 술도 한두 잔씩만 마시면 비슷한 효과가 있다고 한다. 이 과정에서 웰빙 열풍에 영합한 무분별한 와인 마케팅은 사람들의 건강을 오히려 해치고 있는 것은 아닌지 우려스러운 것이다.

더구나 와인 때문에 스트레스를 받는 이들이 대폭 늘어나고 있는 것은 사실로 보인다. 와인을 모르면 술자리에서 불편을 느끼는 시대가 됐는지도 모른다. 한 경제 연구소 설문 조사 결과를 보면, 기업 CEO 다섯 중 네 명 이상(84%)은 와인 때문에 스트레스를 받은 적이 있다고 대답했다. '좋은 술 골라 보라'든가 와인 지식에 관한 대화에 끼지 못할 때 심하다고 한다.

프랑스에만 8,000여 포도원이 있고, 그곳에서 자체 브랜드로 여러 제품을 쏟아내고 있으니 전 세계적으로 그 이름을 다 알기란 불가능하다. 와인은 스트레스가 아니라 즐기는 대상이어야 한다. 아는 척하며 사람들 앞에서 기죽지 않으려 마셔 보았자 허세와 겉치레, 가식 속에서 오히려 서로 멀어지게 되는 것은 아닐까 싶다. 왜 와인에 주목을 했는지 다시 생각해 볼 시점이기도 하다.

2009년 11월 22일, 〈개그콘서트〉의 "남보원"(남성인권보장위원회) 소속 남성들은 이렇게 외쳤다. 그 내용은 와인에 얽힌 허영의식을 질타한 것이다.

"단골 가게 가자더니! 청담동의 와인바냐! 거짓 마라 거짓 마라! 검색한 거 알고 있다! 원산지는 왜 따지냐! 와인 맛은 알고 있냐! 느끼는 척 하지 마라! 생각보다 떫은 거냐!"

어느새 한국에서 외면받던 막걸리가 최고급 술이 되어 일본에서 큰 인기를 끌고 있다. 그러자 한국에서 뒤늦게 막걸리 열풍이 불고 있다. 정작 우리는 우리의 것이 갖는 가치를 인식하지 못하고 살고 있다.

216

명품을 싸구려 패션으로 삼는 차브족의 심리

2006년 여름을 달구었던 된장녀 논란은 실체 여부와는 관계 없이 명품 선호에 대한 사회적 비판으로 보였다. 요컨대, 스타 벅스 커피에서 비롯된 "된장녀" 논란에는 무분별한 명품 사용에 대한 반감이 들어가 있었다. 때마침 사기꾼들이 가짜 시계를 5,000만 원짜리 명품 시계로 둔갑시켜 유명 연예인과 국회의원 부인 등에게 판 사건은 명품 선호의 현주소를 확인시켜 주었다. 이뿐 아니라 화장품, 가방, 의류에 이르기까지 각종 가짜 명품을 만든 제조업자들이 경찰에 적발되었다. 명품을 맹목적으로 추종하기 때문에 수많은 가짜 명품, 혹은 짝퉁이 나올 수밖에 없어 보인다. 하지만 이렇게 명품을 맹목적으로 선호하는 사람만 있는 것은 분명 아니다. 명품을 추종하지도 않을 뿐만 아니라, 오히려 명품을 가치 없게 만드는 사람들이 있다. 바로 "차브Chav족"이다.

그들은 번쩍거리는 커다란 팔찌, 귀고리와 두꺼운 목걸이 등을 착용한다. 모두 화려하지만 싸구려다. 손에는 첨단 모바일 기기를 들고, 머리에는 버버리 체크무늬 야구 모자를 쓴다. 여기에 가격표를 떼지 않은 트레이닝복을 입는데, 하얀 양말에 구겨 넣어 신는다. 트레이닝복 바지 위에 정장용 재킷을 입거나 구두를 신고 있다. 물론 전혀 어울리지 않는다. 그것이 그들이 원하는 패션 컨셉이다.

일상복으로서 트레이닝복은 대개 백수, 하층 빈민을 상징한다. 트레이닝복은 일이 없는 사람들이 동네 슈퍼나 집 근처를 돌아다닐 때 입는 옷이다. 그런 상징의 기호인 트레이닝복이 명품과 만나니 부조화의 극치가 된다. 무엇보다 명품이 싸구려 이미지의 패션과 결합되면서 값어치 없게 된다. 차브족은 부조화를 통해 명품을 싸구려로 만들어 버리며, 그것 자체를 즐긴다.

차브족은 난데없는 용어가 아니다. 2004년 영국의 『옥스퍼드 대학 사전』에 올라 그해의 최고 유행어로 뽑혔다. 어원은 어디에서 비롯되었을까. 집시들이 쓰는 말 차비(chavi=어린이)에서 비롯됐다고도 하고, 영국 북동부의 반항적인 젊은 광부들을 일컫던 사투리 'Charva'에서 따온 것이라는 주장도 있다. 차브족은 '농촌 하층 계급 출신의 일탈 청소년' 혹은 저급하고 촌스러운 패션을 즐기는 젊은이를 말한다. 차브는 하류 계층의 문화적 취향을 포괄한다.

명품업계에서는 차브족이 달가운 존재는 아니다. 차브족이 패션 명가인 버버리의 격자무늬 패션을 마치 유니폼처럼 입고 다녔는데, 이 패션이 매출 급감을 불러왔다. 버버리는 차브족이 애용하는 브랜드라는 이미지 때문에 판매 부진을 겪자, 차브족이 애용하던 격자무늬 야구 모자 생산을 중단해 버렸다. 차브족이 즐겨 신었던 프리다의 검은색 운동화도 영국 내에서 판매하지 않게 되었다. 차브족 사이에서 검은색 프리다 운동화가 유행하자, 영국 맨체스터의 한 나이트클럽에서는 이 신발을 신은 사람들의 출입을 금지시켰다.

곧 '차브족 경계령'이 고급 샴페인 업계로 옮겨갔다. 나이트클럽이나 파티에서 고가의 샴페인을 마시는 것이 차브족의 유행이었기 때문이다. 이른바 '차브페인(chavpagne: 차브+샴페인)'이 형성되었던 것이다. 이들이 즐겨 마시면서 싸구려라는 낙인이 찍히자, 고급 샴페인 업체가 매출 급감을 우려하게 된 것이다. 모에, 샹동, 랑송, 로랑-페리에 같은 샴페인 업체가 대책 마련에 고심했다. 프리다와 버버리 같이 될지 모르기 때문이다. 유럽에서는 트레이닝복을 기피하게 되었는데, 영국의 차브족 등 하위 문화 집단에서 트레이닝복을 많이 착용하는 데 따른 것이다.

차브족은 '명품족'과 대립각을 세운 새로운 21세기형 종족이라는 말이 있다. 명품족은 명품을 하나라도 걸치고는 "너희들과 달라"라는 점을 뽐낸다. 자신의 경제적 여건은 생각하지 않는 경우도 많다. 하지만 차브족은 "나 가난하다, 어쩔 건대?"라고 당당하게 말하고, 자신의 개성 표현을 부끄러워하지 않는다. 상류 사회의 호사스럽고 명품을 따지는 문화에 대항해, '싸구려가 자랑스럽다'고 떳떳이 드러내는 것이 '차브 문화'의 핵심이다. 자신이 사회적·경제적으로 열악한 처지임을 부끄러워하지 않는다. 경제력을 갖지 못하고도 명품으로 치장하려고 애쓰는 이들보다 경제력을 갖지 못했어도 당당한 차브족이 훨씬 기특하다고 여기는 이들의 심리를 이해 못할 일도 아니다.

연예인들도 기특한 차브 문화를 받아들여 이를 통해 대중적 인기를 모으려고 했다. 가수이자 배우인 제니퍼 로페스, 축구 스타 웨인 루니, 영국 왕실의 해리 왕자 등이 차브 문화를 즐기는 것으로 알려졌다. 한국에서도 '차브 스타'는 익숙해졌다. 가수 이효리는 트레이닝복 패션으로 '이효리 스타일'을 만들었고, 전지현·김정은·보아 등도 비슷한 차림으로 눈길을 끌었다. 물론 차브 문화를 진정으로 좋아하는 것인지, 차브족의 맥락을 알고 착용했는지는 모호하다.

문화적인 차원에서 의미있는 점들을 정리할 수도 있다. 비정상적인 명품 열광에 일침을 가하는 쿨한 문화적 기호로서 의미가 있다. 유럽을 중심으로 이런 문화적 현상이 일어나고 있다는 것은 오히려 제3세계 국가들에게 색다른 문화적 신호로 작용한다. 서구 명품에 대한 환상을 가질 필요가 없다는 의미를 지니기 때문이다. 상류 사회의 규범과 위선에 반격을 가하는 도전적인 젊은이들의 문화, 혹은 지배 주류 문화에 저항하는 하위 청년 문화의 한 형태이면서 명품 산업 자본에 대한 문화적 저항이라고도 볼 수 있다.

명품에 대한 열망은 수많은 젊은이들을 상대적 박탈감에 시달리게 만든다. 수많은 사람들의 상대적 박탈감을 토대로 명품은 소수에게 우월적 충족 심리를 주며 생명력을 유지한다. 명품을 선망할수록 노예가 된다. 명품을 열망하지 않는 것이 스스로 해방되는 것이다. 명품을 별 것 아닌 것으로 만드는 것이 대표적인 방법이다.

A급의 B급 문화화는 명품 문화에 대한 반격뿐만 아니라 기존의 문화적 인식에 대한 성찰을 보여 준다. 그들은 '비싼 것'이 곧 '멋진 것'이라는 통념을 깨며, '호사스러운 상류 사회의 문

화'만 문화가 아니라 '싸구려 문화적 취향'도 당당한 문화라는 메시지를 전달한다.

사실 좋게 이야기했지만, 그들은 진지한 문화적 의미 부여 없이 내키는 대로 말썽도 많이 부린다. 자기의 욕망에만 충실한 이들을 동의할 수는 있지만, 존경할 수 없는 면도 있다. 더구나 그들은 언제나 그러한 문화적 트렌드에 남아 있는 것이 아니라 주류 문화로 끊임없이 이동한다. 이 때문에 그들의 패션과 선호에 대한 동의 여부는 각자가 판단할 일이다. 다만, 사람이 이동해도 새로운 세대는 끊임없이 기존 문화에 저항하면서 자신의 정체성을 찾아간다. 다시 그들은 기성세대가 되고, 그 다음 세대는 다시 기존 문화의 결핍을 극복하고자 저항하며 문화적 정체성을 만들어 간다. 이것이 세대론적 문화의 선순환이다.

삼겹살 공화국의 명암

한국 사람들은 왜 삼겹살을 좋아할까?

여름에 밤늦게 집에 들어가는데 공원에서 청소년들이 오토바이를 세워 놓고 삼겹살을 구워 먹고 있었다. 그냥 프라이팬에 구워 먹는데 정겨워 보였다. 여름에 야외에서 친구끼리 구워 먹는 삼겹살은 별미일 수밖에 없다. 한국 사람들은 계곡이건, 바다건, 사람이 모였다 하면 자리를 펼쳐 놓고 무조건 구워 먹고 본다고 해도 지나친 말이 아니다. 이런 때문인지 관련 업계에서는 바캉스 장소로 삼겹살을 배달해 준다고 홍보하고도 있다.

어느새 한국인이 지나간 자리에는 삼겹살 조각, 아니 삼겹살의 향기가 남는다. 돼지고기 판매량의 약 80%가 삼겹살이라는 점도 이를 증명하고 있다. 한국을 대표하는 음식은 불고기가 아니라 단연 삼겹살이라고 주장하고 싶다. 남녀노소 즐겨먹지 않는 이들이 없고, 회식 자리에도 빠지지 않는 삼겹살이기 때문이다.

최근 한 취업 포털에서 직장인 음주 행태를 조사한 자료를 보면, 직장인들이 애호하는 술은 단연 소주(64.9%)와 맥주(25.6%)였다. 이는 회식의 수순과 밀접하다. 대개 삼겹살에 소주를 마시고, 다시 생맥주를 먹고, 노래방으로 간다. 한 조사에서는 한국인에게 에너지를 주는 식품은 밥, 돼지고기, 라면, 그리고 소주 순인 것으로 나타났다. 소주와 돼지고기는 바로 삼겹살 구이를 의미한다. 그러나 음식점에서 먹는 삼겹살이 다 같은 삼겹살은 아니다.

삼겹살의 변신은 어디까지일까 싶다. 90년대 초반 솥뚜껑 삼겹살이 히트했다. 그 뒤 1인분 가격이 자장면보다 싼 대패 삼겹살이 주목받았다. 90년대 후반엔 미숫가루 삼겹살, 2000년대에 들어서서 와인과 녹차 등이 삼겹살을 만나 웰빙 삼겹살이 등장했다. 삼겹살은 다양한 퓨전 메뉴로 진화를 거듭하고 있다. 한방 삼겹살, 솔잎 삼겹살, 통후추 삼겹살, 오징어 먹물 삼겹살, 낙지와 쭈꾸미 삼겹살, 해초 삼겹살, 된장박이 삼겹살, 바비큐 삼겹살, 토마토 삼겹살, 허브 삼겹살, 와인 삼겹살, 벌꿀 고추 삼겹살, 꽃가루 된장 삼겹살, 숙성 김치 삼겹살, 매실 숙성 삼겹살, 칼삼겹살 등 이루 다 헤아리기도 힘들다.

대한양돈협회는 2001년부터 '삼겹살 말고 다른 부위도 먹자'는 광고 캠페인을 지속적으로 펼쳐 오고 있다. 그럼에도 삼겹살 소비는 더욱 늘고만 있다. 한국인의 삼겹살에 대한 집착이 놀랍다. 1인당 삼겹살 소비량은 연 9kg쯤이다. 소고기의 1인당 연평균 소비량 6.8kg, 닭고기 8.0kg보다도 높다. 왜 삼겹살인가? 한국인은 왜 돼지고기 부위 중에서 하필 삼겹살에 끌리는가.

1) 맛 요인? — 특별한 맛 성분이 포함되어 있을까? 삼겹살이라고 특별히 다른 성분은 없다. 다만, 지방과 단백질이 가열되면 휘발성 물질이 고소한 향香으로 입맛을 돋운다. 분해된 지방산과 아미노산의 조화 덕분이다.

2) 지방의 힘? — 삼겹살은 돼지 뱃살이다. 움직임이 덜한 뱃살의 피하지방이 두껍다. 다른 돼지고기 부위에 비해 삼겹살의

지방 함량은 특히 높다. 전체 성분의 28.4%가 지방이다. 지방 함량이 삼겹살 특유의 맛과 향을 극대화시킨다. 즉, 삼겹살의 지방 조직이 주는 감촉이 삼겹살을 선호하게 만든다는 것이다. 지방이 많은 음식은 씹는 맛이 부드럽고, 쉽게 넘어간다.

3) 쌈 문화? — 쌈장과 김치, 야채를 곁들여 먹는 독특한 쌈 문화 때문에 삼겹살에 매료된다고 본다. 구운 삼겹살에 곁들인 상추, 깻잎 그리고 소금, 기름장 등은 서로 결핍을 보완하며 조화를 이룬다.

4) 건강 요인? — 여러 채소를 양념과 함께 골고루 먹을 수 있고, 여기에 술도 한 잔 할 수 있다. 또한 탄수화물의 쌀밥에 발효 식품인 된장찌개 등도 먹을 수 있다. 삼겹살은 지방과 살코기가 어울려 있다. 균형 식단의 전형일 수 있다.

5) 공동체적 회식 문화 탓? — 전 세대를 아우르는 회식에 삼겹살밖에 없다는 지적도 있다. 특히 야외에서 쉽게 즐길 수 있는 공동체적 음식 문화 차원에서도 삼겹살이 적당하다. 아이들은 고소해서 좋아하고, 고기를 좋아하지 않는 사람은 야채를 많이 먹을 수 있어 좋아한다. 술을 좋아하는 사람들은 술만 먹어도 된다. 아예 이것도 저것도 아닌 사람은 고기를 구워 다른 사람을 먹여 주거나 밥을 먹어도 된다. 삼겹살에는 함께 누리는 문화적 요소가 있다고 볼 수 있다.

6) 문화 유물론적 시각? — 환경적 요소와 음식 문화를 연결시켜 해석하는 경우도 있다. 난방 시설이 마땅치 않은데다가 입고 먹을 것이 부족했던 과거에 서민들이 몸에 지방을 축적하는 일은 생존에 중요했다. 지방 축적을 위해 지방 함량이 높은 삼겹

살을 많이 먹은 것이 문화적으로 굳어졌다는 것이다. 당시에는 다른 고기보다 싼 것도 요인 중에 하나였다.

그런데 한국인들이 즐겨먹는 삼겹살 대부분이 수입산이라는 것은 공공연하게 알려진 사실인데, 이 때문에 여러 가지 문제가 일어나기도 한다.

한국은 16개국에서 삼겹살을 수입하는 삼겹살 수입 대국이다. 돼지 한 마리에서 삼겹살은 10% 정도이기 때문이다. 2006년에 수입한 돼지고기는 21만 600톤인데, 이 가운데 44%가 삼겹살이었다. 농수산물유통공사와 한국육류유통수출입협회에 따르면, 2007년 5월까지 돼지고기 수입액은 지난해 같은 기간보다 37%나 늘었는데, 삼겹살 수입량은 77%나 증가했다.

이렇게 수입산이 증가하다 보니 원산지 표시 문제가 불거진다. 2007년 7월 8일, 양돈업계는 원산지 표시를 요구했다 '음식점 원산지 의무 표시' 대상에서 돼지고기가 제외되자 양돈업계가 크게 반발하고 나섰던 것이다. 원산지 속이고 대부분 국내산인 것처럼 값을 받으니 격분할 만하다.

요즘 돼지 앞다리나 뒷다리, 머릿고기 등 다른 부위를 비계와 함께 섞은 '가짜 삼겹살' 또는 값싼 수입 냉동 삼겹살이 판매된다는 보도가 있었다. 또한 1인분에 2,500원 안팎의 초저가 삼겹살은 가능하지 않다고 한다. 정상 가격으로는 도저히 이윤이 남지 않기 때문에 가짜 삼겹살일 가능성이 높다는 것이 업계의 설명이었다.

이렇게 삼겹살 열광에는 상처 혹은 후유증도 있다. 우선 "삼겹살에 소주 한 잔"은 심각한 비만을 부른다는 사실은 잘 알려져 있다. 삼겹살과 함께 마시는 소주의 알코올 성분이 삼겹살 지방의 분해를 억제하기 때문이다.

돼지 축산 농가는 갈수록 울상이다. 삼겹살이 아닌 나머지 부위는 헐값에 넘긴다. 삼겹살만 먹는 식습관 때문에 돼지 축산 농가가 점점 줄어들고 있는 실정이라는 지적도 있다. 더구나 저가의 외국산 삼겹살 수입이 늘면서 국산 돼지고기의 기타 부위 판매는 더욱 감소하고 있다. 어쨌든 한 · 유럽연합(EU) 자유무역협정(FTA)이 체결되면 국내 삼겹살은 입지가 더욱 좁아질 것으로 보인다. 유럽산 삼겹살이 관세 철폐로 무차별 저가 공세에 나설 것이기 때문이다. 관세가 철폐되지 않은 현재도 EU산이 전체 삼겹살 소비량의 20%를 점하고 있다. 물론 냉동 삼겹살은 비중이 더 크다. 관세가 없으면 냉동 삼겹살은 국내산의 절반 가격이 된다.

삼겹살을 선호하는 식문화가 오히려 한국 농민들에게 해가 되고 있다고 볼 수도 있다. 다른 부위를 많이 먹는 것이 우리가 할 수 있는 현실적인 대안인지도 모른다. 다이어트에 삼겹살이 부정적이라면, 다른 부위를 먹는 것이 좋을 것이다. 구이를 하면 맛있는 부위가 많다고 하는데, 다이어트에도 좋고, 고소하고 담백한 맛도 있어 일석이조라고 한다. 그동안 외면당했던 부위가 좀 더 사랑받으면 좋을 것 같다. 소외에 대한 배려가 좋은 일이듯이.

고스족과 해골 패션 선호의 심리

안정환 선수가 해골이 그려진 티쳐츠를 입고 대중 앞에 서기도 했고, 그룹 트랜스픽션의 보컬 해랑이 해골이 그려진 수건을 들고 월드컵 응원 공연도 했다. 강동원, 주지훈, 바다, 김현중 등도 해골 티셔츠나 모자를 쓴 모습을 선보였고, 홍록기도 SBS 〈야심만만〉에 해적 분위기의 해골 티셔츠를 입고 출연하기도 했다.

린제이 로한, 케이트 모스, 시에나 밀러 등 할리우드 스타들 사이에서 시작된 해골 열풍은 일본을 거쳐 압구정, 홍대 입구 등 스타일 좋기로 유명한 한국 거리에도 해골 모티프, 아이템으로 등장했다.

해골이 그려진 티셔츠와 바지, 형형색색의 해골 무늬 모자에서 가방, 해골 모양의 펜던트가 달린 귀걸이, 목걸이, 브로치 등 해골 모티프의 액세서리가 시중에 많이 선보였다. 과거에는 '해골' 하면 일반적으로 공포스럽고 거친 이미지를 연상시켰다. 이제 패션 아이콘으로 등장한 해골은 익살스럽고 귀여운 모습도 보인다. 이러한 해골 패션도 고스 문화의 일종으로 볼 수 있다. 본래 고스족의 특성은 아니지만, 변형된 형태로 대중문화에 흘러든 것이다.

그럼 고스족은 구체적으로 어떤 이들을 말하고, 어떤 특징을 갖는 것일까?

우선, 고스란 GOTHIC(고딕)이라는 뜻의 중세 문화에서 유래한 말인데, GOTH '문화' 라는 말이 나타내듯, 패션, 문학, 음악뿐만 아니라 그들이 공유하는 생활 방식과 세계관은 중세 분위기다. 무표정한 창백한 얼굴, 짙은 화장, 검은 의상을 떠올리게 하는 것이 고스족이다. 대개 중세 시기의 고딕 문화 자체가 암흑, 죽음을 의미하고 공포에 차 있기도 하다. 이를 나타내는 상징과 콘셉트로 해골 · 검은 옷과 실버 액세서리 · 핏빛 이미지를 들 수 있다.

고스족들은 1970년대 후반부터 펑크족들과 반대되는 개념으로 나타나기 시작했다. 이들은 드라큘라. 마녀 등의 중세 귀신들에게도 관심이 많다. 중세풍의 검은 옷을 주로 입고, 목, 팔목과 허리, 발목에도 해골과 뼈다귀 모양의 장신구를 매달고 있다. 공포와 죽음, 어둠이라는 단어로 설명되는 고스 네임을 가지고 있다. 해골 문신을 한다든지 페이스페인팅을 하기도 한다. 페이스페인팅은 얼굴을 해골 그림으로 온통 칠하는 것이다.

런던의 캠던 타운은 고스족의 메카로 불린다. 이곳은 각종 고스 용품을 판매하는 상점과 고스 문화를 즐길 수 있는 클럽들이 즐비하다. 검은 드레스에 길게 늘어뜨린 검은 머리카락, 창백한 피부, 음산한 분위기의 고스족은 단절된 산업 사회의 풍경을 거부하는 반항의 문화로 요약되기도 한다.

무슨 무슨 족族들이 꽤 많은데, 이 고스족은 어디에서 유래한 것일까? 대체로 무슨 족이라는 말은 언론 매체 혹은 마케팅, 광고 회사에서 만드는 경향이 있지만 이 고스족은 그렇지 않다. 역사와 전통이 제법 길어 뼈대가 있는 부족이라고 할까.

고스족의 문화적 근간이 되는 고딕 문화는 3~5세기에 걸쳐 유럽을 침략했던 고트족에서 비롯되었다. 당시 유럽 대륙을 지배하던 로마인들은 이들의 문화를 야만적이고 미개한 것으로 치부했다. 그렇게 무시당했던 그들의 문화는 중세의 고딕 양식과 19세기의 초현실주의에 큰 영향을 미치게 된다. 12~16세기에 걸쳐 서유럽 일대에 유행했던 고딕 양식이 그것이다. 다 알다시피 대표적인 예로는 노트르담 성당과 독일의 성슈테판 성당을 들 수 있다. 더불어 19세기의 『프랑켄슈타인』과 『드라큘라』와 같은 초현실주의적인 소설에도 고딕 문화가 담겨 있다.

한동안 르네상스 문화와 비교되며 평가 절하되었던 고딕 문화는 18세기 빅토리아 시대에 소수 예술가들의 손을 거치면서 화려하게 부활했다. 대영제국의 전성기였던 빅토리아 시대는 도덕적, 종교적으로 절제의 미를 강요하던 시기로, 당시 예술가들은 고딕 문화에서 문화적 해방의 돌파구를 찾았다. 밝은 측면만 형상화할 것을 강요하던 억압된 사회적 분위기에 저항하며 공포와 어둠의 이미지를 추구했다. 드라큘라와 마녀의 존재에 탐닉했던 것은 이러한 차원에서 일어난 일이었다.

그들은 창백한 화장과 길고 검은 코트, 뾰쪽한 구두로 갈아신었다. 마침내 이들은 고딕 음악을 듣고, 고딕 패션을 하고, 고딕의 미학적 가치에 대해 논하는, 즉 음악과 패션과 태도에서 모두 고딕적 하위문화를 탄생시키게 된 것이다.

어떻게 보면 고스족은 하위문화의 관점에서 히피나 펑크족과 같아 보인다. 해골 패션만 보면 그렇다. 그렇다면, 어떤 차이점이 있을까?

히피들이 사랑의 메시지를 전하고, 펑크족들이 분노를 외부로 표출하려고 한다면, 고스족들은 자기 안으로 한없이 들어가는 태도를 보인다. 신경증적인 이들은 현실에서 스스로 떨어져 나온다. 스스로 사회에서 추방당한 사람들이다.

이들은 정치적인 이슈 대신 초현실적인 주제, 시적인 죽음과 악, 비이성의 영역에 대해 대화를 나눈다. 기독교를 벗어나 각종 종교와 이교도적인 제의들은 물론 지금까지 역사 속에서 악의 상징으로 취급 받았던 것들, 각종 금기들에 대해서도 관심을 보인다. 이 때문에 다분히 반기독교적인 태도로 '성경'을 즐겨 읽는다. 기존의 세계를 다시 바라보자며 이렇게 의문을 품는다. "악이라고 여기던 기존의 것에 의미 있는 점들은 없는 것일까?"

그런데 이러한 고스족은 음울하고 어두운 이미지에다 저항적인 성향을 보이는 것으로 보아 그 구성원들이 빈민층, 혹은 하층민일 것으로 보인다. 그러나 영국에서 이루어진 조사를 보면, 고스족의 대부분은 여유 있는 환경에서 태어나 성장했고, 고등 교육을 받은 엘리트 중산층이 중심이기 때문에, 이 점에서도 히피와 펑크족과는 구분된다. 고스족 대부분은 대학생, 엔지니어, 디자이너 등 전문직에 종사하고 있다. 주중에는 학교와 직장에서 그들의 본업에 충실하고, 주말이나 휴일이 되면 그들만의 문화 공간을 찾아 그들의 고스 문화를 즐긴다. 브릴의 연구에 따르면, 고스족들은 의사나 건축가, 학자 등 창의성이 필요하고 자율성이 보장되는 직업을 가지고 있는 경향이 강하다.

연구 대상은 유럽 전 지역의 고스족들이었는데, 그들은 반사회적 가치를 숭배하는 듯 보이지만 실제로는 '하류 인생'을 살지 않는다는 것이다. 고급문화를 지향해 고전 소설, 시 등 문학에 관심이 많고, 섬세하며, 감정을 적절히 표현할 줄도 안다. 자기 폐쇄적이라고 여기는 것과는 달리, 실제로는 소통 능력이 있다. 또한 약물 복용 등 반사회적 행동을 하는 빈도가 낮다. 즉, 고스 문화는 일탈과 비행의 문화는 아니라는 것이다.

이러한 고스 문화는 대중문화에도 영향을 주었다. 우선 고딕 록을 들 수 있다. 70년대 말 '조이 디비전,' '바우하우스' 등 포스트펑크 그룹들이 암울하고 괴기스러운 고딕록을 만들어 낸 이후, 펑크, 메탈, 인더스트리얼 등 다양한 장르에서 변주되었다. '나인인치네일스,' '큐어,' '나이트위시' 등의 음악이 그것이다.

고딕 음악이라는 용어가 처음 나온 것은 1978년. 영국 맨체스터 출신의 밴드 조이 디비전Joy Division에 대한 평가에서 비롯했다. 한 평론가가 "그들의 음악은 주류의 팝과 비교해 볼 때 고딕적"이라고 평했던 것. 팝 음악계에 최초로 '고딕'이라는 용어가 등장했던 장면이다.

그러나 초기에 고딕 음악을 하는 이들은 고딕 밴드라기보다는 펑크록의 조류로 인식되어 '포스트펑크,' '포지티브 펑크,' '퓨처리스트' 등의 이름으로 불렸다. 고딕 스타일과 펑크 스타일의 구분이 이루어지지 않은 것이다. 적어도 바우하우스의 데뷔 작품이 나오기 전까지는 말이다. 바우하우스Bauhaus의 데뷔 싱글 〈벨라 루고시는 죽었다Bela Lugosi's Dead〉가 그 시원인 것이다.

소설도 고스 문화에 영향을 받은 바가 뚜렷하다. 브람스토커의 『드라큘라』나 메리 셸리의 『프랑켄슈타인』 등 중세를 배경으로 한 드라큘라나 뱀파이어 문학이 그것이다. 영화 〈뱀파이어와의 인터뷰〉의 원작자인 작가 앤 라이스는 두터운 팬층을 확보해 왔다. 대중적인 인기도 누리고 있는 고딕 작가인 그는 『저주받은 자들의 여왕』, 『육체의 도둑』 같은 뱀파이어 시리즈는 물론 『위칭아워』, 『래셔』 등 마녀 소설로도 명성이 높다.

고스족들은 점점 『드라큘라』나 『프랑켄슈타인』을 넘어, 애드가 앨런 포의 작품들과 같은 18, 19세기 고딕 문학에서, 앤 라이스의 『뱀파이어와의 인터뷰』와 같은 현대의 고딕 작품에 이어 살바도르 달리와 같은 초현실주의 작가들의 그림들이나 〈안달루시아의 개〉와 같은 실험적인 영화에 대해 토론하기 시작했다.

고스 문화가 미친 영향은 영화도 예외는 아니었다. 이소룡의 아들인 브랜든 리가 주연한 영화 〈크로우 *The Crow*〉는 대표적인 고스 영화이다. 브랜든 리가 촬영 도중에 사망하면서 〈크로우〉는 더욱 어두운 인상이 드리워졌다. 뱀파이어나 늑대 인간이 등장하고 음울한 분위기를 자아낸다는 점에서 〈언더월드〉나 〈반헬싱〉도 고스 영화의 범위에 포함될 수 있다. 프랑켄슈타인이나 뱀파이어에 관련된 영화들은 모두 고스 문화에 속한다. 대중적 고스 문화에 대한 비판도 있다. 진정한 고스족이 없다는 것이다. '많은 고스족들 사이트에는 유명한 고딕 소설 작품 몇 개에 대한 가벼운 소개나 몇몇 고딕 밴드들에 대한 글이 조금 올라와 있을 뿐, 대부분은 어떻게 고딕 옷을 입고 화장하는지, 고딕 춤은 어떻게 추는지에 대한 설명이나 가벼운 고딕적 농담들

로 도배돼 있다.'

그럼 한국의 상황에서는 이 고스족이 어떠한 모습일까?

한국에서는 〈안녕 프란체스카〉(2005) 이후에 본격적으로 미디어에 노출되기 시작했다. 〈안녕 프란체스카〉는 등장인물들이 뱀파이어이고, 중세의 공포와 어둠을 아이콘으로 내세운 시트콤이었다. 하지만 일부에서는 〈안녕 프란체스카〉가 고스족을 왜곡했고, 고스족의 진정한 모습이나 정신을 보여 주지 못했다고 비판했다.

한편, 고스 마니아층은 인터넷에서 활발하게 활동했다. 인터넷에는 각종 고스족 물품을 파는 사이트도 있다. 온라인 동호회를 중심으로 각종 중세 물품에서 괴기 인형, 귀신들을 수집 공유한다. 물론 기존의 상식으로는 이해하기 쉽지 않은 일일 수 있다. 종교적 시각에 따라 악마 숭배주의자 내지 사탄의 행동이라고 보는 경향도 있다.

그럼 이런 고스 문화 현상이 일어나는 사회 심리는 무엇일까?

주류의 스타일을 거부하고 불경한 고딕적 패션을 선택하는 것에는 새로운 종류의 문화 기호로 자기의 정체성을 삼으려는 심리가 작용한다. 선택한 문화 기호, 즉 화장, 장신구, 패션, 이미지를 통해 기존 가치 체계에서 벗어나려는 고스족 문화에는 끊임없이 사물에 새로운 의미를 부여하려는 인간의 심리가 투영된다.

해골 모양의 허리띠 버클을 매고 오토바이를 타고 달리면 마음속에 잠재된 폭력성이 해소된다는 지적도 있다. 특히 오토바이 폭주족은 공격성과 폭력성을 대리 충족 혹은 배설하려고 한다.

고스 문화도 현실 욕구의 대리적 충족이라고 볼 수 있다. 사람들은 어둡고 침침하고 기괴한 것을 싫어하고, 그에 공포감을 갖는다. 해골도 마찬가지다. 특히 죽음과 피, 무거운 분위기를 본능적으로 피하려고 한다. 하지만 거꾸로 생각해 보면, 이렇게 사람들이 싫어하는 것을 피하지 않고 선호한다면 대단한 존재가 되거나 독특한 개성을 형성하는 것이 된다.

즉, 우월하고자 하는 심리와 자신만의 개성을 확립하려는 심리가 작용하는 것이다. 또한 남들이 두려워하는 것을 자신의 분신으로 삼음으로써 다른 이들과 다른 존재로 만들어 버린다. 예를 들어, 귀신을 무서워하지 않는 이들은 대단한 취급을 받는다. 남들이 무서워하는 것일수록 남다름의 강도는 커진다. 고스 문화의 매력은 여기에 있다. 해골을 아무렇지도 않게 달고 다니는 것은 그만큼 심적으로 강한 존재임을 거꾸로 증명하는 것이다. 공포를 주는 존재는 대개 인간 이상의 힘을 가지고 있는 것처럼 생각한다. 그러한 존재가 자신의 분신과도 같다면, 자신에게도 그러한 힘이 전이된 것으로 여겨지기도 한다. 아니, 그렇게 전이되었으면 하는 심리가 작용한다. 악마의 모습 혹은 붉은 악마의 치우상이나 귀면상을 적극적으로 수용하는 것도 마찬가지다. 해적들이 자신들의 깃발에 해골 그림을 상징으로 그려 넣는 것도 같은 심리이다.

현실적으로 무기력하거나 기존의 주류 문화에 반감을 가진 사람이 나름대로 정체성을 찾으려는 차원이다. 반감은 대개 소외되거나 버림 받은 이들의 상처에서 돋아나는 악의 꽃이다.

뉴요커와 브런치 신드롬

미디어와 자본주의의 결합, 뉴요커 현상

맥도날드 압구정점이 처음 개장한 날 성수대교 사거리까지 사람들이 줄을 섰다고 한다. 긴 줄을 만들었던 이들에게 맥도날드 햄버거는 새로운 신분적 지위를 의미했다. 물론 햄버거는 돈이 없는 미국 서민들이 주로 먹는 음식이다. 요즘 브런치 문화가 유행이다. 우리말로 하면 아점쯤 된다. 본래 일주일 동안 열심히 일하고 주말에 느지막이 일어나 먹는 밥이다. 주말의 아침 겸 점심 식사다. 하지만 어찌된 일인지, 한국에서는 매일 브런치를 판다. 더구나 가장 대중적이라는 브런치 가격은 왜 그리 비싼가. 최근 한국에서 와인 열풍이 불고 있는데, 백만 원대의 와인이 없어서 못 판다는 보도도 있었다. 물론 와인은 서구에서 가장 대중적인 서민의 술이다. 이러한 현상에서 알 수 있는 점은 동경하고 흉내 내는 소비 행태가 과시적 소비 현상을 만들어 낸다는 것이다. 물론 역설적으로 이러한 과시적 소비자 가운데 진짜 부유층은 드물다. 부자인 바에야 애써 부자임을 드러낼 필요가 없다.

이미 뉴요커를 동경하는 행동에 대해서 비판하는 목소리가 높다. 이유는 역시 과시적 소비 현상을 만들어 내기 때문이다.

된장녀 사태(?)에서 알 수 있었듯이, 그야말로 허영에 찬 소비 행태에 대한 질책이다. 문제는 허영과 과시일 것이다. 현실이 없기 때문이다.

"너희들이 뉴요커의 일상을 알아"라고 하는 이들은 뉴요커의 현실을 들이댄다. 예컨대 뉴요커들이 아침부터 스타벅스 커피를 들고 거리를 활보하는 것은 너무 바빠서 앉아서 식사를 할 시간이 없기 때문이다. 그러나 이를 흉내만 내면 할 일도 없이 커피나 들고 배회하게 된다. 뉴요커의 현상적 이미지만 취하기 때문에 벌어지는 일이다. 맥락 없이 스타벅스 커피에 샌드위치 식사가 뉴요커 스타일이라고 한다면 우스운 일이 될 것이다. 그렇다고 허영에 찬 개인들에 대한 비판만이 적절한 것일까?

이를 위해 뉴욕 공간에 대한 정리가 필요할 듯싶다. 우선 뉴욕은 하나의 문화적 기호이고, 문화적 정체성이다. 그것도 세련되고 모던한 문화적 기호이자 정체성을 의미한다. 뉴욕 스타일에 대한 선호는 그 자체가 하나의 진보이자 앞선 문화적 감각을 의미한다. 사회적 위치를 상징하기도 하는데, 뉴욕에서 생활할 수 있는 사람은 매우 제한되어 있기 때문이다. 희소성을 누리는 이들은 부와 지위를 가진 존재로 비쳐지지 않나. 당연히 부와 명예만이 흘러넘치는 공간으로 보인다. 여기에 21세기 인류가 만들어 낸 가장 풍요롭고, 여유로우면서도 예술적·미학적으로도 완벽한 공간이 뉴욕이다. 이 공간에서는 배고픔, 죽음, 질병, 가난이 존재하지 않으며, 촌스러움이나 천박함이라고는 찾아볼 수 없다. 인간 세상이 가지고 있는 꼬질꼬질함은 전혀 존재하지 않는 공간이다.

그러나 실제로 그러한 공간인지 동의하기는 힘들다. 그곳에도 빈곤과 거지가 존재하고, 질병이 도처에 산재해 있다. 노동 착취와 소외가 만연해 있다. 그들이 멋지게 누리는 패션과 음식은 제3세계의 가난한 아이들의 피와 땀으로 이루어진 것들이라는 비판도 있다. 그렇다면 그들의 사회적 지위는 결국 미국의 세계 지배의 산물일 수도 있다.

따져보면 우리의 인식에 자리 잡은 뉴욕과 뉴요커의 이미지는 직접 얻은 것이 아니다. 매개체를 통해 얻었다. 현실의 뉴욕과 우리 인식 속의 차이는 이 매개체 때문에 일어난다. 곧 우리는 뉴욕이 미디어 자본주의가 만들어 낸 상상의 공간임을 알 수 있다.

뉴요커들의 삶을 구체적으로 보여 주었다는 〈섹스 앤 더 시티〉에는 그들에 대한 선망을 불러일으킨 대표적인 작품으로 꼽힌다. 이 드라마는 수많은 광고주의 돈으로 제작비와 수익을 챙겼다. 거꾸로 이러한 광고주가 좋아하는 성향을 충족시키지 않으면, 드라마는 더 제작될 수 없다. 물론 광고주가 좋아하는 것은 사람들의 소비를 부추기는 내용이다. 〈섹스 앤 더 시티〉에는 뉴욕에 관한 어두움, 부정적인 내용이 거의 없다. 뉴욕이라는 공간에 대한 긍정적인 아우라를 만들어 끊임없이 사람들의 소비를 부추겼다. 그 소비는 뉴욕 스타일, 뉴요커들의 문화적 기호에 대한 선망에서 비롯됐다. 그 뉴요커 이미지는 실제가 아닌 미디어 콘텐츠에만 존재한다. 당연히 실제 뉴요커들에게서는 발견할 수 없는 일상이 많을 수밖에 없다. 이는 비단 영화나 드라마만이 아니라 각종 패션, 예술 관련 매체들도 뉴욕과 뉴요커에 대한 이미지를 만들어 낸다. 소비와 직결될 뿐만 아니라 자신들의 시장을 넓히는 데 한몫한다. 소비는 결코 자발적인 필요로 이루어지지 않는다. 뉴욕과 뉴요커들에 대한 수많은 담론은 철저하게 자본주의와 시장의 논리에 따라 만들어지고, 그 종착점은 결국 소비이다.

인간의 허영심을 자극해서 과시적 소비를 유도하는 미디어와 자본주의의 결합이 뉴요커 현상이다. 결국 문제는 뉴요커를 흉내 내며 기호들을 소비하는 이들이 아니라 그것을 부추기는 시스템이다. 단순히 된장녀를 비판하는 것이 타당하지 않은 이유이다. 개체나 개인의 행태보다 그것을 막후에서 움직이는 시스템과 그것에 대한 순응 심리에 대한 인식이 중요하기 때문이다.

넥타이 사냥

노타이 운동과 쿨 비즈의 이면

1960년 백남준은 〈피아노포르테를 위한 습작〉 공연 중에 무대에서 내려와 케이지의 넥타이를 자르고, 그 옆에 앉아 있던 튜더의 머리에 샴푸를 뿌리고 사라졌다. 그는 인근 술집에서 전화로 공연이 끝났음을 알렸다. 그의 장례식에서 조문객들이 넥타이 자르기를 재연하기도 했다. 넥타이 자르기를 남성에 대한 공격, 권위에 대한 공격, 서구 문명에 대한 공격으로 분석하는 이들이 있다. 이러한 퍼포먼스 때문인지 노타이는 진보가 되었다. 하지만 과연 그렇게만 볼 수 있을까?

노타이 운동은 일종의 넥타이에 대한 거부인데, 넥타이는 권위의 상징이기 때문일 것이다. 노타이의 지향점이 권위에 대한 공격이라고 하면 국회의원들이 불만일 것이다. 권위가 나쁜 것인가? 2003년, 보선으로 국회에 입성한 한 국회의원(유시민)이 노타이에 콤비 차림으로 들어오자, '국회의 권위를 깔아뭉개는가, 국회가 무슨 나이트클럽인 줄 아는가'라고 하지 않았는가.

물론 기업체나 정부에서 쿨 비즈 차원에서 활용되고 있는 측면도 있다. 여름이면 에너지 절약 차원에서 넥타이를 매지 말자는 것인데, 넥타이를 매지 않으면 덜 덥게 느끼고, 그래서 냉방

온도를 낮추게 되니 에너지가 절약된다는 말이다. 물론 화석 연료를 덜 쓰게 되니 환경오염도 줄이게 된다는 것이다.

한편 노타이 운동의 이면에는 정치적 의도도 있다. 과거 군사독재 정권은 자신들의 권력 속성을 숨기려고, 일부러 노타이 퍼포먼스를 주기적으로 보이기도 했다. 물론 촌스럽기도 하거니와 그 공공연한 의도 때문에 거부감을 주기에 충분했다. 민주화 이후의 민주주의 시대에도 정부에서는 권위주의적인 공무원상의 탈피를 통해 이미지 개선을 추구한다. 물론 그렇다고 실제 공무원들의 행태가 나아지고 있는지는 따로 보아야 할 점이다. 물론 겉으로는 국회의원보다 진보적으로 보인다. 국회의원들이 노타이를 국회 권위에 대한 도전으로 받아들이기에, 부처에서는 노타이 복장으로 있다가 국회에 들어갈 때만 착용하는 해프닝을 연출하기도 한다.

물론 넥타이는 하나의 천 조각에 불과하지만 그 천조각의 효과는 크다. 넥타이를 졸라매면 절제가 되고 몸가짐이 조심스러워진다고 한다. 예의 바른 행동과 함께 남자의 품위와 무게감이 넥타이에서 나온다는 말도 있다. 20세기 남성은 공식적인 장소에서 반드시 넥타이를 매야 했다. 그렇지 않으면 예의 없고 염치 없고 건방진 사람이 되었다. 좀 더 확장하면, 권위를 무시하고 조직의 질서를 깨는 존재로 규정되었다. 노타이 차림은 통제할 수 없는 저항자로 부각시키기도 한다.

넥타이는 사회적 지위를 상징하기도 한다. 공식적인 자리에서 사회적 지위를 가진 이들은 꼭 넥타이를 매는 것에서 알 수 있다. 거꾸로 노타이는 사회적 지위가 낮은 서민임을 내세울 때 사용된다. 물론 1660년경 크로아티아 용병들이 터키 군을 격파하고 프랑스에 개선했을 때 목에 수건을 두른 것이 넥타이의 기원이 되었을 때만 해도 아무도 이러한 것을 예측하지 못했다. 루이 14세가 왕실 부대에게 수건을 두르게 하였고, 그것이 영국으로 건너가 본격적인 넥타이 패션이 형성되었다. 그리고 오늘에 이르러 남성의 품격이라는 아우라를 형성하게 되었다.

어느새 넥타이가 남자들만 매는 것으로 여겨지자 일군의 여성들이 이에 반발했다. 넥타이가 남녀 성차별을 만들어 냈다. 조르주 상드는 넥타이와 조끼를 입으며 이에 항의했다. 물론 오늘날 남자가 여성의 양장을 입으면 안 되지만, 여성이 넥타이와 조끼를 입는다고 뭐라 할 일은 없다. 드라마 〈커피 프린스 1호점〉의 윤은혜가 입은 양복과 넥타이는 잘 어울렸다. 물론 드라마에서 그러한 복장을 남성성의 상징으로 내세운 것은 낡아 보였다. 동성애 코드를 보이려 한 윤은혜의 모습이 남자 같지 않아 보였기 때문에 더욱 그렇다.

오히려 남성만 넥타이를 매야 한다는 심리가 성차별일 수 있다. 2003년 영국의 사법부는 넥타이를 남자에게만 강요하는 것은 성차별이라고 판시했다. 고용연금부에 근무하던 한 남성은 정장을 하지 않았다는 이유로 인사상 불이익을 받았다며 소송을 제기했다. 여성 직원들과 달리 그 남자는 정장을 하지 않았다고 제제를 받았고, 법원은 이를 명시한 복무 규정이 역차별이라고 본 것이다.

물론 넥타이는 문제가 많아 보인다. 의류업계의 보고서이기는 하지만, 넥타이가 창의적인 사고를 가로막는다는 조사도 있었다. 넥타이를 꽉 졸라매면 산소 호흡량이 약 7% 감소하고, 그 결과 두뇌 회전이 15% 정도 떨어진다는 것이다. 미국의 안과 학회지에 따르면, 넥타이를 조여 매는 습관이 안핵의 압력을 증가시켜 시신경 손상과 녹내장 발생 가능성을 높인다고 한다.

넥타이는 한국인들에게 다른 의미를 주기도 한다. 앞선 문명의 상징이기도 하지만, 좋은 직장을 잡은 사람의 상징이자 지식인, 성공한 사람을 상징한다. 화이트칼라의 상징이라는 면에서는 다른 나라와 차이가 없을지도 모른다. 하지만 이러한 넥타이가 어느새 권위와 획일화의 상징이 되었다. 인생을 묶으면서 한평생을 살아온 샐러리맨의 비애를 상징하기도 한다. 넥타이는 그야말로 올가미가 된 셈이다. 넥타이에는 가족을 먹여 살리기 위한 남성들의 고군분투가 담겨 있다.

마지막으로, 논의를 요약해 보자. 노타이는 탈脫권위를 통한 수평적 관계의 모색 의지를 상징하고, 개성과 진보, 자유, 창의를 상징하는 패션인 듯이 보인다. 물론 이 노타이는 넥타이 업체의 이익 감소와 다른 패션업계의 이익 극대화가 맞물려 있는 문제이다.

넥타이를 공공의 적으로 만들어 새로운 노타이 패션 제품들을 팔기 위한 수단이 노타이 운동일 수 있다. 일본에서는 넥타이 업체들이 자국 정부에 탄원서를 올리기도 했다. 막대한 타격을 입고 있으니 정부에서 주도하는 노타이 운동을 중지해 달라는 것이었다. 물론 전 세계적으로 넥타이의 주도권이 밀리고 있는 것이 정부 탓만은 아닐 것이다.

그러나 노타이가 하나의 강요, 강박 심리의 수단이 되어서는 안 된다. 옷이 없는 사람들은 정작 이 넥타이와 정장 두어 벌로 버틴다. 가난한 이들이 그나마 인간의 예의를 차릴 수 있는 것이 넥타이 문화일 수도 있다. 반드시 노타이용 옷을 입는 것보다 넥타이를 느슨하게 매거나, 수시로 풀어서 맬 수도 있을 것이다. 무엇보다 자신의 처지에 맞는 선택이 가장 중요한 것이라고 할 때, 노타이는 또 하나의 문화적 획일화를 낳을 수 있다. 넥타이로 멋을 잘 낼 수 있어 행복하다면 충분하다. 어차피 항상 넥타이를 매고 지내는 사람은 없다. 더구나 노타이를 주도하는 이들 중에는 시민단체도 있지만, 캐주얼 패션업체들이 다수 포진하고 있다. 노타이는 강제적 운동이 아니라 문화적 변동에 따라 선택될 문제이다.

선하게 살면 테러는 피해 간다?

한국인의 낙관적 편견

인터넷 상에는 피랍 사건의 핵심 원인이 교회의 행태에 있다는 리플이 터진 봇물 같았다. 인터넷을 지배하는 심리는 자신은 옳고 다른 이들은 그렇지 않다는 편견에서 비롯한다. 자신의 견해가 전적으로 옳다고 여기게 되면 상대방에 대해 가학적 조롱을 한다. 악플도 이러한 심리에 바탕을 두고 있다. 물론 이러한 심리는 오만, 나아가 독재의 뿌리가 된다. 자신은 그러한 위험에서 제외되어 있다고 여기는 심리가 낙관적 편견의 일종이기는 마찬가지다. 교회의 해외 선교 활동처럼 하지 않으면 문제가 없다고 여기기 때문이다.

조지아 공대에서 총기 난사 사건이 일어났을 때, 처음에 범인이 아시아계라는 보도가 있었다. 한국인들은 범인이 중국인이거나 일본인 혹은 동남아시아계라고 생각했다. 그러나 범인은 한국계 조승희 씨였다.

김선일 씨 사건 때도 그랬지만, 아프간 피납 사건이 일어났을 때도 마찬가지였다. 집단으로 납치된 20여 명의 사람들이 한국인이라고 여긴 이는 많지 않았다. 이러한 심리는 "낙관적 편견 optimistic bias" 현상이다. 위험에 대해서 비현실적으로 낙관적인

244

심리 현상이다. 대부분의 사람들은 다른 사람들보다 자신이 큰 위험 속에서도 무사할 것이라고 여긴다. 질병이나 천재지변 등으로 인한 죽음은 자신과 거리가 멀다고 여기는 경향성이다. 안전 장비를 하지 않고 등산을 하거나 음주 운전을 하는 것이 대표적이다. 단지 자신에게만 그치지 않는다. 가족, 조직, 공동체, 사회, 국가의 일원은 위험을 덜 당한다고 여긴다. 여기에 긍정의 환상이 포함되기도 한다. 자신을 포함한 집단은 항상 착하고 선하다고 여긴다. 문제는 항상 다른 사람, 다른 사회와 국가에서 저지른다. 위험은 여기가 아니라 바깥에서 발생하고 다른 이들이 만들어 내기 때문에, 자신의 행동과 사고에 대해서 상대적으로 무감각해진다.

한국에서는 여기에 몇 가지 요소가 결합된다. 한국인들은 자신들이 항상 약자라고 생각한다. 그것도 강대국 사이에서 당했던 피해의식이 상당하다. 아울러 한민족은 항상 선하고 옳았다고 생각하는 경향이 있다. 타자, 즉 다른 민족들과 빈번한 접촉이 없는 공동체일수록 이러한 자기 폐쇄적인 우월 심리가 강해질 수 있다. "하느님이 보우하사"라는 애국가 가사에서 보듯이, 하느님이 우리 민족을 항상 굽어 살핀다고 여긴다. 민족적 자긍심이 강할수록 이러한 경향성은 강해진다. 여기에 잘못된 종교의식과 결합하면, 그 정도는 걷잡을 수 없게 된다. 한국인들은 가해자가 아니라고 생각하기 때문에, 역설적으로 자신들의 잘못에 대해서 무감각해진다. 위험도 피해 가거니와 다른 이들에게 피해도 주지 않는다고 생각한다. 위험은 항상 바깥에 있으며, 그것을 일으키는 것도 외국인이다. 자신에게 항상 긍정적인 평가가 내려질 것이라고 여기는 것은 낙관적 편견이 자기중심적 사고와 결합해 절대자에게 복종할 때 일어나는 심리이다. 약자이고, 선한 편이고, 악의가 없으며, 절대자가 보호한다는 신념은 위험을 가볍게 여기게 한다.

하지만 사람은 자신의 본질과는 관계없이 외부에 의해 규정된다. 평가는 우리 자신과는 관계없이 외부의 시선에 따라 좌우되기 마련이다. 처음 중국에 갔더니 일부 중국인들은 필자를 괜히 비난했다. 그들이 보기에 미국 자본주의의 하수인인 남한에서 왔다는 이유 때문이었다. 그래서 어떤 이들은 한국인들을 뜯어먹어도 된다고 보았다. 마찬가지로, 개인적으로는 착한 북한 주민들도 미국인들이 보기에는 위험해 보일 수 있다. 아프가니스탄에서도 마찬가지다. 한국 사람들이 스스로 어떻게 생각하건, 그들이 보기에 남한은 미국의 패권주의 전선에 참여하고 있다. 그것은 한국인 각 개인의 신념과는 별도로 움직이는 인식이다. 이 때문에 미국의 책임을 묻지 않을 수 없는 것이다. 물론 미국은 자국민만을 생각할 뿐이다. 이러한 점 역시 한국인을 약자이자 희생자로 여기게 만든다.

무엇보다 아프간은 전쟁 상황이다. 전쟁은 광기다. 광기에 선과 악의 구분이 있을 수 없다. 그들에게 봉사와 선교를 구분할 여유가 없다. 전쟁에 도움이 된다면 수단화할 뿐이다. 처음부터 봉사의 가치를 알아달라고 말하는 것은 이미 봉사가 아니다. 탈레반과 그들의 활동에 동조하는 이들은 '살아남기 위해서' 다른 생명을 무참히 파괴하고 괴멸시키려는 심리 상태에 있다. 우리만 옳다고 여기면서 모든 문제를 아프간 테러범들에게 전가

할 수도 없다.

또한 교회만의 문제도 아니다. 교회를 비판하는 이들은 교회가 그러한 행동을 하지 않았으면 문제가 없었다고 여긴다. 이역시 한국인에게는 위험이 항상 피해 간다는 낙관적 편견이 개입되어 있는 것이다. 교회에서 무분별하게 보냈기 때문만은 아니기에, 한국인 전체의 자기인식이 필요한 것이다.

더구나 신이 한국인을 절대적으로 수호한다고 볼 명분은 없다. 종교적 차원에서도 마찬가지다. 신이 우리를, 아니 나를 수호한다면, 그들의 신도 그들을 수호한다. 거꾸로 신은 절대적으로 우리를 보우하지 않는다. 이러한 점에서 예수의 고난과 아랍 활동에서 겪는 고통을 등치시키는 것은 오만이며 불경이다. 아랍에 선교(봉사)단을 많이 보내는 교회일수록 대형 교회로 커지는 현상도 마찬가지다. 매우 위험한 지역임에도 불구하고 원조와 봉사를 하는 것은 정말 순수하지 않으면, 낙관적 편견에 따른 것이다.

노자의 말대로 세상은 인자하지 않다. 인자하다고 여기는 것자체가 과잉 환상이다. 종교 차원을 떠나 한국인은 매우 위험스러운 점을 잠재적으로 지니고 있다. 자신은 언제나 약자였고 당했으며, 언제나 선한 쪽이었다는 인식 때문이다. 국군이 베트남에서 저지른 양민 학살도 마찬가지다. 그것은 모든 잘못을 외부에 전가하며 자신들의 행동을 정당화하는 심리에 바탕을 두고 있다. 악플도 마찬가지다. 교회, 기독교는 한국의 것이 아니라 외부에서 온 것이기 때문에 문제고 위험을 일으키는 요인으로 보면서 악플 다는 행위를 정당화한다. 특정 사람들의 특정 행동에 대한 모순을 지적하는 어떤 사람도 어떤 명분을 들어 그들을 상하게 하는 행위를 옹호하며 자신의 우월성을 증명할 수는 없다. 낙관적 편견은 자신에게 닥친 위험에 대해 무감각하게 할 뿐만 아니라 다른 대상이나 공간의 위험에도 무감각하다. 과연 교회와 교인들을 비판하는 이들이 아프간 민중의 피폐한 삶에 얼마나 공감하고 있는지 묻고 싶다.

'~데이' 패러독스

어린이날을 앞두고 아이들은 설레기 마련이다. 적어도 놀이 공원에 갈 수 있는 날이니 손꼽아 기다릴 만도 하다. 기상청 예보관은 비가 온다고 말했다. 아이는 울상이 되었다. 아빠는 희미하게 웃음을 띠었다. 엄마는 지나가면서 한마디 던졌다. 요즘 기상청 예보는 맞지 않으니 좋아할 거 없다고.

어디 아빠인들 아이와 놀이공원에 가고 싶지 않겠는가. 하지만 강제로 가야 하는 것은 고역이다. 아무리 좋은 일도 강제로 해야 한다면 즐거운 일이 아니게 된다. 그럼에도 어린이날의 마력은 부모 된 이들을 가만히 놔두지 않는다. 더구나 부모의 역할을 하기 위해 의무적으로 밖을 나온 사람들이 부딪히는 공간은 뻔한지라 뜻하지 않게 서로에게 피곤해 한다. 웬 사람이 이렇게 많으냐고 놀라면서. 서로의 존재에 대한 인식은 인간에 대한 모멸로, 가치 없음의 심리로 이어지고 만다.

날씨가 궂어서 아이에게는 불행하지만 어른에게는 다행인 날이라고 해도 피할 수 없는 것이 선물이다. 그런데 어린이날에는 반드시 통계 조사가 발표된다. 조사 결과에서 단연 강조되는 것은 어린이날 가장 많이 받고 싶은 선물은 무엇이냐는 질문이다. 그런데 그 조사 결과를 의뢰하는 곳은 유통 업체들이다. 여기에 이동 통신사, 게임 업체들도 합세한다. 아이들이 가지고 싶어 하는 것은 핸드폰, 게임기 등으로 나타난다. 이러한 통계 조사가 매체를 장식하면 아이들에게 그것을 사줄 수밖에 없는 심리를 만들어 낸다. 물론 그러한 심리는 자발적이라기보다는 타의적이다. 사주지 않으면 못된 부모가 된 듯싶다.

1년 365일 수많은 기념일이 지나간다. 어떻게 보면 하루하루 그냥 평범한 날이 드물어 보인다. 그 수많은 기념일은 우리들 스스로가 만든 날이 아니다. 누군가 만들어 놓은 날이다. 국가에서 만들어 놓은 날도 많지만, 대개 기업체에서 만든 날이 많다. 먹고살기 바쁜 거야 피차일반이다. 하지만 먹고살기 바쁜 사람들에게 강박 심리를 만들어 소비를 촉진하고자 기념일을 만들어 낸다.

본래 기념일은 사람들이 서로 기뻐하고 오랫동안 그 의미를 기억하려는 날이다. 삶과 관계에 관한 의미를 북돋워 준다. 그러나 이제 기념일은 본래의 뜻과는 관련이 없다. 무엇인가 소비를 해야 의미 있는 날이 되었다. 사랑의 정도와 크기는 오로지 일정한 기념일에 특정한 선물을 해야 하는 것으로 여겨진다. 발렌타인데이에는 초콜릿을 선물해야 한다. 그렇지 않으면 사랑하지 않는 것이다. 초콜릿의 크기와 사랑은 비례하는 것으로 비친다. 빼빼로데이도 마찬가지다. 빼빼로가 그 사람에 대한 사랑의 정도를 가늠하게 한다. 만약 그러한 물건을 사서 주지 않는다면 사랑에 대해 의심하게 된다. 정말 나를 사랑하는 것일까 싶다. 아니 그러한 물건을 사서 건네주지 않는다면 적어도 고지식하고 센스가 없는 존재가 된다. 나를 좋아하지 않을지도 모른다는 심리적 압박에 시달린다.

어린이날에 놀이공원을 데려가고 맛있는 음식을 사주면 좋은 부모가 된다. 그렇지 않은 이는 부모 역할을 못하는 나쁜 사람이 된다. 선물은 부모의 능력은 물론 아이에 대한 사랑의 정도를 가늠하는 것이 된다. 또한 놀이와 선물은 다른 부모와 비교 대상이 된다.

결국 기념일은 이벤트의 천국을 만든다. 가만히 집에 있으면 안 되고 무엇인가 밖에서 해야 한다. 강의실에서는 사랑하는 여자 친구에게 쇼킹한 구애 장면을 연출할수록 멋진 남자 친구가 된다. 이러한 이벤트가 없으면 당연히 사랑을 회의하게 된다. 성년의 날에는 장미꽃과 향수, 키스를 주어야 한다고 말한다. 여기에 오감을 자극하는 이벤트도 마련해야 한단다. 이러한 묘한 사회 심리는 영화와 드라마, 소설 속에서 다시 강화된다.

물론 이벤트는 무료하고 지루한 일상생활에서 활력소를 제공해 준다. 하루하루 바쁘게 사는 현대인들의 애처로움이 깃들어 있는지도 모른다. 일상 탈출의 욕구라 해도 안쓰럽기는 마찬가지다.

이벤트의 핵심은 새것이다. 이벤트는 끊임없이 변화한다. 그리고 새로운 대상을 찾는다. 이 과정에서 감각적인 내용과 재미있는 요소는 필수적이 된다. 이 과정에서 새로운 상품이 끊임없이 등장한다.

기념일은 본래 축제의 날이다. 서로 축하해 주고 기쁨을 함께 누리는 마음이 전제조건인 날이다. 기념일이 1년 내내 있다면 우리의 일상은 정말 의미 있는 축제의 날로 가득 찰 것이다. 언제부터인지 모르게 기념일은 참 많이도 생겼다. 1월 14일은 수첩을 선물하는 '다이어리 데이,' 2월 14일과 3월 14일은 '발렌타인데이'와 '화이트 데이,' 3월 3일은 삼겹살데이와 인삼데이이다. 4월 14일은 '블랙데이'(검은 옷을 입고 자장면을 먹는 날), 5월 14일은 '로즈데이,' 6월 14일과 7월 14일은 '키스데이'와 '실버데이'이다. '뮤직데이'(8월), '포토데이'(9월), '레드데이'(10월), '무비데이,' '빼빼로데이'(11월), '머니데이'(12월) 등 무슨 데이는 1년 내내 있다. 그래서 우리 일상은 풍요로워질 듯싶다.

하지만 이제 이런 '~날'은 축제가 아니라 일상의 보이지 않는 파시즘의 날로 변했다. 그것은 단지 강요하는 차원이 아니라 영혼을 사물화시킨다. 자유 의지가 들어갈 여지가 없다. 창조적으로 주도할 수도 없다. 항상 획일적이게 된다. 진정으로 원하기보다는 누군가 다른 사람이 기획한 것에 휩쓸려 간다.

소비 자본주의를 통해 사람들의 마음을 상품으로 사물화시켰다. 또한 여유 있는 이들과 못 가진 이들을 극단적으로 이분화시킨다. 기념일을 챙길 수 없는 사람들에게 기념일은 또 하나의 고문이 된다. 좋은 아빠와 그렇지 못한 아빠, 멋진 친구나 애인과 그렇지 않은 이들로 나뉜다.

기념일의 행동은 등급화된다. 기념일은 모든 이들의 축제가 아니라 선물을 주어야 하는 강박적 소비의 날로 바뀌면서 사람들의 마음을 선물 가격으로 등급화한다. 비싼 것일수록 마음은 상위에 오른다. 사람의 마음을 상품으로 포장하고 구별 짓는다.

본래 기념일에 다른 이들에게 무엇인가를 사서 주어야 한다는 관념은 있지 않았다. 서로 축하해주고 기뻐해 주는 마음이 중요했다. 아니, 아무리 조악해도 그것은 소중하게 받아들여졌다. 직접 만든 것일수록 가치는 증가했다. 예컨대, 공동체 안에서 일반인들에게 성년의 날은 축제의 날이었다. 새로운 공동체의 주인으로서 젊은이들이 어른이 되었음을 가족을 넘어 마을 단위로 축하하는 의식을 치렀다. 그것은 비단 한 가족의 축제일이 아니라 온 동네의 축제일이었다. 마을 사람들과 가족들이 어우러져 새로운 어른들을 마음껏 격려해 주었다. 얼굴을 맞대는 것만으로도 그것은 기쁜 일이었다. 진정한 마음이 소중하며, 몸짓과 눈짓이 이를 표현했다. 이제는 감각적인 향수, 화장품, 보석류, 캐릭터 인형 등 유행하는 아이템을 주고받아야 한다는 강박성 유행 심리가 마음을 지배하게 되었다. 또한 받은 물건의 가격이 받은 사람의 가치를 증명하듯 여겨진다. 불가리, 크리스찬 디오르, 버버리, 겐조 등 유명 브랜드일수록 대접받는 사람이 된다. 만약 이름 없는 향수를 선물한다면 창피를 당할지도 모른다. 받는 사람은 상대방이 자신을 무시한 것으로 여긴다. 물건과 이벤트는 많아졌지만 마음이 있는지는 알 수 없어졌고, 서로를 만족시키기는 더 어려워졌다.

무엇보다 그러한 문화에서 배제, 즉 받지 못하는 사람은 상대적인 소외감에서 벗어날 수 없게 된다. 그것은 끊임없는 배제와 좌절에 대한 모멸감, 자학의 생산을 의미한다.

기념일은 그렇게 사람들에게 끊임없이 거짓된 소비 욕구를 충동질하는 데서 비롯한다. 진정으로 원하지 않는 행동과 소비를 하도록 만들기 때문이다. 여기에 그들의 상품을 통해 사람을 살 수 있고 우정을 만들 수 있다는 환상을 심어준다. 이렇게 상품 가격은 마음의 획득과 동일시된다.

받을 수 없거나 살 수 없는 사람들에게 상대적인 박탈감을 안겨주고, 상품을 통해 자신의 존재가 인정받고 사랑 받고 있다는 느낌은 허위의식을 심어준다. 결국 그것은 환상이다. 물건과 상관없이 사람은 그 자체로 의미가 있기 때문이다.

마르쿠제H. Marcuse의 말대로, 다른 사람이 사랑하고 미워하는 대로 사랑하고 미워하는 것은 거짓된 욕구에 속한다. 기념일이 부풀려지고 가공되면서, 거짓된 욕구를 좇고 있다. 그 거짓된 욕구에 다른 동기가 있는 것은 아닌가 싶은 것이다.

에리히 프롬이 말했듯이, 자신의 자유 의지는 개성으로 드러나며, 이는 우리의 진정한 동기가 무엇인지를 아는 데서 출발한다. 자신이 무슨 동기로 그러한 욕구를 가지는 것인가를 알지 못하면, 그것은 자유로운 사고에 바탕을 둔 것이 아닌 주입된 거짓과 환상인 것이다.

자유롭고 독립적인 존재라고 생각한다면 선물을 주고받기 이전에 자신의 진정한 동기가 무엇인지, 다른 동기가 있는 것은 아닌지 살펴야 할 것이다. 진정 사랑한다면 선물의 소비의 강박성은 존재할 수 없다. 오로지 자유로운 사고와 행동으로 상대방에게 향한다. 사랑은 선물이 아니라 눈빛과 손길과 몸짓으로 드러나기 때문이다. 그것이 진정한 자유와 축제의 시작일 것이다.

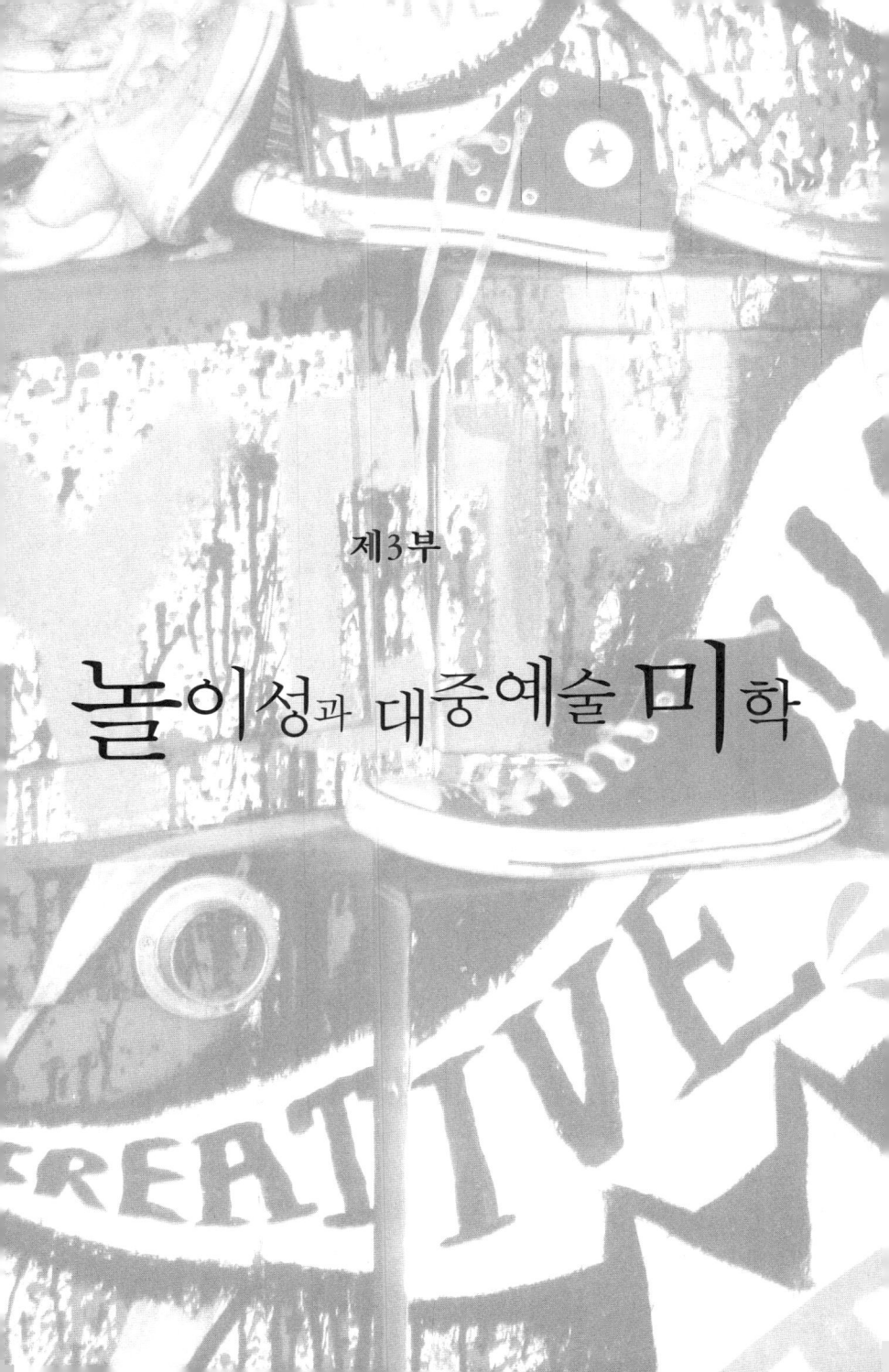

제3부

놀이성과 대중예술 미학

한국 비보이 왜 강한가

비보이를 강하게 만드는 사회 심리적 요인

1970년대 말 뉴욕 뒷골목에 경제 불황을 피해 먹고살려고 남미에서 미국으로 불법 이민을 온 청년들이 물밀듯이 밀려들어오기 시작했다. 이전에 뒷골목을 장악하고 있던 흑인들은 위기의식을 느낄 수밖에 없었다. 밤낮으로 세력 다툼이 이어졌고 총격전이 빈번했다. 이는 생존을 위한 싸움이었다. 어느 순간 그들은 서로 공격하지 않기로 휴전 협정을 맺었다. 하지만 화나는 일이 없을 수 없었다. 그러나 휴전을 맺은 상태.

이때 그들은 상대 쪽에 가서 고난도 테크닉의 댄스를 보여 주어 기를 죽이는 방법을 택했다. 다시 위압당한 쪽은 부지런히 연습해서 복수를 했다. 이렇게 죽자 살자 연습을 하게 되었고, 전투의 승리를 취하듯이 대결하는 사이 그들의 기량과 테크닉은 놀랍게 발전하기 시작했다. 이때부터 브레이크 댄스 대결을 '배틀(전투)'이라고 부르게 되었다.

그때 미국 주류 사회에서는 뒷골목에서 이러한 일들이 일어나고 있는지 모르고 있었다. 하지만 지금은 미국에서 만들어진 유일한 문화로 이 힙합, 비보이 문화를 꼽고 있다. 부랑아, 불량 청소년들의 쓸데없는 문화 취급을 받았지만, 그것이 세계적인 공연 문화가 될 줄은 아무도 몰랐다.

당연히 비보이B-boys는 브레이크 댄스를 추는 남자이고, 여성
은 비걸B-girl이라고 한다. 원래는 클럽의 DJ가 음악을 틀다가 브
레이크Break — 노래 중간에 비트만 나오는 구간 — 를 계속해
서 들려줄 때, 이에 맞춰 플로어에 나와서 춤을 추는 남자를 비
보이라 했다. 한국에 알려진 것은 1980년대부터다. 주한미군방
송(AFKN · 현 AFN)을 통해서였고, 비보이가 들어온 것이 아니라
음반과 비디오테이프, 해외 거주 경험자 등이 전파 매개체 역할
을 했다. 80~90년대 초반까지 브레이크 댄스를 춘다고 비보이
라고 부르지는 않았다. 길거리에서 춤추는 이들, '스트리트댄
서'라고 했다.

1997년 '익스프레션'이 결성되면서 비보이라는 용어가 전파
됐다. 몇 년 사이 한국 비보이들이 세계 4대 비보이 배틀인 독일
'배틀 오브 더 이어,' 영국 'UK 비보이 챔피언십,' 미국 '프리스
타일 세션,' 국가를 옮기면서 개최되는 '레드불 BC ONE'에서
우승했다. 현재 한국에서 활동하는 비보이는 약 3,000명으로 추
산되며, 이 중 10여 개 팀 100명 정도는 어떤 국제 대회에 내놓
아도 손색이 없을 정도다. 홍대 앞에는 세계 최초의 비보이 전
용 극장이 있으며, 〈비보이를 사랑한 발레리나〉는 많은 인기를
끌고 있다. 김수용의 만화 『힙합』은 200만 부가 팔렸고, 영화 제
작에 들어갔다. 이미 〈오버 더 레인보우〉(2006)라는 비보이 드라
마가 방영되었다. 각종 케이블 티브에서는 비보이를 실황 중계
하는 프로그램도 선보였다. 정부에서는 비보이를 차세대 한류
상품으로 적극 육성하고 있다.

그들의 비디오는 해외에서 교과서같이 간주된다. 비디오 게임 모델로 채택되고, 기술을 배우기 위해 한국에 오는 비보이가 늘고 있다. 유럽에선 한국이 불참하면 대회 격이 떨어진다고 생각할 정도이다. 비보이 팀 '갬블러'는 2008년 베이징 올림픽 개막식 전야제에서 단독 공연을 해달라는 제안을 받기도 했다.

국내 비보이들의 신체 조건이 결코 비보잉을 하기에 좋은 것은 아니다. 그런데도 왜 한국의 비보이는 이렇게 강하게 된 건가?

일단 비보이는 세계 공연 화두인 비언어 퍼포먼스non-verbal performance에 잘 맞는다. 세계적으로 몸을 매개로 표현하는 공연이 각광받고 있다. 이는 〈난타〉, 〈판토마임〉, 〈점프〉 등을 보면 알 수 있다. 예를 들어, 그간 한류 속 한국 대중가요는 언어 때문에 해외에서 깊숙하게 자리를 잡지 못해 왔다.

한국의 세계적 수준의 초고속 인터넷 망도 역할을 했다. 이전에는 어떤 기술은 A선배, 또 다른 기술은 B선배에게 일일이 찾아다니면서 배워야 했다. 하지만 지금은 중학생도 동영상 교본을 다운받아서 쉽게 연습할 수 있다. 다른 국가는 동영상을 보기에는 난처한 속도다. 여기에 집단적인 문화 성향도 꼽는다. 개인 기량은 외국 비보이들이 뛰어나지만, 여러 명이 하는 집단적인 조화에서는 한국이 뛰어나기 때문이다.

청소년들을 억압하는 현실에 대한 반항이 맹렬한 비보이 문화를 만들어 냈다고 말하기도 한다. 전체적이고 획일적인 문화가 강할수록 자기표현의 문화인 비보이 문화가 발달한다는 말이다. 마당놀이, 마당 정신, 광장 문화와 정신이 이어진 측면도 있다. 브레이크 댄스는 큰 공연장이 아니라 작은 공간, 뒷골목이어도 공연이 가능하다. 마당놀이같이 길거리에서든, 시장 바닥이든, 그것이 그들의 공연 공간이 되고 그들의 무대가 된다.

군대가 비보이 발전의 견인차가 되었다는 말도 있다. 이 무슨 말인가. 한국의 비보이들에게 커다란 커트라인이 군 입대다. 입대 전까지라는 한정된 시간에 최고 기량을 쌓기 위해 엄청난 에너지를 연습에 쏟는다. 운동선수나 연예인과는 달리 군에 입대해도 특기를 살릴 길이 없기 때문이다. 따라서 군대 가기 전에 일정한 실력을 쌓아야 한다는 일종의 위기 심리가 작용하는 것이다.

갈 길은 멀다. 비보이들은 아직도 '노는 젊은이들' 쯤으로 대접받고 있다. 사회는 여전히 하나의 독립된 문화 장르로 인정하지도 않고, 브레이크 댄스를 발레나 재즈처럼 예술의 한 장르로 보지도 않는다. 그런데 지금 비보이를 상품화하려는 움직임이 놓치고 있는 점은 없는 것일까.

근본적으로 비보이의 정신은 평화와 안식을 절실하게 갈망하는 이들의 꿈이 배어 있다. 폭력과 생존의 위협에서 벗어나 안정된 삶을 꿈꾸는 젊은이들의 마음이 비보이 문화에 담겨 있다. 하지만 지금은 기교만 있고 정신은 없어진 것은 아닌가.

비보이의 정신은 주체적인 문화 창조자의 측면에 있다. 틀에 얽매이지 않고 몸을 통한 정신의 자유로움을 추구한다. 그럴듯한 공연 무대가 아니라 뒷골목, 자신이 서 있는 그곳이 무대이고 세상의 중심이라는 정신이 있다.

지금은 상업적인 목적이 너무 강하게 작용하고, 일정한 형식화 · 규격화의 단계로 들어서고 있다. 그래도 다행이다. 상업주의의 유혹이 집요한 만큼 언더그라운드에 남아 그 정신을 지키려는 움직임도 있기 때문이다.

노래방 심리

노래방 문화 하면 한국인들이 음주가무를 즐겼다는 『삼국지 위지동이전三國志 魏志東夷傳』의 내용을 인용하는 것이 통상적인 글쓰기의 예가 되었다. 노래방은 한국인들이 좋아하는 방 문화 의 일종이라고 하면서, 폐쇄적이고 자기 충족적인 공간 문화로 평가한다. 더구나 요즘에는 음습한 공간에서 갖은 서비스들이 제공되니 더욱 그럴 만도 하다. 그러나 좀 더 자세하게 볼 필요 는 있다. 한국인들만이 노래방을 좋아하는 것도 아닐 뿐만 아니 라, 그 원조가 일본의 가라오케라고 할 때, 이는 동양 사회의 무 의식에 맥락이 닿아 있는 것으로 보이기 때문이다.

노래방을 지배하고 있는 심리적 요인을 분석하기 전에 사람 들에게 인기를 끌게 된 원인을 분석해 보자. 일단 스트레스 해 소에 노래 부르기 좋아하는 사람들의 선호가 주효했다. 좋아하 는 가수의 노래를 그대로 따라 부르는 묘미를 빼놓을 수 없다. 이를 가능하게 해주는 각종 반주와 음향 시설은 기술의 발달로 큰 효과를 보여 왔다. 노래 속의 화자가 되어 감정이입하는 데 부족함이 없게 만들었다. 요컨대, 노래방 시설은 노래와 가수에 대해 가지고 있는 환상, 혹은 이미지를 충족시켜 준다.

사회적인 차원에서 보면, 노래방은 순수하게 놀고 즐기는 공간만은 아니다. 마음에 드는 이성과 친해지려는 목적에서 찾는 공간일 수도 있다. 좋아하는 노래가 일치하는 경우에는 서로를 그만큼 더 친밀하게 만들기 때문에 노래방은 친목 도모의 공간이다. 이러한 관계에서는 격의 없이 자신들이 좋아하는 노래들을 마음껏 부를 수 있다. 노래방은 직장 상사에게 좋은 점수를 얻기 위한 공간일 수도 있다. 각종 장기를 보여 주면서 즐겁게 해주니 즐겁게 해준 이들에게 나쁜 감정을 가질 이는 거의 없다.

계산적이든 순수한 의도든 이러한 일련의 행동은 일정한 목적을 이루기 위한 것이다. 따라서 노래방은 순수하게 유희를 목적으로 찾는 곳이 아니라 자신의 사회적 목적을 실현하기 위해서 찾는 공간이다. 따라서 재미없는 노래인데도 재미있는 듯, 신나지 않는데도 아주 신이 나는 듯, 고리타분해도 흥미로운 듯 분위기를 띄운다, 자신의 목적을 위해서. 이는 단순히 해방과 일탈 혹은 스트레스를 해소하기 위해서 노래방을 찾는다는 지적과는 다른 면이라고 할 수 있다.

다음으로 노래방은 폐쇄적인 공간이 아니라 소통의 공간이다. 단순히 혼자 노래를 부르는 데 그치지 않는다. 노래와 음악 그리고 율동은 소통의 수단이 된다. 우선 노래를 부르는 행위는 자신을 드러낸다. 뽕짝을 부르는 사람은 대개 이러이러한 사람이라는 인식을 얻게 된다. 대개 나이 많은 사람들이 뽕짝을 부른다. 젊은이들은 랩을 주로 부른다. 이들 중간에 있는 사람들은 템포가 느린 발라드를 부른다. 여기까지 보면, 노래방은 세대 간의 문화 차이를 확인하는 공간이다. 물론 그 가운데에는 구세대가 젊은이들의 노래를 외워 부르며 대단한 평가를 받기도 한다. 특이하게도 젊은이들은 구세대의 노래를 애써 찾아 외워 부르지 않는 것이 일반적이다. 이렇게 보면 노래방을 지배하는 것은 젊은이들의 심리라는 결론에 도달할 수도 있다. 대중문화도 젊음을 중심으로 트렌드를 이룬다.

어떠한 노래를 부르느냐에 따라 그 사람에 대한 평가가 달라진다. 흘러간 옛 노래나 뽕짝을 부르는 이들에게 쏟아지는 시선은 고리타분함이다. 아니 노력을 하지 않는 게으름뱅이에 고지식함이다. 그러나 힙합이나 록, 발라드에서 최신 가요를 따라 부르는 어르신에게는 찬사가 쏟아진다. 평소에는 부르지도 않다가 젊은이들과 어울릴 때마다 자신의 노래를 포기하는 것이 오히려 자신의 음악적 정체성을 부정하는 것은 아닌지 생각해 볼 수도 있다.

〈전국노래자랑〉에서 민요나 창을 하는 할머니들과 할아버지들은 왜 창을 부르고 민요를 부를까? 그들의 젊은 시절에는 그것이야말로 최고의 인기 음악이었기 때문이다. 그들이 창이나 민요를 부를 때 그들의 자세는 매우 진지하다. 누가 비난을 한다고 해도 그러한 노래들은 이미 자신들의 세계관이요, 인식의 틀이자 삶의 정체성이다. 비보이들이나 래퍼들이 온몸을 불사르듯 노래 부르고 춤을 추듯이, 그들도 열정을 다한다. 그런 노래들이 없었다면 현재의 음악도 없었을지 모른다.

노래방에서는 이러한 세대 간의 벽에도 불구하고 일체감이 생겨 끊임없이 접점을 맞추려 한다. 이것이 소통 행위이다. 이는 노래방이 일상화되면서 자연스럽게 형성되는 배려의 심리이기도 하다. 직장 동료나 상사 그리고 후배의 경우에도 자주 부르는 노래를 통해 감정 일치를 확인하게 된다. 따라서 많은 사람들이 공감하고 같이 따라 부를 수 있는 노래를 중심으로 선곡이 이루어진다. 하지만 자신이 좋아하는 노래, 자신의 개성과 취향, 선호 그리고 추억이 담긴 노래도 슬금슬금 끼워 넣어 선곡한다. 따라서 조직 구성원 혹은 다른 사람과 자신의 노래 사이에 긴장과 이완이 일어나게 된다. 이렇게 다른 사람들의 노래와 자신의 노래 사이에서 밀고 당기는 혹은 배제하고 포용하는 것은 자연스러운 커뮤니케이션의 과정이다.

다만, 노래방이 직장인들에게는 다른 모습으로 존재하기도 한다. 노래방은 권위를 확인시키는 공간이기도 하다. 이는 조직 구성원들이 들어찬 노래방에서는 확실하게 보이는 특징이다. 최연장자나 높은 자리의 사람이 있을수록 그를 중심으로 노래방의 움직임이 이루어지기 마련이다.

이전에 노래방은 회사의 회식 문화, 학생들의 일탈 공간, 주부들의 대리 충족 공간이었다. 하지만 가족의 건전한 문화의 장場의 역할도 한다. 자식은 아버지의 시간 속에서 젊은 시절의 감수성과 열정을 느끼고, 아버지는 아이들의 현재의 열정을 느끼며 대리 만족한다. 세대 간의 존중이 존재한다면 말이다.

노래방에서 우울한 노래만을 부르는 것은 예외적이다. 실연을 당해 혼자 부르거나 옛사랑이 생각나는 경우이다. 또한 슬픈 노래를 부른다고 해도 그것은 일시적이고 가끔이다. 대부분은 흥겨운 분위기를 살리는 노래들을 선호한다. 누군가가 슬픈 노래를 일관되게 부른다고 해도, 다른 사람들은 자연스럽게 흥겹고 신나는 노래를 부른다. 너무 처지는 분위기를 막기 위한 것이다. 이른바 역할 분담이 자연스럽게 이루어지는 것이다. 물론 누가 시키지도 않는데 말이다.

노래방은 겉보기에는 흥겨운 분위기지만, 이 작은 축제에 참여하고 있는 사람이 모두 다 행복한 것만은 아니다. 사람들을 앞에 두고 노래 부르는 것이 그렇게 쉬운 일은 아니다. 노래를 부르겠다고 자청하는 것도 쉬운 일은 아니다. 노래방은 익숙한 사람들과의 자리인 경우도 있지만, 낯선 일행과의 자리인 경우도 빈번하다. 이때 노래 부르기는 일종의 고통이 될 수 있다.

그런 경우에 옆에서 도와준다. 누가 지시하지 않아도 부르기 어려운 고음 노래의 일부분을 같이 불러 준다. 그렇게 도와주는 사람은 자신에게 관심이 있거나 배려하는 사람으로 인식되기도 한다. 어디 한 사람뿐인가. 두 사람, 세 사람이 같이 불러 노래를 완성한다. 어려운 대목에서 자발적으로 같이 불러준 사람에게 고마운 마음도 생길 것이다. 노래방에서는 각기 혼자 노래를 완성하는 것이 아니라 다른 이에게 일정 정도 완성을 부탁하는 심리가 존재한다. 적어도 탬버린이라도 쳐주면서 노래방 공연을 완성시켜 줄 것을 바란다. 이 공간에서 노래 부르는 사람과 춤을 추는 사람, 그리고 관객은 구분이 없다. 예술가와 관객, 팬과 스타의 구분이 없어진다. 심지어 백댄서와 가수의 구분도 없어지는 것이다. 이러한 경계 허물기를 통해 평소에 서먹했던 관계도 부드럽게 될 수 있다. 현실적인 인간관계에서 평소 소 닭 보듯이 하던 경계도 허물어진다. 이것이 노래방에서 조직체의 회식이 원하는 심리이기도 하다. 한국이나 일본과 같이 개인보다는 조직을 위하는 이들에게 노래방은 효자일 수밖에 없다.

내가 부르는 노래를 다른 이들이 너무나 잘 부른다는 사실에 상심하는 사람들이 생겨나기 마련이다. 사실, 사람들은 노래뿐만 아니라 대중문화 작품들 혹은 스타들을 자기중심적으로 좋아하는 경향이 있다. 그러나 그러한 생각을 한다면, 자폐적인 혹은 나르시시즘적인 성격은 아닌지 짚어볼 필요가 있다고 말할 수 있지 않을까. 대중가요는 누구든지 부를 수 있는 것이니 말이다. 노래방에서 오페라를 불렀으면 모른다. 하지만 오페라도 마니아들이 너무나 많은 것이 사실이다.

한편, 비호감인 사람이 자신의 애창곡을 부르는 것이 못마땅할 수도 있다. 이왕이면 자신이 좋아하는 사람이 부른다면 좋을 텐데 말이다. 자신이 나쁘게 생각하는 이가 상처받은 사람의 마음을 담은 노래를 부르면 인정하기 싫어진다. 그 사람은 항상 다른 사람을 상처주고 강자로 군림하는 존재이기 때문이다.

하지만 이러한 악인의 노래를 들었다면 예전과 같은 감정은 아닐 것이다. 왜냐하면 감정적 동화가 몇 초라도 있었다면 차가운 그에게도 저러한 감정이 있다는 인식을 하게 마련이다.

한편, 배제의 심리도 존재한다. 노래방에서 노래를 부르지 않거나 거부하는 사람은 전체의 기본 룰을 어기는 사람이 된다. 고집스럽게 자신의 주장만을 내세우는 사람 또는 공동체나 전체 구성원들을 배려하지 않는 사람이 되어 버린다. 노래방에서는 자기를 버리고 전체로 갈 때 사람들이 더욱 열광한다. 노래방에서는 개인의 존엄이나 고집을 버릴 때 더욱 흥이 돋우어지기 때문이다. 만약 자신의 노래 부르기가 집단 전체의 인정을 받길 원한다면, 집단에서 수용되는 노래를 분위기에 맞게 택해야 하는 곳이 노래방이다. 조직의 리더는 이러한 노래방의 심리를 통해 부하 직원들의 고고함을 꺾어 버리고 조직의 암묵적인 규율과 분위기에 개인을 순응시키고자 한다. 하지만 지나치게 완고하면 오히려 역효과가 난다.

인간적인 면을 보려는 의도가 있을 수도 있다. 머리에 넥타이를 묶고, 바지를 걷어 양말에 넣는 모습은 지극히 인간적인 측면을 드러내는 것이다. 그러나 개인의 개성이 사라진 모습이다. 집단에 대한 순응을 표시하는 동시에 개성의 박탈을 의미한다는 점에서 그렇다. 이는 분위기를 위해서라면 무슨 일이라도 할 수 있다는 것을 의미한다. 희생과 헌신을 뜻하기도 한다. 물론 처음부터 이런 일을 잘할 수 있는 사람은 많지 않다. 진지함과 근엄함을 버리고 다른 이들과 함께 어울리며 즐거움을 주는 것은 쉬운 일이 아니다. 대부분의 사람들은 자아를 먼저 생각하기 때문에 한 번쯤 고민하기 마련이다. 각자 자신을 지키는 분위기일수록 애쓰며 분위기를 맞추는 이들이 빛나기 마련이다.

축제와 유흥, 욕망의 일탈을 위한 공간으로만 보이는 노래방은 커뮤니케이션의 수단이고, 인간관계의 일정한 목적을 위해 존재한다. 사회적 관계가 강한 사회에서 더 생명력을 가질 수 있는 문화이다. 이것이 서유럽이나 미국에서 노래방이 호응을 받지 못하는 이유인지도 모른다.

왜 사람들은 공짜표 공연을 보러가지 않을까?

2006년 6월 22일, 모아엔터테인먼트, 동숭아트센터 씨어터컴 퍼니, 파임커뮤니케이션즈, 극단 사다리, 이다엔터테인먼트, 파파프로덕션 등 국내 중견 공연 예술 단체들이 하반기부터 자체 제작하는 작품들에 대해 초대권을 발행하지 않기로 발표했다.

이는 한국 문화계에 유독 심한 공짜표 문화에 대해 전면전을 선포한 것이다. 초대권은 공짜표 문화의 제도적 형태, 아니 아름다운 이름이다. 하지만 아름다움에는 치명적인 독이 있을 수 있다. 초대권 혹은 공짜표도 이러한 관점에서 충분히 볼 수 있다. 그동안 공연 예술계를 자승자박으로 위협해 온 혐의가 짙기 때문이다. 한편 여기에는 문화 심리가 작용하고 있다. 그것은 공짜표의 유래와 연관되어 있기도 하다.

이 공짜표 문화는 일제 강점기에 관리들에게 공연표를 상납 하면서 비롯되었다는 설과 한국인의 정情 문화에서 비롯되었다 는 설이 있다. 어쩌면 이 두 가지가 권위주의 사회에서 결합된 것은 아닌가 싶은 생각도 든다. 왜냐하면 초대권 등의 공짜표를 받는 사람은 사회적으로 우월한 위치에 있는 사람들이었기 때문이다. 이것이 차츰 대중 속으로 전이된 것이 한국 사회의 공연 예술계에서 공짜표의 현실이다.

아직도 공짜표는 이러한 우월적 상징 코드로 작용하면서 공연계를 지배하다시피 하고 있다. 사실 한국만 그런 것은 아니다.

영국에서도 초대권은 본래 권위 있는 사람들에게 제공되었다. 권위 있는 사람들이 보면 작품 수준도 높아지고 홍보 효과도 있다고 보았다. 이 때문에 공짜표는 존중받는다는 느낌을 주었던 모양이다. 영국에서 이름을 백작으로 개명한 사람이 있었다. 이름을 바꾼 지 얼마 지나지 않아 그에게 각종 초대권, 극장표, 사업 제안, 무료 시제품 등이 쏟아져 들어왔다고 한다.

경제적으로 여유가 있음에도 공짜표를 요구하는 이가 많은 이유 가운데 하나이다. 공짜표를 받는 것이 사회적 특권으로 생각되고 있는 것이다. 이 때문에 초대권은 일반 관객의 특권 심리 충족 차원에서 더욱 남발되었고, 이 공짜표 문화는 그동안 공연계에서 논란의 핵심에 있었다.

초대권을 포함한 공짜표를 긍정적으로 바라보는 시선도 있다. 초대권을 통해서 보지 않던 공연 장르를 접하게 되었다는 이도 있다. 특히 어렵고 생소하게만 느껴지던 장르를 초대권을 통해 접하게 되면서 팬이 되었다는 것이다. 또는 무료 관객들의 참여가 공연계의 저변을 확대한다는 평가도 있다. 열악한 홍보 현실을 보완하는 장치라는 지적도 있다. 이때 진정한 팬들은 아무리 비싸도 돈을 내고 보기 때문에 이러한 팬을 확보하는 방안에 대해 더 집중해야 한다는 말도 잊지 않는다.

그러나 비판이 더 만만치 않게 지적되어 왔다. 왜냐하면 현실은 너무나 심각하기 때문이다. 문화관광부 산하 한국문화관광 정책연구원의 "2005년 공연예술실태조사"에서 유료 관객은 총 관객 수 1,167만 명 가운데 377만 명(32.3%)이었고, 무료 관객은 790만 명(67.7%)이었다. 즉, 약 3분의 2가 공짜표 관객이었다.

이외에도 각 공연 장르별로 돈을 낸 관객 수는 연극 232만 명 (30.1%), 양악 71만 명(19%), 무용 33만 명(8.8%), 복합 장르 21만 명 (5.6%), 국악 18만 명(4.9%)이었다. 2007년 10월 28일, 일본 극단 시 키四季의 대작 뮤지컬 〈라이온킹〉이 330회라는 국내 대형 뮤지 컬 사상 최장기 공연 기록을 남기며 1년 만에 막을 내렸다. 유료 관객은 60%를 밑돌았다. 총 27만 관객 가운데 5만여 명이 초대 권으로 입장했다. 공짜표 현상은 대중적으로 인기가 없는 공연 일수록 심해지며, 지방 공연은 더하다. 더욱 심한 경우는 초대 권을 가진 관객만 두고 공연을 하는 것이다.

공짜표 관객이 많다는 것은 그만큼 많은 표를 무상으로 뿌리 기 때문일 것이다. 그럼 왜 이렇게 공짜표를 뿌리는 것일까?

첫 번째는 홍보와 마케팅 때문이다. 돈이 없는 공연 단체들이 그나마 홍보나 마케팅을 할 수 있는 수단이 초대권 등 공짜표라 는 것이다. 근래에는 인터넷 사이트를 통해 많은 이벤트를 하고 있고, 이를 통해 많은 공짜표가 뿌려지고 있는 것도 사실이다.

두 번째는 자리를 메우기 위해서다. 관객이 없으면 공연을 하 는 사람이 힘이 빠지기 때문이다. 어느 정도는 있어야 공연할 맛이 날 것이다. 또한 관객들도 사람이 많아야 볼 맛이 난다. 대 학로의 연극 객석이 좁은 것은 이러한 이유 때문이다. 적은 인 원으로도 꽉 차 보이니 말이다. 일종의 다수 증거주의 심리 현상이다. 일부에서는 관객 수를 과시하기 위해 남발하기도 한다. 한편으로는 정작 공연 초기에 관객이 없으면 공연을 할 수 없기 때문에 50% 이상은 무료 관객을 두고 공연을 한다는 것이다.

세 번째는 기업들이 대량으로 표를 구매해서 배포하는 경우이다. 이는 대개 비싼 오페라나 뮤지컬의 경우에 해당된다. 고객들에게 서비스를 목적으로 이루어진다. 이런 경우에는 대중들이 선호하는 작품이 아니어도 관객 동원에 성공하고는 한다.

네 번째는 다른 목적을 위해 공연을 하는 경우이다. 예를 들어, 바자회 등을 위한 공연에는 관객 입장료를 통한 수익 확보가 목적이 아니다. 일단 사람들을 많이 모으는 것이 목적인 경우에는 초대권이 뿌려진다.

다섯 번째는 공짜표를 만들지 않으려고 해도 관객들이 그러한 표를 바라기 때문이다. 이런 점이 바로 공연계가 문제점으로 지적하는 것의 핵심이다.

그렇다면, 이렇게 공짜표가 많아지는 것이 왜 문제일까? 주지하다시피 '공연은 공짜'라는 인식을 뿌리 깊게 한다. 한 번 공짜표로 관람하기 시작하면, 돈을 내고 공연을 보는 것이 아깝다는 생각을 하면서 공짜표만을 찾게 되는 것이다. 그래서 '돈을 내고 공연을 보는 것은 바보'라는 생각을 자연스럽게 한다. 돈을 내고 공연장에 들어오지 않게 되니 공연 단체는 더욱 어려운 지경에 빠진다. 관객이 없으므로 다시 홍보를 위해 공짜표를 남발하는 악순환이 벌어지는 것이다.

공짜표 때문에 관객이 우롱을 당하는 사례도 있다. 몇 해 전에 유명 재즈 가수의 공연 기획사가 초대권 수백 장을 뿌려 좌석표를 받지 못한 이들이 강하게 항의하는 소동이 일어나기도 했다. 또한 공짜표 좌석이 좋지 않은 곳인 경우도 많다. 싼 게 비지떡이라고 관객을 우롱도 한다.

단기적으로는 홍보나 마케팅에서 매우 불리하기 때문에 초대권을 비롯한 공짜표를 없애는 것이 그렇게 간단하게 결정할 수 있는 일은 아니다. 하지만 이번에 결정을 내린 공연 단체들은 악순환의 고리를 끊는 계기가 될 것이라고 보고 있다. 더구나 공연계 스스로가 만들어 온 측면이 강하기 때문에 스스로 해결할 필요도 있다.

그런데 기업 측에서 공연표를 대량 구매해서 뿌리는 것이 큰 문제로 작용하고 있다. 더구나 비싼 공연을 중점적으로 하고 있어 공연 문화에 악영향을 주고 있다. 서비스 받은 티켓을 매매하고 있기 때문에 더욱 그렇다. 사지도 팔지도 말아야겠지만 이는 중소 공연 단체뿐만 아니라 전체적으로 고민해야 할 부분이다. 기업들의 행태에 일정한 제한도 필요해 보인다.

LG아트센터의 경우에는 개관 초기부터 초대권을 발행하지 않겠다고 선언했다. 처음에는 협찬이나 관람객 유치에서 어려움을 겪었지만, 관객들이 수준 높은 공연을 본다는 자부심을 갖게 되었다고 한다.

그렇다고 완전히 초대권을 끊는 것은 현실적으로 불필요하다는 지적도 있다. 그래서 남발하기보다는 관객 의견과 평가 청취, 문화 향수권 차원에서 소량만 발행하는 것이 중요하다는 의견도 있다. 특히, 관문 효과도 존재하기 때문이다. 또한 완전 무료가 아니라 소감문이나 감상문 제출을 전제로 배표하자는 의

견도 있다. 물론 제일 중요한 것은 작품성이다.

땅을 파서 공연을 준비하는 게 아니다. 아니, 땅을 파는 데도 힘이 든다. 수많은 이들이 한 편의 공연을 위해 무수한 땀과 눈물을 흘린다고 할 때, 관람료는 그 '애씀'의 인정이다. 그것을 인정할 때 더 좋은 작품들이 관객에게 돌아오므로, 초대권 발행 문화의 지향점은 그것에 있을 것이다.

자, 그럼 공짜표를 받은 사람들은 공연장에 많이 가는 것일까? 아니다. 공짜표가 남발되는 공연은 가치가 낮거나 형편없는 공연이라는 인식을 갖게 한다. 즉, 공짜표는 가치가 없다고 여기는 아이러니한 일이 벌어진다. 공짜표의 80~90%는 관객으로 들어오지 않는다는 말도 있다. 결국 공짜표가 관객 감소로 이어지는 것이다.

이런 가운데 좋은 작품도 제대로 평가를 받지 못하고 값싼 대접을 받으며 막을 내리는 일이 벌어진다. 거기에 준비한 이들의 재정난은 더욱 가중된다. 이렇게 되면 공연 문화 혹은 작품의 발전이나 향상이 담보되지 못하고 만다. 좋은 작품을 제작할 기반이나 여건이 제대로 이루어지지 않고 마는 것이다.

여기서 공연 심리 차원에서 한 가지를 정리하고 넘어가자. 입장료는 진지한 관심을 의미한다. 작품에 대한 관심도 일종의 투자라고 할 수 있다. 1962년 브렌Brehn과 코엔Cohen의 실험에서 드러났듯이, 관객은 자기 돈을 지불하지 않은 공연에서 덜 집중한다고 한다. 이 같은 현상은 심리 치료에서도 드러났다. 무료로 초대권을 남발하면 치료 효과를 보기 힘들었고, 사람들은 진지하게 응하지도 않았으며, 치료를 좋게 평가하지도 않는 경향을 보였다.

1959년 아론슨Aronson과 밀즈Mills는 한 가지 실험을 통해 대가를 많이 지불할수록 그 대가로 얻는 것에 대해서 더 중요하게 생각한다는 점을 밝혀냈다. 그 실험은 대학생 동아리 신입생 환영회다. 환영회가 호되고 어려웠던 학생과 그렇지 않고 무난하게 환영회를 치른 학생 중 누가 동아리 활동을 열심히 했을까? 아니, 만족도와 가치를 부여했을까? 당연히 혹독하게 대가를 치른 경우다.

스타이론Styron의 1977년 실험에서도 혹독한 훈련을 받은 해병대원들은 그만큼 자신감을 가지고 제대했다. 자신의 대가가 들어가 있기 때문이다. 관객들도 그만큼 대가를 치르고 온 이들이 작품을 진지하게 보며, 작품에 대해서도 긍정적인 평가를 내릴 가능성이 크다.

중요한 것은 그 작품이 진정으로 좋은 작품인가 하는 점이다. 통과의례만 혹독하고, 정작 동아리가 좋지도 않고 해병대가 프라이드도 주지 않는다면, 과연 얼마나 만족할 것인지는 불을 보듯 뻔하다.

미니멀리즘과 단순화 선호의 심리

군더더기 없는 본질의 세계, 미니멀리즘

1975년, 스티브 잡스가 부모님의 창고에서 시작한 컴퓨터 사업은 10년 만에 직원 4천 명에 시가 총액 20억 달러의 기업으로 성장했다. 이 회사가 바로 애플 사다. 서른 살의 스티브 잡스는 혁신적인 아이디어 뱅크였지만, 그의 독불장군식 경영 때문에 원성을 사게 되고, 그로 인해 그는 자신이 만든 회사에서 쫓겨나는 비운을 맞게 된다. 하지만 그가 쫓겨난 뒤 애플 사의 경영 사정은 악화되었고, 1998년 그는 다시 애플에 복귀했다.

그가 복귀하면서 회심의 역작으로 들고 나온 것이 '아이맥'이었다. 이 아이맥이 바로 미니멀리즘 스타일을 취하고 있었다. 하지만, 당시 기술팀에서는 38가지 이유를 들면서 아이맥을 거부했다. 그대로 물러설 스티브 잡스가 아니었다. 애플 사에서는 많은 사람들이 해고당했다. 그들은 '아이맥'을 거부한 사람들이었다.

결국 '아이맥'은 대히트를 치게 된다. 애플의 일관되고, 단순하고 세련된 제품들은 스티브 잡스의 평생 철학인 미니멀리즘에서 비롯한다. 최근에는 작고 가벼운 '미니멀리즘' 디자인의 i-Pod(MP3플레이어)를 선보여 선풍적인 인기를 끌었다.

'아이맥'이나 'i-Pod'와 같이, 미니멀리즘minimalism의 작품은 기존의 문화·예술계에서 배척을 받으며 탄생했지만, 대중적으로 크게 성공하게 된다. 미니멀리즘은 말 그대로 '최소의, 최소한도의, 극미의'라는 minimal에 'ism'을 붙인 말이다. 미니멀리즘은 "더 적은 것이 더 많다" 또는 "작은 것이 아름답다"는 심미적 원칙에 기초를 둔다.

1960년대 미국에서 크게 유행한 미니멀리즘은 평면성과 구획이라는 가장 기본적인 요소만을 남기고 불필요한 요소들을 없애 버렸다. 색채와 형태를 단순화한 절제된 양식에 극도의 단순미를 부각시켰다. 크게 활성화된 것은 2차 세계대전 전후였다. 더 거슬러 올라가면, 미니멀 표현은 대상을 파괴하고 결정체로 단순화시켜 버리는 20세기 초 추상 미술에서 출발한다. 처음에는 시각 예술 분야에서 출발했지만, 음악, 건축, 패션, 철학 등 다방면의 영역으로 확대되었다.

어느 예술 사조나 나름의 시대적·사회적 배경을 가지고 있게 마련이다. 전쟁은 인류 문명의 최종 결과라는 말이 있다. 문명은 무엇인가를 인위적으로 만들어 내는 것이다. 복잡한 양상과 의미 부여는 인류 문명의 특징이다. 그러한 문명이 결국 인간을 파괴하고, 자연까지 파괴하고야 만다. 따라서 인위적인 것보다는 자연스러움을 선호하는 사회 심리가 형성된다. 이러한 전후의 분위기가 반영된 것이 미니멀리즘이다.

미니멀리즘이 왜 미국에서 꽃 핀 것일까? 전후 전승국으로서 세계에서 가장 발달된 물질 문명국이라는 미국에서 사람들은 여전히 불행했으며, 젊은이들은 전쟁에 끌려가야 했다. 결국 인

류 문명에 근본 원인이 있었다. 히피 운동은 자연으로 돌아가려
는 집단 의지였다. 따라서 복잡하고 산업화된, 즉 인공적인 삶
에서 벗어나려는 정신 체계를 기본으로 했다.

이때 동양 사상에서 상당한 영향을 받게 된다. 동양 사상 중
에서도 선禪의 정신세계에 심취하게 된다. 선禪에서 강조하는
것은 단순성의 철학이다. 근본 진리는 단순하다는 깨달음을 설
파한다. 본래 대가의 그림이나 글은 단순하다고 했다. 아마추어
의 작품은 기교와 수사, 수식이 많다. 그것은 깨달음과 본질을
파악하지 못했기 때문이다.

미니멀리즘은 예술적인 기교나 각색을 최소화하고 사물의 근
본, 즉 본질만을 표현하려 했다는 점에서 자연의 본질을 추구하
는 히피와 닮았다. 본질만 남기고 나머지는 제거하는 것이다.
미니멀리즘은 본질을 나타내는 단순성을 가장 중요하게 여긴
다.

미니멀리즘 작가들은 어휘나 문장 구조 또는 수사학, 작중 인
물이나 플롯, 행위 등에서도 불필요하다고 생각되는 부분을 과
감하게 생략했다. 소박한 수사나 내용의 간결함, 단순하고 짧은
대사, 침묵이 많은 대화, 탈구조적 서사는 미니멀리즘 문학의
특징이다. 드라마 〈네 멋대로 해라〉, 〈아일랜드〉와 〈미안하다
사랑한다〉는 미니멀리즘 계열의 작품이다.

음악에서 미니멀리즘은 안정적인 박자, 반복과 조화를 강조
하는 모습으로 나타났다. 영화 음악에서도 핵심이 되는 선율과
리듬을 끊임없이 반복, 변주함으로써 핵심 주제와 정서, 분위기
를 뚜렷이 부각시켰다. 건축에서는 소재와 구조를 단순화하면

278

서도 효율성을 추구하는 모습으로 등장했다. 여백 미학의 젠 스타일(절제된 선과 면)을 이용한 디자인, 메탈, 유리, 패브릭 등 자연친화적인 재질과 색상으로 연출한 인테리어를 선호하였다. 미니멀리즘 가구는 단순, 검소, 비장식성으로 이미지보다 형태와 양감을 더 중요시한다.

단순성의 정점인 미니멀리즘 가전제품의 색상은 메탈, 검정 등으로 차분하고 매우 고급스런 분위기를 풍긴다. 미니멀리즘 주방은 가구와 마찬가지로 장식성이 강한 것보다 전체적으로 매끄럽고 하나의 표면으로 처리한 제품들이 많다.

영화계에서는 '아시안 미니멀리즘'이 주목받기도 했다. 롱테이크와 최소한의 움직임으로 이루어진 아시아적 미학의 경향은 미니멀리즘 영화의 특징이다. 영화 〈오! 수정〉의 장면화 방식이나 영화 〈정사〉의 인테리어와 작품의 분위기는 단순성과 절제의 미학을 보여 준다.

최근에 대중문화에서는 사실성을 강조하는 팩션 작품이나 리얼리티 프로그램이 유행이다. 이는 무연출, 가식없음을 욕망하는 대중들의 심리를 반영하는 것이다. 쌩얼 열풍이나 순수성에 대한 갈망도 결국 마찬가지 심리에 바탕한다. 단순성과 본질의 미학을 추구하는 것도 결국 가식적이거나 장식적인 삶에서 벗어나 진실과 본질에 회귀하려는 대중적 심리의 반영이다. 미니멀리즘은 삶과 세계에 대한 근본 진리를 포함하기 때문이다.

최민수는 왜 죄민수가 되었나

대중문화에 나타난 '남성상'의 변화

　분명 90년대는 최민수를 비롯한 터프 가이들의 시대였다. 못된 녀석이라는 의미에도 불구하고 많은 인기를 누린 것은 분명 하나의 사회적 신드롬이었다. 가죽점퍼에 오토바이, 거친 행동과 말투의 터프가이는 모범생형 남성들을 물리치고 시대적 남성상으로 보였다.

　그런 터프가이로 인기를 모았던 최민수는 이제 죄인(?)이 되었다. 이미 2006년 1월 〈야심만만〉에서 증명이 되었고, MBC 〈개그야〉의 한 코너인 "최국의 별을 쏘다"에서 최민수는 아예 '죄민수'로 패러디되어 등장했다. 사실 이 꼭지는 최민수를 가감 없이 비트는 가운데 웃음을 준다. '쏘다'의 의미는 최고의 존재를 가차없는 비판으로 쏘아 떨어뜨리는 것이다. 최고의 인기 배우였던 최민수의 트레이드마크인 거침없는 언행은 싸가지 없고 무례하고 거만하며 예의 없는 캐릭터를 그리는 데 사용된다.

　이러한 모습들은 90년대만 해도 상당히 호응을 받았고 멋있는 행동으로 그려졌던 것이다. 최민수 식의 터프한 행동들은 다른 이들이 어떻게 생각하건 자신의 사고와 행동을 양보하지 않는 당당한 모습으로 읽혔다. 이제 최민수는 멋있는 터프가이가 아니라 마초의 상징이 되어 버렸다. 물론 이미 터프가이의 시대는 저물었다. 만약 남성 우월주의에서 나온 행동이라면 살아남을 수 없다. 그런 점에서 최민수는 하늘에 떠 있는 별이 아니라 땅에 떨어진 별이다. 그런 별을 쏘는 것은 확인 사살에 불과할 것이다.

과연, 최민수가 전성기를 누리던 진정한 별(스타)일 때 이런 개그가 나올 수 있었을까? 그런 의미에서 약자에 대한 가학적인 희화화 개그에 불과해 보이기도 한다. 이제 대중문화계에도 고분고분하고 모나지 않은 스타만을 요구하는 것은 아닌지 생각하면 서글픈 느낌마저 든다. 요컨대, 최민수의 문화적 지위 변화는 한국 사회의 변화된 남성상을 말한다. 그는 사회-경제적 구조 변화에 따른 문화 심리의 변화 사례이기 때문에, 그를 통해 변화된 한국 사회의 남성상과 그 이면의 모습을 정리해 볼 수 있을 것이다.

불안과 공포심에 기댄 이미지의 자기 복제

부유한 강자가 지배하는 자본주의를 거부하고, 가난한 기층 민중의 세계를 꿈꿨던 체 게바라는 이제 그가 혐오했던 자본주의 사회에서 문화 상품으로 팔리고 있다. 자본주의의 첨단인 스타벅스 포장지에 그의 얼굴이 있고, 그의 일대기를 다룬 책과 가난한 이들의 세상을 꿈꾸던, 그의 결의 찬 모습을 담은 사진은 각종 이미지 상품으로 이른바 대박을 터트렸다. 그것도 세계 자본주의 체제에서 말이다.

주류 질서를 거부하고 반상업적인 메시지를 부르짖었던 그룹 너바나의 리더 커트 코베인은 자신이 상업적으로 성공하고, 어느새 주류 질서 속에 자신의 음악이 있다는 사실을 알고서는 자살해 버렸다. 현재 이상적으로 받아들여지는 남성상도 상품화의 범주에서 벗어나기 힘들다. 물론 우리의 인식을 지배해 온 남성상들은 상품화의 이미지라고 해도 지나친 말이 아닐 것이다. 그렇다고 해서 모든 것이 디스토피아의 범주에 있는 것은 아닐 것이다. 디지털 공간의 대중 지성이나 상호 소통성은 새로운 가능성을 열어주기도 한다.

'강한 남자'이면서 '동생 같은 남자'

여러 용어와 신조어들이 난무하지만 변화된 남성상은 거친 남성과 부드러운 남성으로 대변된다. 거친 남성을 터프가이라고 선호하던 때도 있었다. 그 대표 아이콘은 최민수다. 거꾸로 최민수 배역의 변화는 남성상의 변화이다. 최민수가 터프가이의 아이콘이 된 것은 〈모래시계〉(1995)에서다. 그 뒤에 영화에서 늘 터프가이와 비슷한 배역과 연기를 펼쳤고, 차츰 질타를 받기 시작했다. 멋있는 우상이 아니라 시대착오적인 마초라는 딱지가 붙었다. 이제 터프가이는 선망의 대상이 아니라 희극의 소재다. 주인공 이미지는 조연인 악역으로 생존하게 됐다. 영화 〈홀리데이〉에서 악랄하고 비열한 교도소장은 〈태왕사신기〉에서 악역으로서는 최악인 화천회 대장로에 적격이었다. 태왕 담덕 역을 맡은 배용준은 부드러움의 화신이다. 과거에 선호되던 터프가이는 악역으로 전락하고, 약해 보였던 부드러운 남성상은 이제 호평의 대상이 됐다.

한국 사회에서 선호되는 남성상은 끊임없이 변화해 왔다. 1970~80년대는 경제 개발, 해외 건설 사업 등으로 활기차면서도 도전적인 강한 남성상이 부각됐고, 우직한 남성이 인기였다. 1980년대는 사무실 속 남성을 선호하게 된다. 지적이면서 한 분야에서 성공한 전문직 남성이 우대 받았다. 이들의 이미지는 단정한 양복에 지적인 금테 안경이 상징했다(헤럴드 경제, 2005년 10월 15일 참조). 전문적인 식견으로 사회를 이끌어가는 능동적인 남성 이미지가 강조됐다. 상대적으로 여성은 남성의 리더십에 수동적인 입장이었다. 1990년대에 인기 있던 남성상은 사무실 공간에서 벗어났다. 경제 개발의 주역이든 전문직 종사자이든 조직의 틀에 얽매여 있기는 마찬가지였다. 따라서 90년대의 남성상은 특정한 직업이 없거나 리더인 경우가 많았다. 경제 성장과 높아진 경제력은 자유로운 남성상을 구가하게 했다. 조폭 리더도 각광받았다. 최민수에 이어, 특히 정우성, 이정재는 터프한 이미지였지만 부드러움이 가미되기 시작했다. 〈사랑을 그대 품 안에〉와 〈별은 내 가슴에〉의 차인표는 부드러움과 터프한 면을 모두 지니고 있었다. 2000년대에 들어서면서 한층 부드러운 남성상을 선호하게 되는데, 대표적으로 〈호텔리어〉, 〈겨울연가〉의 배용준이다. 다만, 한동안 부드러운 이미지와 남성의 육체성이 결합되기도 한다. 얼굴은 매우 부드럽지만 몸은 남성성의 극치를 지닌 근육질 남성이 각광 받는다. 꽃미남의 조건으로 '몸짱'이 주목을 받으면서, 강동원, 조인성, 소지섭, 권상우, 송승헌은 근육질의 몸매와 함께 부드러운 모습을 내세웠다.

왜 이렇게 달라진 것일까. 일반적인 분석은 다음과 같다. 남성상의 변화는 여성상의 변화와 맞물려 있고, 여성의 사회적 지위 향상 속에 두드러졌다. 무엇보다 시대적 상황과도 맞물려 있다. 과거에는 여성의 수동적인 태도를 강조했다. 이 때문에 신데렐라 콤플렉스가 용인됐다. 수동적 위치에 있던 여성들은 강한 남자, 터프가이를 통해 대리 충족했다.

하지만 90년대 후반 이후 여성의 사회적 활동과 경제적 독립 수준이 높아지면서 수평적 관계를 요구하게 됐다. 이 때문에 일방적인 마초 행태는 각광받을 수 없게 됐다. 무엇보다 IMF 외환위기를 겪으면서 남성은 확연히 달라졌다. 사회는 개인의 능력으로 생존하는 법을 강조했다. 무엇보다 믿고 의지했던 터프가이들이 무너졌다. 여성들은 경제적 독립을 이루려고 했고, 남성은 의존의 대상이 아니었다. 더구나 경제적 기반을 가진 여성층이 대중문화에서 연하남을 선호하는 경향이 강해지면서 동생 같은 남성이 주목받았다. 그것은 여성의 남성 통제 가능성과 선망의 이중 심리를 의미했다. 가수 비가 대표적이다. 아이 같은 얼굴에 큰 키와 근육질 몸매가 그의 아이콘이다. 더구나 진화심리학evolutionary psychology의 관점에서, 남성은 여성의 말을 잘 들으면서도 여성을 이끌어 가고 보호해 주는 길라잡이이자 전사여야 한다. 이는 여성이 주도권을 잡아 가는 사회일수록 더욱 강화된다. 터프가이 최민수는 여자의 말을 잘 들을 것 같지도 않다.

무엇보다 이러한 남성 이미지는 뷰티 산업의 타깃이 되어 왔다. 애초에 변화된 남성상이나 이미지들은 대개 매체나 광고회사들이 만들어 낸다. 즉, 마케팅 차원에서 생산해 일반화시킨

것이다. 빈번하게 눈에 띄는 용어들 가운데 메트로 섹슈얼이나 위버 섹슈얼, 크로스 섹슈얼 등이 있다. '메트로 섹슈얼'은 패션과 외모에 관심이 많고, '위버 섹슈얼'은 고안된 거친 남성성을 강조한다. '크로스 섹슈얼'은 남성 안의 여성성을 인정하고, 여자보다 예쁜 남자의 개념을 부각시킨다. 모두 앞선 남성상으로 제시되면서, 관련 생활용품, 미용과 화장, 패션 산업의 마케팅이 남성들에게 상품 소비를 심리적으로 강박한다.

이러한 섹슈얼이 주로 미혼 남성을 겨냥한다면, 노무(NO More Uncle)족은 기혼 남성을 목표로 한다. 노무족은 멋진 중년 남성상의 표본임을 자임한다. 그들은 패션과 미용에 관심이 많으며, 부드럽고 수평적인 가족 관계를 중요하게 여긴다. 엠니스M-ness족은 '전통적 남성의 특징인 힘, 명예, 품격에 여성적인 특징인 애정 어린 양육, 소통성, 협력을 조화시킨 남성상'을 의미한다. 이 또한 자기 개발 상품은 물론 좋은 남편, 아빠라는 평가를 들을 수 있는 가전, 가구, 여행, 스포츠, 외식업체, 육아 상품 등의 마케팅이 따라 붙는다.

모든 말이 상품을 위해 만들어진 것은 아니다. 최근에 가장 많이 선호되는 말 중에 하나는 완소남(완전 소중한 남자), 훈남(훈훈한 남자)이다. 매체나 광고회사가 아니라 인터넷에서 누리꾼들이 자발적으로 만들어 낸 말이다. 완소남은 본래 외모보다는 각자의 개성을 높게 본다. 모두가 동경하는 수려한 외모는 아니어도 친절하고, 겸손하고, 성실하다면 소중한 남자가 된다. 단순히 외모가 아니라 인간다움이라는 인격성에 의미를 부여한다.

절대적인 기준은 없다. 각자의 마음에 드는 이가 훈남이고, 완소남이다. '훈남, 완소남 신드롬'은 내면의 진화 없이 비주얼에 치중하면서 유행만 타는 각종 외모 지향의 이미지와 신조어에 저항하는 현상은 아닐까. 그런데 훈남, 완소남 트렌드는 만들어진 남성상에 대한 거부와 저항의 일면을 보여 주지만, 완소남도 외모 지상주의에 갈수록 포위돼 가고 있다. 바람직하다고 규정된 다른 남성상들이 상품화에 포획됐듯이 말이다. 예컨대, 각종 매체와 광고는 완소남의 기준을 성형, 피부 미용이나 화장, 패션으로 삼는다. 훈남, 완소남의 상품화도 체 게바라나 커트 코베인의 운명과 같은 것일까. 요컨대, 이 시대의 세련된 남성상의 탄생과 성장, 소멸은 미디어에서 시작해서 미디어에서 끝난다. 상품 자본주의는 이상적 개념들을 집어 삼키는 데 물불을 가리지 않는다.

실체, 그리고 대중의 선택

대중문화의 남성상은 점차 남성성, 여성성을 나누는 인위적인 기준에서 자유로워지고 있지만, 미디어와 광고의 남성상은 남성들을 강박해 관련 '외모 상품'을 소비시키기 위해 만들어지고 부풀려지는 혐의가 짙다. 매체와 광고에 의한, 매체와 광고를 위한 가공의 이미지들은, 마치 일반 대중이 진정으로 원하는 남성상인 것으로 호도된다. 현실에 존재하지 않는 이런 남성 이미지는 다시 상품 소비 현상을 통해 실체가 있는 것으로 둔갑한다. 이상적인 남성상에서 멀어진다는 불안과 공포 심리에 기대어 남성 이미지 상품은 번성한다. 이 과정에서 남성뿐만 아니라 여성도 소외당한다. 자신의 배우자가 그러한 기준에 못 미치는 데 실망하고 좌절하기 때문이다. 아이들은 미디어의 아버지를 기준으로 판단한다. 이는 가족의 좌절로 이어지며, 세대와 세대 사이의 갈등으로 이어진다. 남성 이미지 시장은 소외를 먹고 창궐한다.

이러한 실체 없는 이미지의 반복은 저항에 직면한다. 더구나 상품화는 획일성을 의미한다. 대중 지성은 획일성에 저항하는 본성이 있다. 이것이 매체의 인위적인 남성상에 맞서 또 다른 남성상을 누리꾼들이 끊임없이 만들어 내는 이유이다. 남성상은 일상의 다양성 속에 생명력이 있다. 매체와 광고에 있는 것이 아니라 각자의 마음에 있다. 그 마음으로 수많은 대중 지성들이 1인 미디어를 통해 자신의 남성상으로 거대한 상품 이미지를 넘어서려 한다. 비록 누리꾼들의 남성상마저 상품화시키며 본질을 호도해도, 다중이 원하는 남성상은 쉼 없이 진화할 수밖에 없다.

중년 남성은 왜 텔미에 중독되었나

복고와 빈티지 심리

최고급 술집에 갔더니 여성이 청바지에 수수한 남방을 입고 나왔다는 말을 들은 적이 있다. 이는 지성미 있다고 여기는 중년 이상의 남성 심리를 정확하게 꿰뚫은 심리 전략이었다. 원더걸스에 중년이 움직인 현상도 이와 무관하지 않다.

범람하던 섹시 컨셉의 여가수들이 줄어드는 현상도 마찬가지다. 가수 아이비는 그 과도기에 있었다. 남성들은 여성이 몸을 드러내는 것을 무조건 좋아하지 않는다. 공개된 공연 장소에서는 더욱 그러하다. 은은한 섹슈얼리티 전략을 원더걸스 기획자인 박진영은 정확하게 구사했다. 이는 가수 비의 상품화 컨셉과 일치하는 면이 있다.

더구나 우회성은 10대 소녀들에 빠지는 중년 남성이 겪게 될 인지 부조화와 사회적 체면을 적절하게 방어해 준다. 예컨대, 원더걸스는 몸을 드러내는 의상을 대폭 줄였다. 중년 남성의 청소년기에 선망하던 소녀의 이미지를 연상시킨다. 이런 점들 때문에 롤리타 콤플렉스로 부를 수는 없지만, 하나의 상품으로서 '어덜키드adulkid' 의 요소는 가지고 있다.

무엇보다도 약호가 된 성적 몸짓은 여전하기 때문이다. 가슴을 내밀고 가볍게 흔드는 것이 대표적이다. 은은한 우회성은 상상력을 자극하기 마련이다. 상상은 실제보다 더 강한 이미지를 만든다. 더 강한 이미지는 중독성을 내포한다. 집단적 캐릭터의 유행에 맞춘 박진영 식의 이런 노출 방식은 남성의 본능을 정확하게 파악한 데서 나온다. 이것이 전부는 아니다.

새삼스러운 이야기는 아니지만, 그 가운데 하나가 원더걸스의 복고retro 코드다. 복고는 어느 세대에게나 통한다. 복고는 보편적인 요소를 담고 있기 때문에 정확하게 구사하면 폭넓은 사랑을 받을 수 있다. 그러나 단순한 복고가 아니라 전통의 연장선상에 있어야 한다. 그런 면에서 원더걸스가 전통화된 한국 대중문화 속에 있는지는 생각해 보아야 하는 문제다.

무엇보다 원더걸스가 이렇게 호응을 받는 데는 복고 혹은 '레트로 문화Retro-culture'가 접합되어 있기 때문이다. 이러한 복고풍은 이전 세대에게 어필하는 것임에 분명하다. 원더걸스는 한 계층이 아니라 10대에서부터 중년까지를 모두 포괄하고자 하는 전략을 사용했기 때문에 복고가 가지고 있는 가능성을 살펴볼 수도 있다. 더구나 원더걸스는 70-80이 아니라 80-90문화의 연장선 위에 있기 때문에 70-80과 구분해서 생각해 볼 수 있다.

복고復古는 말 그대로 예전으로 돌아간다는 뜻이다. 흔히 대중문화에서 복고는 이전의 익숙한 패션이나 노래, 춤, 방송 프로가 다시 등장하는 현상을 말한다. 복고는 영원한 테마라는 말이 있다. 유행은 항상 돌고 돈다는 말도 같은 맥락이다. 하늘 아래 새로운 것은 없다는 말을 생각해 보면, 복고는 어쩌면 문화 현상에서 공기와 같은지도 모른다.

문화 행동을 분석하는 처지에서 복고 현상이 왜 일어나는가라는 질문을 받으면 늘 당혹스러울 수밖에 없다. 복고는 항상 있어 왔고, 그래서 새삼스러울 것도 없기 때문이다. 하지만 복고는 언제나 있어도, 유행하는 복고는 조금씩 다르다. 70-80과 80-90 복고가 분명 차이가 있듯이 말이다. 80-90이 부각되는 이유는 가까운 시기의 내용이기 때문에 상업적으로 더 많은 소비층을 만들어 낼 수 있는 장점이 크게 작용한 데 있다. 복고의 선순환을 위해서는 복고가 유행하는 이유를 다시 짚어보아야 할 것이다.

우선 과거에 대한 향수이다. 미래에 대한 불안과 불확실한 상황이 과거를 아름답게 보이게 하기 때문이다. 과거는 언제나 익숙하고 편안하다. 이러한 점은 사회의 변화 속도가 빠른 사회일수록 두드러진다. 뭐가 뭔지 정신을 차리지 못 할 만큼 복잡한 문화 현상은 익숙하고 이해하기 쉬운 과거의 문화적 대상을 선호하게 만든다.

그 다음으로는 대안의 부재다. 다른 말로 하면, 더 이상 만들어 낼 거리가 없는 것이다. 아이디어 고갈, 혹은 콘텐츠의 결핍 현상 때문이다. 따라서 과거의 콘텐츠에서 대안을 찾고자 하는 것이 복고라는 이야기다. 이는 흔히 창작성 부족이라는 질타로 이어지기도 한다.

한편, 문화적으로 수동적이었던 청소년들이 문화 생산과 소비의 주체가 되면서 복고 문화가 등장한다는 지적도 있다. 예를 들면, 90년대 초중반 대중문화의 수혜를 받은 고등학생, 대학생들이 사회에서 경제적으로 자리를 잡으면서 그들의 문화적 정체성을 크게 형성하기 시작한 것이 복고의 부활과 맥락이 닿는다는 것이다. 물론 이러한 흐름에 기획사의 마케팅 전략이 작용한다.

중요한 것은 새로운 창작의 관점에서의 복고다. 창작의 관점을 논하는 것은 예전의 것과 완전히 똑같지는 않기 때문이다. 예를 들면, 가수들이 예전 노래들을 그대로 부르면, 그것은 문화적으로 퇴행적이고, 문화의 진화라는 측면에서 의미가 없다.

70-80에 이은 80-90 코드가 대중문화계를 장악하고 있다는 말이 들린다. 영화에서는 90년대를 배경으로 하는 영화들이 많이 등장하고, 라디오 방송은 80년대 말에서 90년대 중반의 노래들로 채워지고 있는 현상을 볼 수 있다. 방송 프로그램에서는 〈라디오 스타〉, 〈불후의 명곡〉, 〈옛날-TV〉라는 꼭지를 통해 예전 가수나 출연자들이 다시 출연하고 재연하는 내용이 방송되고 있다. 케이블 TV에서는 예전에 방영되었던 〈사랑이 뭐길래〉, 〈마지막 승부〉 같은 드라마를 다시 방영한다. 가요계에서 H.O.T의 〈행복〉을 슈퍼주니어가 다시 부르거나 그룹 다섯손가락의 〈풍선〉을 동방신기가 리메이크한 것도 복고의 범주에 들어갈 수 있을 것이다. 연극·뮤지컬에서는 중년 대상의 복고 작품이 활발하게 제작되었다. 엄마를 다룬 작품의 범람이나 〈너는 어느 별에서 왔니〉와 명동예술극장이 재개관 기념작으로 선보인 〈맹진사댁 경사〉가 대표작이다. 명동예술극장과 신시컴퍼니는 중장년을 겨냥한 작품들을 통해 확실한 브랜드 파워를 구축했다.

그렇지만 80-90 문화의 복고화는 대부분 재연이나 반복인 경우가 많다. 즉, 과거에 대한 향수나 콘텐츠의 고갈 때문에 복고로 들어선 예가 많다. 단순히 디스코를 추고 뽀글파마를 하며 레깅스를 입는 것에 진정한 복고의 의미가 있는 것은 아닐 것이다. 단지 창작의 고갈, 아이디어의 소진에 따라서 과거에 눈을 돌리고 있는 요인도 크다. 그러나 과거의 작품에 다시 주목하는 현상 자체가 잘못일 수는 없다. 일종의 대중문화의 전통을 형성하는 문제이기 때문이다.

예컨대, 〈왕의 남자〉를 만든 이준익 감독이 영화 〈라디오 스타〉를 만든 이유가 이와 관련있다. 이준익 감독은 한국 록계의 대부인 신중현의 마지막 전국 투어 공연이 사회적으로 주목을 받지 못하는 것에 실망을 금치 못했다. 이에 대중문화의 전통성 정립이 중요하다는 점을 인식하고, 록 스타의 이야기를 담은 〈라디오 스타〉를 만든 것이다. 대중문화의 전통성 확립은 일종의 빈티지 문화다. 즉, 현대화된 전통이다.

한국은 대중문화를 소모적이고 오락적인 것으로 흘려버리는 경향이 있다. 과거의 노래와 춤을 차용하는 것이 한순간의 수단이나 눈요깃거리에 불과해진다. 한동안 인기를 끌면, 다음에 치워버린다. 이런 행태들이 반복되다 보면, 한국 대중문화는 축적되지 않는다. 이 때문에 미국 등과 같이 대중문화가 전통성을 가지지 못한다. 또한 복고가 하나의 창작 장르로서 확립되지 못하고 그냥 소모적으로 흘러가 버리고 만다. 이렇게 되면 복고는 과거에 대한 향수나 콘텐츠의 고갈, 창작력의 소진, 대안의 부재 상황에서 수익을 위한 수단으로 전락해 버리는 악순환이 계속된다.

복고는 단순히 과거의 재연이 아니라 과거가 현재를 통해 미래와 소통하는 것이다. 그것이 복고가 가진 창작적 가능성이다. 원더걸스는 디스코와 파마, 줄무늬 레깅스 등을 통해 레트로(복고) 코드로 80년대 코드를 보여 주고 있기 때문에 아저씨에서 소녀들에게까지 폭넓게 인기를 끌고 있다. 촌스러우면서 촌스럽지 않은, 친근하면서도 경외감을 갖게 만드는 원더걸스는 복고의 새로운 면을 보여 준다.

무엇보다도 원더걸스는 사람들이 원하는 결핍 요소를 채워 주는 복고이기에 중요하다. 그간 외국의 각종 음악들을 가져다가 음악적으로 승화시키지도 못한 채 내쏟은 가요들이 대중들을 불편하게 했다. 또한 여자 가수 하면 섹시 코드로 승부를 걸던 가요계가 사람들을 질리게 했다. 복고는 단순히 반복되는 것이 아니라 현재 결핍되어 있는 부분을 채워 줄 요소를 다만 과거의 작품에서 찾아오는 것이다. 그것을 현 시점에 맞게 재창작할 때, 다시금 무한한 문화의 저수지가 되고 전통이 되는 것이다. 그 전통은 다시 미래 문화와 소통하는 자료가 된다. 그러나 80-90 복고는 이 점을 간과하는 경향이 있다. 원더걸스에서 이 점을 잊지 않아야 할 것이다.

여전히 우려스러운 것이 사실이기도 하다. 한국에서 소녀 그룹, 걸 그룹 혹은 여성 그룹은 한몫 잡기 위한 수단이거나 다른 분야로 진출하기 위한 중간 정거장일 뿐 지속적인 음악 활동을 보여 주고 있는 그룹은 하나도 없기 때문이다.

여성 스타와 섹슈얼리티의 진화하는 희소성

드라마 〈다모〉는 수사력이나 무술 면에서는 여성을 남성과 같은 동등한 능력을 지닌 존재로 그렸다. 흔히 다모茶母라면 차나 따르는 예쁜 여성쯤으로 그리는 것이 미디어의 보통 모습이었다. 다모였던 하지원은 2년 7개월 만에 드라마 〈황진이〉를 통해 2007년판 황진이라는 걸출한 당대의 섹시 스타로 등극했다. 하지만 드라마 〈황진이〉는 황진이의 섹시한 면만을 부각시키지는 않았다. 나름의 이유는 있었다.

최근 대중문화에서는 황진이를 단순히 섹슈얼리티의 존재로만 보지 않고 가부장적 남성 사회를 뒤흔든 당당하고 주체적인 여성으로 보고자 한다. 하지만 다모의 여성 이미지에서 하지원은 영화 〈색즉시공〉의 하지원 이미지를 떠올리게 만들었다. 이런 차원에서만 머물렀다면 드라마 〈황진이〉는 과거의 황진이와 다를 바 없었다. 대신 드라마 〈황진이〉는 여성들 간의 또 다른 권력 싸움을 기녀들의 세계에 투영시켰다. 그 가운데, 섹슈얼리티는 은근의 미학을 내비쳤다. 성性을 다룬 〈여우야 뭐하니〉와 대비되었다.

2005년 〈내 이름은 김삼순〉은 통통하지만 당당한 여성, 섹시한 이미지와 거리가 있는 여성 이야기를 하려 했다. 같은 작가의 2006년 작 〈여우야 뭐하니〉는 여성의 성性 이야기로 돌아왔다. 물론 성을 유쾌하게 그리고자 했는데, 조근조근 구성해 내는 맛이야 〈내 이름은 김삼순〉에서 이미 검증되었던 점이다. 김삼순의 인기를 의식한다면 성을 둘러싼 갈등을 아기자기하게 풀어 가면서 재미를 주기만 하면 되었다. 하지만 섹슈얼리티를 유쾌하고 가볍게만 다룬다고 모든 것이 설명되는 것은 아니다.

〈여우야 뭐하니〉에서 구체적인 섹슈얼리티에 대한 성찰이 더 이상 나오지 않은 이유는 목적이 그것에 있지 않았기 때문이다. 성 이야기는 충분히 관심을 끌만 하지만 흡입력이 폭발적이지 않다는 것이 문제다. 성 이야기를 정면으로 다루는 것은 희소성 원칙에서 벗어난다. 정보의 범람은 거꾸로 정보의 희소성에 대한 갈망을 낳는다. 섹슈얼리티의 범람은 오히려 희소성에 대한 욕망을 자극한다. 이것이 같은 시간대 〈황진이〉가 〈여우야〉를 위협했던 이유 중 하나이다.

이는 이효리를 누르고 아이비가 등장한 배경이다. 이효리보다는 아이비가 노출의 희소성 원칙을 잘 지켰기 때문이다. 다시 아이비를 누르고 원더걸스가 대중의 관심을 끌었던 것도 마찬가지다. 여성 스타의 노출이 없는 곳에서는 노출이 희소성을 갖지만, 노출이 대세인 곳에서는 은근한 노출이 희소성에 따른 상품성을 갖게 마련이다.

2006년 11월, 엄정화는 케이블 티브엔tvn 개국 축하 공연에서 '새삼스럽게 벌거벗고 나왔다'는 평가를 들었다. 일종의 란제리 복장이었다. 마돈나의 짝퉁이라는 말을 듣기도 했다. 그 이후에도 계속 도발적인 섹시 의상으로 공연장에 등장했다. 그 같은 행동은 반복되었지만 대중의 주목은 하향 곡선을 그렸다. 이미 대중문화의 희소성은 노출이 아니었다. 영화 〈타짜〉에서 김혜수는 누드 연기 등 섹슈얼리티를 최대한 활용해 호평을 받았다. 이 영화로 2006년 청룡영화제에서 십여 년 만에 여우주연상을 받았다. 영화 〈얼굴 없는 미녀〉에서 이미 그녀의 알몸은 대중의 호기심을 채워준 적이 있다. 하지만 그것은 막장을 의미했다. 상은 마지막 선택에 대한 연민과 성의 표시이다. 김혜수가 연기를 잘하는 것은 분명하다. 그러나 그녀는 어느새 성격과 생활 패턴이 정상성에서 벗어난 여성 캐릭터만을 전담한다. 그것은 모두 육체적 일탈과 부합하는 연기를 요구하므로 초짜가 할 수 없다.

스타의 법칙에서 한 번 드러난 여성의 몸은 감출 수가 없다. 마지막 카드다. 아우라, 신비감이 사라진 여성의 섹슈얼리티는 루비콘 강을 건넌 것과 같다.

대중문화는 끊임없이 여성을 섹슈얼리티라는 새장에 가둔다. 새장은 안전한 안식처를 주지만 벗어날 수 없는 틀이 된다. 여성 스타는 어떠한 형태로든 섹슈얼리티에서 자유로울 수 없다. 오로지 끊임없이 자신을 파악하고 관리만 할 수 있는 것이 그들의 운명이다.

스타는 별빛이다. 너무 다 드러내면, 사람들은 아예 눈을 감거나 돌려버린다. 문근영에게서 새로운 가치를 발견한 것은 은은한 유아적 섹슈얼리티다. 롤리타 신드롬을 연상케 하지만, 유아성(순수성)과 성숙한 섹시미가 결합된 현상으로 주목을 받을 수 있었다. 순수성이나 섹시미에 각각 고립되는 것이 아니라 양자가 함께 결합하면서 대중의 결핍감을 채워 주는 희소적 가치를 갖게 된다. 손예진이 자신이 출연한 영화 〈아내가 결혼했다〉에서 시작해 〈백야행〉에서 감행한 단계적 노출 전략이 대표적이다. 어쨌든 다음 작품에서는 더 드러난 손예진의 몸을 연상하게 만들었다.

브리지트 바르도는 1954년 칸영화제에서 소개되자마자 폭발적인 세간의 관심을 받았다. 그녀의 매력은 극도의 순진함과 순수함, 여기에 에로티시즘이 교묘하게 배합되어 있었다. 길게 늘어뜨린 머리는 섹시함과 선정성, 심지어 여성의 나신을 연상시키지만 이마 위로 늘어뜨린 앞머리는 귀여운 여학생의 이미지를 떠올리게 만들었다. 두터운 아랫입술은 어린아이의 뾰로통한 입술이지만, 키스를 하고 싶은 마음을 불러일으키는 입술이기도 했다. 에로티시즘과 유아적인 순수한 면이 같이 결합되어 있는 것이다.

문근영을 스타로 만든 영화 〈어린신부〉는 짧은 치마 사이로 보이는 문근영의 허벅지를 통해 은근슬쩍 드러나는 섹시미를 강조했다. 그러나 문근영의 얼굴은 그야말로 순진함과 순수함의 결정체다. 〈어린신부〉가 의미하는 것은 성적인 연상과 순수한 소녀의 이미지가 결합한 그 무엇이었다. 이러한 현상은 다매체 시대에 섹슈얼리티가 범람할수록 더욱 강화될 것이다. 참고로 너무 많이 노출되는 순수함과 순진함은 역효과가 크다. 2006년 독일월드컵 당시 수많은 광고에 출연한 문근영의 순수함과 순진함은 크게 훼손되었고, 마침내 모델 선호도에서 김연아에게 추월당했다.

스타 죽음의 상품화(?)

한국의 스타 시스템은 끊임없는 불안과 착취, 죽음으로 유지되는 것은 아닐까. 1890년 7월, 한평생 독창적 예술의 경지를 이루겠다던 빈센트 반 고흐는 권총으로 짧은 생을 마감했다. 젊은 시인 토머스 채터튼은 자신의 작품이 인정받지 못하자 1770년에 자살했다. 채터튼보다 더 뛰어난 재능을 가졌던 제라르 드 네르발은 열정과 재능에 겨워 스스로 목을 졸랐다.

그들은 뛰어난 재능과 예민한 감수성을 지닌 인물들이었지만, 세상은 그들을 인정해 주기보다는 질시했고, 무시했다. 아이러니하게도 그들은 살아서보다 죽어서 더 유명해졌다. 뛰어난 재능과 능력을 지닌 인물일수록 고독의 대기에서만 살아남을 수 있다.

절대 고독의 최고 경지는 죽음이다. 죽음은 아무도 대신할 수 없는 절대 고독의 길이다. 그 길에는 언제나 불안이 도사리고 있다. 이들은 독창성을 구가한다고 했지만, 결국 다른 이들이 자신을 인정해 주지 않았기 때문에 극단적인 선택을 한 것은 아닐까? 불안은 자살과 밀접하다. 불안한 상태를 정지해 주는 방법이 죽음으로 보이기도 하기 때문이다.

"사람들의 불안은 다른 사람이나 사회의 기대치 혹은 그것에 영향을 받는 자신의 기대감에 못 미치는 자신을 발견할 때 일어난다." 알랭 드 보통이 『불안Status Anxiety』에서 한 말이다. 현대인들의 자살은 먹고살기 힘들어서라기보다는 심리적 요인에서 비롯되는 면이 크다.

그것 중에 하나가 불안이다. 불안은 자신의 이미지, 명예와 존엄, 존중의 지위에서 벗어날 때 이루어진다. 처음부터 명예와 존엄의 지위에 있지 않았던 사람보다 그것을 가졌던 사람에게서 더 일어날 수 있다.

이는 자신에 대한 수치감으로 받아들이기도 한다. 그러한 수치감은 불안으로 이어지고, 불안이 지속되면 절망으로 이어지며, 절망은 만성적인 우울증으로 이어진다. 우울증은 불안에서 일어나는 셈이다. 결국 우리를 불안하게 만드는 요소를 생각한다면, 살아남은 자들도 잠재적으로 자살의 여지는 충분히 있다. 그것은 개인의 탓도 있지만, 사회적인 시스템이 만드는 불안이기 때문이다.

정신적 부분에서 하위층의 사람보다 상위층의 사람이 자살을 많이 하는 것은 바로 이 명예와 자존심의 훼손 탓이 크다. 도덕성을 통해 자신의 지위를 유지해 왔던 사람이 그것에 흠집이 가면 자살하는 것도 이 때문이다. 독창적인 예술혼을 보여 주었다는 사람이 표절 시비에 휘말릴 때 스스로 목숨을 끊는 것도 마찬가지다. 사회적 지위에 따르는 가치가 훼손당할 것을 염려해 검찰 조사 전에 스스로 목숨을 끊는 상위층을 볼 수 있다. 이는 스스로의 가치와 존엄성을 보존하기 위한 조치다.

연예인들의 경우에도 불안은 심각하다. 그들의 불안에서 중요한 것은 그들에 대한 기대치가 너무 높다는 사실이다. 이는 불안 증가에 치명적인 요인이 된다. 특히 단기간에 뜬 스타의 경우에는 더욱 그렇다. 계속 인기를 유지해야 한다거나 더 나은 모습을 보여 주어야 한다는 강박 심리는 갈수록 증대하기 마련이다. 이는 스타 시스템과 연결되어 있다. 스타 시스템은 더 많은 수익을 요구한다. 그것을 창출하는 수단은 대중적 인기다.

그러나 연예계의 인기는 그 사람의 능력 밖의 요인이 많이 작용한다. 좋은 작품을 만나는 것도 중요하지만, 제작자, 여기에 출연 작품, 사회 문화적 코드가 맞아떨어져야 한다. 자신이 아무리 재능을 가지고 전력을 다해도 인기를 누리게 된다는 보장은 없다. 절대 스타가 없는 것은 이 때문이다. 그럼에도 불구하고 매체와 대중의 평가는 그 개인에게 탓을 돌린다. 여지없이 그의 명예, 자존심, 가치를 벼랑으로 떨어뜨린다.

외부의 요인과 함께 스타 내부의 요인을 같이 생각할 때, 문제는 '무대 공백 효과'다. 열화와 같은 성원을 보내던 관중과 관객도 공연이 끝나면, 아니 그 내용이 눈길을 끌지 못하면, 스타 개인을 황망히 버려두고 떠난다. 남겨진, 아니 버려진 그 황망한 고독은 스포트라이트 빛이 강했을수록 더욱 심한 고통을 주는 법이다. 심리적 상처와 고통은 아무도 대신할 수 없다.

또한 아무도 스타가 되기 전에 그 심리적 고독을 가르쳐 주는 사람이 없다. 아니 가르쳐 주어도 알지 못한다. 어떻게 해서든지 뜨는 법을 가르치거나 스스로 터득하게 하는 것도 중요하지만, 공황 상태의 고독을 감내하는 법을 배우거나 터득하는 것이 우선이다.

그러나 젊은 스타들은 이러한 감내의 필요성을 예측하지 못한다. 정다빈이나 유니 같은 경우는 이러한 맥락에 있지 않았나 싶다. 단순히 우울증 여부에 대한 분석이 전적으로 타당하지 않은 이유이다. 대기 만성형의 스타들은 그것에 제법 무뎌지기 마련이다. 따라서 충동적인 선택에 여유롭게 대처할 수 있다. 갑자기 관객이 떠나도 그것은 늘상 있어 온 일이고, 자존감이나 명예는 스스로 부여할 뿐이다.

희극과 비극은 한 몸이다. 밝고 명랑한 표정을 만들기 위한 고통은 드러나지 않는다. 아무도 고故 정다빈, 최진실, 장자연의 밝은 표정 뒤에 비극적 고통이 도사리고 있었음을 알지 못했다. 그렇다고 고독과 비참함이 반드시 보상을 주는 것도 아니다. 스타의 길은 고독과 비참함과의 싸움이다. 이는 예술가적 기질을 가질수록 더욱 그렇다.

지금은 자신의 독창적인 작품 세계를 인정해 주지 않는다고 극단적인 선택을 하는 이들은 드물어 보인다. 오히려 스타 시스템에서 버려질지 모른다는 불안으로 인한 공포와 우울의 참담함이 크다. 스타 시스템을 선택하고 그 안으로 깊숙이 들어간 사람일수록 그 강도는 클 것이다. 요컨대, 극단적 선택은 스타 시스템에서 불꽃같은 인기 뒤에 버려지는 자신의 존엄과 명예, 자아의 훼손 때문에 일어나고 있다.

그러나 다른 이들의 기대치-인기가 없다고 해도 자신의 존엄이나 가치가 훼손되는 것은 아니다. 오로지 대중의 구름과 같은 인기에서만 존재의 근거를 찾을 필요도 없다. 자신이 이루고자 하는 꿈, 아니 예술적 경지가 중요하기 때문이다. 아니 일 자체에서 느끼는 즐거움이 중요할 뿐이다. 인기가 아니라 연기 자체가 자신의 존재감을 느끼게 하면 그만이다. 이럴 때 주인공이건 조연이건 관계없다. 인기가 높건 낮건, 매체에서 자신을 주목하건 말건 관계없는 일이다.

이러한 연기 자체에 대한 자아 충족감이 없다면, 평생 뜬구름을 잡으려고 끊임없는 '불안'에 시달리고 만다. 열화와 같은 외부의 시선에 얽매일수록 스스로 불안해진다. 만성적인 불안은 언제 돌출 행동을 낳을지 알 수 없다. 이것이 일반인들과 달리 예술가, 연예인들이 사전 암시 없이 극단적인 선택을 하는 이유이다.

이러한 점이 단순히 베르테르 효과에 대한 우려나 연예계 스타들에 대한 연민과 동정의 시선에 앞서 이야기해야 할 부분일 것이다. 연예인 생활을 하다 보면 비 오다가도 햇빛 나는 날도 있으니 견뎌야 한다는 지적도 중요하지만, 대중적 인기에 관계없이 스스로 만족하는 삶, 예술적 지향점을 설정하는 것이 더 긴요할 것이다.

그러나 스타 시스템은 그럴 틈도 주지 않는다. 끊임없이 수많은 젊은이들을 문화 산업의 부속품으로 만들어 수익을 창출하고 찰나의 달콤한 꿈을 주지만, 대신 자신의 몸을 갉아먹는 불안에 시달리게 한다. 정다빈도 그 냄새 나는 수익 배분 체계의 틈바구니에서 고통을 받았다. 그것은 개인의 문제가 아니라 이미 시스템의 모순에서 비롯되는 일이다. 우리는 그 시스템에 종속되어 가해자로 작용하고 있는지도 모른다.

스타들의 존엄과 가치를 훼손하는 극단적인 악플은 숨은 공신(?)이다. 왜 여자 스타들은 얼굴을 대대적으로 고쳐서까지 활동을 해야 하는지, 그 시스템의 모순은 지적하지 않고, 스타 개인에 대한 비판에 함몰된다. 이것이 현재 한류 생산 기지의 근본 모순과 연결되는 부분이다.

한국의 스타 시스템은 끊임없는 불안과 착취, 죽음으로 유지되는 것은 아닌가. 그것에서 발원하는 한류는 지속되는 것이 비정상적이다. 이러한 시스템에서는 스타의 죽음도 상품화가 된다. 죽은 스타의 빈소를 찾는 살아 남은 스타들의 사진이 더 비중 있게 쏟아져 나오는 이유도 그것 때문이다.

왜 연예인들은 마약을 할까

연예인 마약 투약의 심리

마약을 복용한 가수들이 정치적 위기의 국면 전환용으로 사용된 역사는 꽤 오래되었다. 연예인들은 사람들의 눈을 돌리게 만들기에 좋기 때문이다. 하지만 그들의 그런 행동 자체가 없는 것은 아니었다. 대개 가수들이 취하는 마약류라는 것이 마리화나다. 마리화나를 마약으로 볼 수 있는가는 별개로 논의해야 할 부분이다. 마리화나보다 담배가 더 해롭다는 견해도 만만치 않은 터다.

가수들은 사람들의 질타에도 불구하고 왜 마약을 하는 것일까. 대개 가수들은 마약을 사용하는 이유를 음악성의 향상 때문이라고 한다. 감정 몰입이 잘 되고, 목소리가 제대로 나오며, 많은 음악적 영감이 일어난다는 것이다.

초점은 과연 창작이나 공연에 도움이 되는가 하는 점이다. 과학적으로 인과 관계가 밝혀진 바가 별로 없다. 다만, 마약류를 접한 자신이 그렇게 느낄 뿐이다. 기분 좋게 부른 노래가 다른 사람까지 기분 좋게 할지는 또 다른 문제다.

잊을 만하면 다시 불거져 끊이지 않고 마약 복용 가수가 나오는 모습을 보면 대개 한 가지 특징을 짚어 낼 수 있다. 아주 무명인 가수들은 이러한 마약을 복용하지 않는다. 대개 인기 가수들이나 인기를 누렸던 이들이 마약을 복용하는 빈도가 많다. 무명이기 때문에 돈이 없어 마약을 사지 못 하는 것은 아닐 것이다. 마약이 노래와 창작에 극적인 효과를 준다면 무명 가수도 무슨 수를 써서라도 그것을 사용할 것이다. 일단 뜨는 것이 중요하다면 못할 짓이 무엇이겠는가.

이러한 가정이 맞다면, 가수들이 마약을 접하게 되는 데는 다른 원인이 있다. 연예인은 항상 딜레마를 갖고 있다. 연예인은 무명일 때는 인기를 열망한다. 인기를 얻으면 이미 돌아올 수 없는 강을 건너게 된다. 인기 자체는 문제가 되지 않는지도 모른다. 인기를 끄는 바로 그 순간이 문제가 아니라 그 이후가 문제이다. 마약의 효과도 마찬가지다. 마약은 그 순간에는 기쁨만을 주기 때문에 문제가 덜하다. 하지만 문제는 그 이후다. 그것을 보충해 주지 못하면 사람을 황폐화시킨다.

인기는 얻을수록 더욱 강한 인기를 원하게 한다. 마약도 마약의 강도가 높아질수록 더 요구하게 만든다.

어린 아역 배우들은 성인이 된 후에 극심한 우울증에 시달리게 된다. 어린 시절의 인기가 성인 이후에도 보장이 되리라는 법은 없다. 이 때문에 일부 아역 스타들이 비행의 길로 빠져든다. 일탈은 일시적인 해방감을 주면서 자신을 우월하게 하지만, 정작 돌아오는 것은 비참함뿐이다.

아동만의 문제가 아니다. 젊은 시절에 인기를 한 몸에 받은 이들은 나중에 자신의 존재를 보증 받을 길이 없으면 더욱 우울증과 상실감에 빠진다. 사실 어린 시절부터 연예인의 일을 업으로 삼은 이들은 자신을 계발할 여유가 없기 때문에, 대중적 인기가 없어도 사회에서 자신의 존재감을 인정받을 수 있는 다른 능력을 기르지 못 하는 경우가 많다.

인기의 있고 없음을 떠나 공연장의 심리 속으로 들어가 보면, 열광하는 수만의 관객이 떠나간 무대는 매우 쓸쓸하고 고독하다. 인기가 없으면 그야말로 황폐화된 대지 위에 서 있는 것과 같다. 인기가 없는 가수는 생계는 물론 존재 그 자체가 없어지는 것처럼 느낀다. 인기가 없으니 그것을 다시 얻으려 하는데, 실패에 대한 불안은 마음을 괴롭게만 한다. 인기 없음만이 아니라 인생, 삶 자체의 좌절을 의미한다.

노래에 자신의 열정을 모두 바친 사람일수록 열정 뒤의 고독감에 몸 둘 바를 모른다. 대중의 인기 속에서 존재의 이유를 찾는다면 언제나 불안 속에 있을 수밖에 없다. 인기는 연기와 같아서 언제 사라질지 모르기 때문이다. 그 불안은 긴장과 스트레스를 불러오기 마련이다. 그러한 상태를 벗어나게 해주는 것은 대중의 열광이지만, 그 열광이 언제나 따라 주는 것은 아니다. 따라서 대신 충족해 주는 매개물이 필요하게 된다.

그것이 술과 마약이다. 그렇다고 해서 가수들이 퇴폐적인 사람들은 아니다. 빛을 받으면 한쪽에는 그늘이 진다. 화려해 보이는 연예인들에게도 항상 그늘은 있다. 스타건 그렇지 않건 간에 그늘은 있다. 그 그늘에서 자신을 찾는 방법을 끊임없이 모색해야 하는 것이 인간이다.

국민 배우라는 호칭의 심리

2007년, 전도연이 문화관광부 장관실에서 옥관문화훈장을 받았다. 2007년 5월 칸국제영화제에서 영화 〈밀양〉으로 여우주연상을 받았고, 이를 통해 한국 영화의 우수성을 세계에 널리 알리고 한국 영화 발전에 기여한 공로에 따른 것이라고 했다. 매체들은 그녀에게 "국민 여배우 전도연"이라고 이름 붙였다.

2007년 6월 2일자 중앙일보 설문 조사와 기사에 이런 내용이 있었다. "'칸의 여왕'으로 등극한 전도연이 '국민 여배우'로 낙점 받았다. 전도연(30.3%)은 근소한 차이로 이영애(28.3%)를 제치고 1위로 꼽혔다. 강수연, 김혜수, 문소리 등이 뒤를 이었다."

'국민 여배우'라는 말 외에도 국민이라는 단어가 자연스럽게 사용되는 곳이 많다. 국민 배우 안성기, 국민 여동생 문근영, 국민 MC 유재석, 그리고 국민 스타, 국민 개그맨, 국민 영화, 국민 드라마, 국민 감독 등이 대표적이다.

이러한 국민이라는 호칭은 매우 긍정적인 의미로 사용된다. 국민이라는 단어가 최고의 평가로 여겨지는 모양새를 보이기 때문이다. 각종 방송도 이러한 점을 확대 재생산한다. 이 가운데 '대중'이라는 말은 사라졌다. 물론 대중이라는 말이 더 타당하다고 볼 수는 없다. 초점은 국민이라는 딱지가 과연 그렇게 좋은 의미인가라는 점이다.

국민 MC 유재석의 경우, 지나치게 잘 생기지도 않고, 부드러우면서도 겸손하고, 적당하게 남을 추켜세우면서도 적절한 몸가짐을 보여 준다. 국민 배우라는 안성기, 온 국민의 여동생 문근영의 경우도 당차고 거친 모습은 없고 순한 모습이 크게 부각된다.

'국민 배우'는 무난하고 인내력과 포용력이 있는 인물, 어떻게 보면 모나지 않은 인물이어야 한다. 누구에게나 좋은 인상을 받아야 하기 때문이다. 개성 있는 인물이라고 할 수 있을까 싶다.

'국민 여동생'이라는 타이틀은 어느 때 붙을까? 자기주장을 잘하고, 주체적이고, 순수하지 않아 보이고, 여기에 예쁘지 않으면 여동생이 될 수 없을 것이다. 이는 여동생에 대한 편견을 강화한다.

모난 돌이어서는 절대로 국민이라는 단어가 붙지 않을 것이다. 자기주장이 강한 이들의 거침없는 언행은 싸가지 없고 무례하고 거만하며 예의 없는 인물로 보이게 하는데, 그 반대의 성향을 보이면서 폭넓은 인기를 누리면 국민이라는 단어가 붙는다. 예컨대, 개성파 배우는 절대로 국민 배우가 될 수 없다. 창조적 예술가에게 이러한 단어가 붙지 않으므로 오히려 '국민…'이라는 이름이 붙은 이들은 비창조적이고 비개성적인 존재가 된다. 예술가 처지에서는 오히려 부끄러워해야 할 일인지도 모른다.

국민이라는 단어는 50%가 넘는 드라마에도 붙는다. 시청률이 높으니까 매우 좋은 드라마인 것으로 치장된다. 대표적인 예가 〈주몽〉이다. 그러나 50%가 넘으려면 무난한 내용이어야 한다. 새롭게 시도되는 내용은 없어야 한다. 누구에게나 낯설지 않고 익숙해야 하기 때문이다. 그렇게 되면 선도적인 드라마를 위해 기여하는 것도, 얻을 것도 없다. 〈주몽〉도 마찬가지였다. 팝콘 드라마일 뿐이지 않나 하는 의문을 품을 수밖에 없었다.

국민 영화 〈괴물〉도 마찬가지다. 대중적으로는 크게 성공했지만, 영화 예술적으로 보면 새로울 게 없는 영화였다. 국민 배우라는 말은 그야말로 흥행에 성공한 영화에 출연한 배우에 대한 호칭일 뿐이다. 어쩌면 당연한 호칭일 수 있지만, 국민 배우가 최고 호칭은 아닐 것이다.

국민과 관련한 식상한 이야기라고 해도 짚고 넘어가야 할 점은 있다. 일제 강점기 이전에는 어느 나라에도 '국민'이라는 말은 없었다. 일본 제국주의 침략자들은 일본을 '황국'이라 자칭했고, '식민' '신민' 등의 말을 붙여, '황국신민'이라 했다. 준말이 '국민'이다. '국민의례'도 전형적인 사례이다. '국민학교'는 '초등학교'로 바뀌었지만, 국민의례는 아직도 바뀌지 않고 있다.

'국민' 이전에는 '인민'이라 했다. 북한이 사용하는지라 남한에서는 의도적으로 피해 국민이라는 단어를 계속 쓰도록 했다. 이런 점은 남한의 아킬레스건으로 작용해 왔다. 일제의 잔재를 청산하지 못한 대표적인 사례라는 것이다. 전 세계적으로 '국민'이라는 단어를 쓰는 곳은 일본 외에 남한뿐이라는 지적도 이 때문에 나온다.

시민도 아니고 왜 국민인가? 더구나 황국신민의 의미는 아니라고 해도 우리가 왜 국가에 종속되어 있다는 말인가.

사전적으로 국민은 한 나라의 통치권 아래에 있는 백성, 또는 그 나라의 국적을 가진 사람, 한 나라의 통치권 아래에 있는 국적을 가지고 있는 이들이다. 시민은 공민公民으로서, 국가 사회의 일원으로서 그 나라 헌법이 정한 모든 권리와 의무를 가지는 자유민을 뜻한다. 인민은 국가를 구성하고 사회를 조직하고 있는 사람들이다. 국가를 구성하고 있는 자연인自然人이다. 국민은 통치권 아래의 사람이라는 의미가 강하지만, 시민이나 인민은 자유민이나 자연인의 의미가 강하다. 주체적 존재의 의미가 더 큰 것이다.

역설적이게도, 가장 자유스럽게 다양한 삶의 현실을 보여 주어야 하는 예술인들에게 '국민'이라는 호칭이 붙는다. 가장 개성 있는 이들이어야 할 그들에게 말이다. 절차적 민주주의가 어느 정도 갖춰진 시기라 국가의 정당성이 확보되어 있다고는 하지만, 의미와 연원을 생각할 때 '국민…'이라는 단어의 남발은 유쾌하지만은 않다. 더구나 국민이라는 호칭이 붙을 때 예술인의 행태가 어떠해야 한다는 점을 생각해 본다면, 오히려 그것은 욕일 수도 있다.

나를 속여 보라

알면서도 속는다, 페이크의 심리

요즘 페이크라는 단어가 횡행한다. 이렇게 횡행한다고 하는 이유는 제대로 쓰이지 않기 때문이다. 물론 제대로 쓰이는지 알 수 없을 정도로 용어가 횡행한다는 말도 오래된 것이기는 하다.

진짜 같은 가짜 패션을 페이크fake 패션이라고 한다. 목걸이를 한 줄 알았는데 아예 목걸이가 그려져 있는 옷이었다면, 페이크 패션을 본 것이다. 페이크 패션에서는 옷 단추가 그려져 있거나, 넥타이가 아예 붙어 있다. 텔레비전에서는 페이크 프로그램, 영화에서는 페이크 다큐 영화가 유행이다.

당연히 페이크 프로그램은 페이크 다큐에서 왔다. 페이크의 사전적 의미는 '속이다,' '날조하다' 라는 뜻을 가지고 있다. '페이크 다큐멘터리' 는 '모큐멘터리mockumentary' 와 같다('mock' 와 'documentary' 를 합쳐서 만든 단어이다). mock의 뜻에는 '조롱하다' 외에 '가장하다' 는 뜻도 있는데, 짜가 다큐, 짝퉁 다큐로 불린다. '페이크' 형식은 외국에서 다큐멘터리뿐만 아니라 방송, 영화 등에 많이 활용됐다.

영화에서는 〈포가튼 실버〉, 〈블레어 위치〉 등이 큰 반향을 일으켰다. 1999년 독립 영화 〈블레어 위치〉는 제작비의 400배가 넘는 흥행 수익을 올렸고, 감독 등을 스타로 만들었다. 이 영화 때문에 페이크 기법은 상업 영화에 대폭 수용되기에 이른다. 〈대통령의 죽음〉(2006)은 조지 부시 대통령의 암살을 소재로 했다. 당연히 논란이 됐다. 논란 덕인지 토론토영화제에서 최우수 작품상을 거머쥐었다. 〈반지의 제왕〉을 만든 피터 잭슨 감독은 페이크 다큐인 〈포가튼 실버〉로 파란을 일으켰다. 영화사映畵史의 주요 사건들을 비꼬았기 때문이다. 이러한 영화 탓인지 한국에서도 공중파 방송을 통해 페이크 기법을 선보이기 시작했다.

2005년 4월, 픽션과 당사자들의 인터뷰가 어우러진 〈4.3 뮤직 다큐멘터리 ― 김윤아의 제주도〉도 이러한 페이크 기법을 사용했다. 2005년 10월, 〈KBS 스페셜 ― 백년드림팀 평가전〉은 100년 동안 한국 최고의 야구 선수를 뽑아 한자리에 세웠다. 선동렬이 던지고, 이승엽이 받았다. 또한 이미 세상을 떠난 선수들을 대신하는 대역과 실존 인물의 인터뷰가 같이 섞였지만, 진짜 여부보다 감동이 우선이었다.

2007년 봄, 케이블 채널에서는 '페이크 드라마'라는 형식을 내걸고 〈P씨네〉라는 드라마를 선보였다. 이른바 페이크 리얼리티 드라마. 드라마는 드라마인데 〈인간극장〉과 같다. 당연히 배우들은 대부분 시청자에게 익숙하지 않은 이들이다. 6mm 카메라에 그마저도 흔들리고, 화면은 거칠다. 물론 실제감을 주기 위해서다.

리얼 르포 프로그램이라는 것도 논란을 일으켰다. 불륜 현장 추적기쯤이다. 연인의 불륜을 밝혀 달라 의뢰하고, 무슨 고발 다큐처럼 가명을 쓰는데다가 모자이크 처리까지 한다. "리얼

르포"라는 제목과는 달리 100% 연출이다. 물론 "시청자들을 우롱했다"는 원성을 사기도 했다. 페이크 기법을 사용했다는 사실을 공지하지 않았기 때문이다.

최근에는 페이크 기법을 사용한 연극 〈착한 사람 조양규〉도 무대에 올라 주목을 끌었다. 40년 동안 아무런 흔적 없이 살다 간 조양규라는 인물을 추적하는 일곱 명의 주인공들의 이야기를 1979년부터 2004년까지 현대사에서 큰 주목을 받지는 못했지만 비극적인 삶을 살다간 주변부 인물들을 엮어 재구성했다. 물론 낸시 랭의 실종 사건과 같이 허무맹랑하게 광고에까지 페이크 기법이 사용되고 있다.

이쯤에서 페이크 기법의 장점과 가능성을 짚어 보는 것도 의미가 있을 듯싶다. 왜 이런 가짜, 짝퉁 방식이 선호되는 것일까?

진실이 의심받는 사회에서 페이크는 역설적인 의미를 가지고 있다. '페이크' 기법은 가짜를 통해 사실과 현실을 드러낸다. 진실인지 거짓인지 모르는 상황에서 진실이 드러난다. 우리가 보는 것이 모두 사실은 아니다. 사실이라고 하는 것이 사실이 아니며, 상상해 낸 것이 오히려 거짓이 아닌 사실이자 진실이다. 제작자의 상상력이 중요하다. 이러고 보면 상상력의 시대에 맞는 코드가 페이크이다. 진실과 거짓의 모호한 경계를 넘나드는 것에서 진실에 대한 고민은 시작된다.

사실 여부가 모호할 때 긴장감이 따를 수밖에 없고, 한 번 더 생각할 수밖에 없다. 이러한 가운데 궁금증은 더해가고, 관람과 시청이 끝난 뒤에 여운은 더 남는다. "현실을 왜곡함으로써 더 큰 진실을 드러낸다"는, 식상하지만 중요한 캐치프레이즈를 되새긴다고 해서 나쁠 것은 없다.

하지만 국내 '페이크' 프로그램들은 선정성과 자극성이 우선이라 아쉽다. 리얼리티를 살리기에는 제작비와 인력이 안 되니, 페이크를 이용해 시청자들의 시선을 끌려는 것인가. 이럴 때는 정말 '눈속임'이 된다. "낚였다"는 느낌이 드는 이유이다. 페이크 뒤에 감동과 여운이 아니라 불쾌함과 찝찝함만 더한다면 알 만하다. 물론 단기간에는 시청률을 잡겠지만, 프로그램이나 방송에 대한 신뢰는 곧 떨어진다. 결국 페이크가 페이크 하는 것은 자신이 될 뿐이다.

남장 여성과 경계인의 매력

삶과 죽음 사이에는 산 죽음, 즉 유령이 있다. 인간과 동물 사이에는 반인반수가 있다. 이 '사이' 공간에 거주하는 대표적 거주민은 드라큘라, 뱀파이어, 고스트, 늑대 인간이다. 유령은 죽지도 살지도 못 하는 비극적 딜레마의 존재이다. 그것은 삶과 죽음을 초월하고자 하는 인간의 욕망이 뭉쳐진 것이기도 하다. 그 욕망의 덩어리들은 결핍의 덩어리들이다. 근본적으로 욕망은 '차이'와 '사이'에서 비롯한다.

저승과 이승의 중간에는 중천이라는 곳이 있다. 중천은 이승도 아니고 저승도 아니다. 중천에 존재하는 이는 죽은 것도 아니고 산 것도 아니다. 유령은 인간에서 비롯했으면서 인간이 아니다. 원혼은 끊임없이 이승과 저승을 오가면서 번민한다. 스스로 사유하는 자는 주체이다. 따라서 그것은 주체의 고민이다. 이승에 있으면 이승에 속해 살면 되고, 저승에 가면 저승에서 극락왕생하면 된다. 그럴 때 주체적 고민은 없어진다.

아이와 어른 사이에 키덜트가 있다. 아이(키드)이면서 아이가 아니고, 어른(어덜트)이면서 어른이 아니다. 아이에도 속하지 않고, 어른에도 속하지 않는다. 이 때문에 터부시된다. 이러한 '사

315

이' 와 '차이'는 확실하지 않은 모호한 공간이다. 현존과 부존의 사이에는 '혼돈'이 있다. 중간의 공간은 혼돈이며, 모호한 차이의 공간이다. 태초에 혼돈이 있었고, 혼돈 뒤에 구분이 생겼다. 혼돈은 '기원'을 의미했다. 기원은 주체의 시작이다. 어느 쪽에도 속하지 않는 이들은 주체적으로 자기 스스로 고민하고 사유하기 시작한다. 주체는 대립의 사이에 존재한다.

차이가 없으면 주체가 없다. 크로스섹슈얼리티는 남성과 여성의 성이 교차하는 곳에서 발생한다. 교차는 서로의 겹치는 부분에서 일어나며, 그 겹침은 차이에서 비롯한다. 결핍이 없으면 주체의 고민은 없다. 어느 쪽에 완전히 안주한다면 주체적으로 살 생각을 하지 않는다. 문화는 모호한 공간, 주체의 공간을 고민한다. 성의 정체성을 대중문화에 투영하는 것도 같은 맥락으로 볼 수 있다. 대립 구조를 넘어선다. 성적 교차는 양성의 결핍의 공간에서 발생한다.

영화 〈왕의 남자〉에서 공길(이준기)은 여성과 남성을 넘어서는 사이-차이 그 무엇이다. 얼핏 공길은 남성도 아니며, 여성도 아니다. 같은 시기에 방영되었던 드라마 〈마이걸〉에서 이준기의 서정우는 털털하고 남자다운 바람둥이 기질의 남자 캐릭터였다. 주목을 받지 못했다. 드라마 〈커피프린스 1호점〉에서 고은찬(윤은혜)은 남자도 아니고 여자도 아닌 중성적 이미지-제3의 성의 모습을 남장을 통해 보여 준다. 모호하고 혼돈스러워 홀린다.

제3의 존재는 '차이'에서 비롯하며, 남장 여성은 남녀간, 서로의 결핍이 뭉쳐진 것이다. 즉, 남자와 여자의 결핍이 겹치는

316

공간에 중성-미소년이 있으며, 크로스섹슈얼리티가 있다. 그들은 고민하는 존재이다. 모호한 자기의 정체성 때문에 자신에 대한 탐구를 끊임없이 추구한다. 아니 적어도 보는 이들에게 동일시의 와중에 사유하게 만든다. 이때 어디 한쪽에 안주하지 않는 존재이다. 애초에 안주할 수 없는 존재의 비극성이 있다. 물론 고민하는 주체는 여러 가지 화두를 전달해 준다.

여성도 아니고 남성도 아닌 그 모호함, 그 모호함은 남성과 여성의 차이를 초월하는 것이므로 더욱 매력적이다. 그것은 다른 말로 하면 '혼돈'이다. 혼돈은 판타지이며 새로운 기원을 의미한다. 기원은 새로움을 의미한다. 새로움, 이것은 대중문화의 상품성을 말한다. 모호함에 빠져들면 이성은 마비되고 감성에 매몰된다. 존재의 구분은 사라지고 동일시와 함께 판타지에 빠져든다.

고은찬(윤은혜)은 돈을 벌기 위해 남성으로 변장해야 하는 상황에 처한다. 실제로는 제3의 성이 아니다. 미소년으로 변장하지만 사실은 여성이다. 결국 여성성으로 회귀하고 만다. 본래부터 '차이'는 없다. 결핍에 대한 욕망은 그녀를 보는 이들에게만 있다. 그래서 고은찬이 완전한 주체는 아니다. 스스로의 고민은 없다. 주체는 독자적인 사유 체계를 가지므로 다른 존재에게 타협하거나 합치지 않는다. 그러므로 거꾸로 고은찬은 누구에게나 껄끄럽지 않다. 대중적으로 받아들이기 어렵지 않다. 완전한 '차이,' '사이'에 존재하는 괴물, 유령이 아니기 때문이다. 그러므로 '차이'의 관점에서 보면, 결말이 용두사미일 가능성이 크다. 공길은 결국 남성이었기에 대중적으로 받아들이기에 무리가 없었다. 하지만 제3의 존재를 형상화하지 못하고 동성애 코드의 상품화에만 머물렀다.

드라마 〈개와 늑대의 시간〉에서 이수현 역을 맡은 이준기는 남성다움을 강조한다. 일종에 완소남이나 훈남의 부드러움을 가미했지만, 남성성은 확실해 보인다. 이러한 점은 〈플라이 플라이〉에서 가장 고승석(이문식)에게 싸움의 기술을 가르쳐주는 장가필(이준기)과 같다. 물론 별로 주목을 받지 못했다. 본인이 싫어하기도 하지만, 〈왕의 남자〉 속 공길에 대한 기대치로 〈개와 늑대의 시간〉 속 이준기를 바라보는 것은 무리가 있다. 공길은 결핍의 중첩 지대에 존재하는 모호한 아우라를 지닌 인물이지만, 이수현은 그렇지 않기 때문이다. 〈커피프린스 1호점〉에서는 고은찬을 둘러싼 '모호함'을 어떻게 적절하게 구사하는가에 따라 인기의 생명성이 달라졌다. 이는 드라마 〈바람의 화원〉에서 문근영이 취한 전략이기도 하다. 소녀도 아니고, 성인 여성도 아닌 그 중간을 남장 여성 캐릭터로 잘 소화했다.

원혼의 비극은 마음대로 죽지도 살지도 못하는 존재에 있다. 그래서 동정을 받는다. 남자이지도 여자이지도 못 하고, 존재를 위해 남장을 해야 하는 딜레마를 부각시킬수록 긍정적일 것이다. 이는 어디에도 속하지 않는 모호한 존재를 소재로 다루는 대중문화의 특징이다. 이러한 논의는 헤겔과 칸트, 라캉을 오가며 정립한 지젝의 '차이'와 '사이'의 개념을 적용한 것이다. 절대성은 없고, 그렇다는 말이다.